本项目受到国家自然科学基金（11901233）以及吉林省科技厅项目
（20200201262JC）的支持。
马克思主义理论研究和建设工程特别委托项目：中央企业引领高水平科技
自立自强研究。

宏观视角下中国企业金融化
形成机理研究

花秋玲　杨吉喆　王羿钦　著

中国金融出版社

责任编辑：吕　楠
责任校对：孙　蕊
责任印制：陈晓川

图书在版编目（CIP）数据

宏观视角下中国企业金融化形成机理研究／花秋玲，杨吉喆，王羿钦著 .
—北京：中国金融出版社，2023. 2
ISBN 978－7－5220－1895－9

Ⅰ.①宏…　Ⅱ.①花…　②杨…　③王…　Ⅲ.①企业管理—金融管理—研究—中国　Ⅳ.①F279. 235. 6

中国国家版本馆 CIP 数据核字（2023）第 022333 号

宏观视角下中国企业金融化形成机理研究
HONGGUAN SHIJIAO XIA ZHONGGUO QIYE JINRONGHUA XINGCHENG JILI YANJIU

出版
发行　中国金融出版社

社址　北京市丰台区益泽路 2 号
市场开发部　（010）66024766，63805472，63439533（传真）
网 上 书 店　www. cfph. cn
　　　　　　　（010）66024766，63372837（传真）
读者服务部　（010）66070833，62568380
邮编　100071
经销　新华书店
印刷　北京九州迅驰传媒文化有限公司
尺寸　169 毫米×239 毫米
印张　16. 75
字数　318 千
版次　2023 年 2 月第 1 版
印次　2023 年 2 月第 1 次印刷
定价　89. 00 元
ISBN 978－7－5220－1895－9
如出现印装错误本社负责调换　联系电话(010)63263947

作者简介

花秋玲，现任吉林大学经济学院金融系副主任，教授，博士生导师。2010 年 6 月获吉林大学数学学院应用数学专业博士学位，2015 年获经济学院应用经济学博士后。主要从事风险管理、投资策略、资本市场、公司金融、资产定价等领域的相关研究。教育部人文社会科学重点研究基地吉林大学中国国有经济研究中心研究员、吉林省政务服务和数字化建设管理局信息化项目评审专家。在 *Econometric Reviews*、*Quantitative Finance*、*Emerging Markets Finance and Trade*、《数理统计与管理》等国内外期刊发表论文二十余篇。主持和参加国家自然科学基金和省科技厅项目多项。入选吉林大学优秀青年教师培养计划重点培养阶段。

杨吉喆，2022 年 12 月获吉林大学经济学院金融学专业博士学位，2019 年 1 月获澳大利亚国立大学商学院金融学专业硕士学位，2017 年 7 月获吉林大学金融学院保险精算专业学士学位。博士期间主要从事公司金融与宏观经济领域的相关研究，重点关注企业金融化问题。曾在《财经科学》、*Australian Economic Papers* 等国内外期刊发表学术论文。现任嘉实基金主权财富管理业务部产品研究经理，主要负责金融产品的设计和研究工作，CFA 和 FRM 持证人。

王羿钦，2020 年吉林大学历史学硕士研究生毕业，获历史学硕士学位。同时取得保险学专业经济学学士学位。现任吉林工商学院、马克思主义学院教师。主要研究方向为货币发展史以及国有企业制度变迁等。

内容摘要

目前中国经济仍处于增长速度"换挡期"、结构转型"阵痛期"和刺激政策"消化期"的"三期叠加"阶段，需求收缩、供给冲击和预期转弱等多重挑战造成实体经济投资回报率下降；致力于逆周期调节的宏观经济政策导致市场流动性充裕，缓解企业融资约束并推升金融资产投资收益率；叠加在百年未有之大变局中，中国经济形势不确定性提升，公司经营风险有所增加。在此背景下，越来越多的非金融企业积极投身于金融市场，以追逐利润和预防风险为目的扩大金融资产投资规模，致使近年中国企业金融化现象愈演愈烈。这种实体企业"脱实向虚"的趋势在微观维度对企业创新研发能力、生产效率和经营业绩等方面具有显著负面影响，在宏观维度则会阻碍实体经济发展、增强系统性金融风险和削弱宏观经济政策的执行效果。尽管也有学者指出企业持有金融资产具有平滑投资波动和提高资产流动性等益处，但目前主流观点仍认为企业金融化弊大于利，应采取适当手段进行干预和治理。基于上述现实情况，增强金融服务实体经济的能力和抑制企业盲目冲动多元化扩张已经成为中国政府当前经济工作中的重点任务，厘清中国企业金融化形成机理是制定适当经济政策引导企业回归实体经济的重要前提，对助力实体经济高质量发展和指导防范化解系统性金融风险具有较强的现实意义。

现有文献对于企业金融化形成机理的研究大多基于微观视角，从宏观视角出发的研究成果尚有不足之处，在国内外宏观经济形势更加复杂多变的新发展阶段中，部分具有重要理论和现实意义的问题仍亟待解决。本书通过拓展非金融企业金融资产配置决策数理模型并运用多种计量经济学方法，以2007—2020年中国沪深两市A股非金融上市公司作为研究样本，基于宏观视角从客观驱动因素和主观动机两个维度出发对中国企业金融化形成机理问题展开理论分析和实证研究，行文上遵循"提出问题—理论基础—现实情况—实证分析—政策建议"的经典结构，力求丰富和深化现有学术研究成果，并提出具有针对性和可行性的政策建议。

首先，本书基于现有文献构建了一个代表性企业在固定资产和金融资产之间进行资产配置的跨期效用最大化模型，并求得企业最优金融化水平的显式解。结果表明非金融企业的金融化水平主要取决于四个因素，分别是风险调整后的金融资产与固定资产投资收益率，以及自有资金和杠杆资金的经营风险。通过将部分微观元素表达为核心宏观变量的函数形式，本书对上述数理模型进行拓展，将宏观经济形势对企业金融化的驱动效应及宏微观传导机制引入企业最优金融化水平的表达式，进而形成本书基于宏观视角研究企业金融化形成机理的理论分析基础。

其次，本书参考现有文献将宏观经济形势划分为宏观经济景气度、实体经济生产经营情况、货币政策环境和资本市场繁荣度四个维度，基于数理模型对各维度宏观因素影响企业金融化水平的驱动效应及其作用机制展开较为全面和系统的理论分析，并结合定性分析提出研究假设。基于双向固定效应模型的实证结果表明：宏观经济景气度下行能通过抑制主营业务盈利能力显著提升企业金融化水平，但提高经营风险的机制效应不显著；实体经济生产经营情况恶化对企业金融化水平具有显著促进作用，降低主营业务盈利能力和提高经营风险是重要作用机制；货币政策环境宽松和资本市场繁荣度提高均能通过缓解融资约束和提升金融投资获利能力促进实体企业金融化。进一步异质性分析指出：非国有、东部地区和低集中度行业的企业金融化水平受到各维度宏观经济形势波动的驱动效应更显著。

再次，为进一步探究宏观经济各维度的外生冲击对企业金融化水平的潜在驱动效应及其时变特征，本书引入经济政策不确定性、货币政策环境、宏观经济景气度和企业金融化水平，建立时变参数随机波动率向量自回归（TVP-VAR）模型，并绘制三维脉冲响应函数图。研究结果表明：经济政策不确定性下降在半年内对企业金融化具有短暂促进作用，且作用强度以供给侧结构性改革实施为转折点呈现先减弱后增强的趋势；货币政策宽松在2年内对企业金融化具有持续性较强的促进作用，且作用强度在国际金融危机后呈增强趋势；宏观经济景气度上行在"四万亿"经济刺激计划执行期间对企业金融化具有促进作用，而在样本期内其他阶段具有抑制作用，以上影响均只体现在冲击发生后的半年内，驱动效应发生结构性变化的主要原因在于国际金融危机之后企业缺乏实体投资机会、流动性充裕强化金融资产上涨预期以及企业预防性储蓄动机增强。基于上述TVP-VAR模型，本书还使用连通性方法计算系统中各内生变量之间的静态和动态溢出效应，对中国企业金融化的宏观驱动效应强度进行定量测度。研究结果指出，样本期内中国企业金融化水平的变动中共计43.39%由系统内宏观驱动因素造成，货币政策环境、宏观经济景气度和经济政策不确定性三个宏观维度分别贡献了 28.36%、11.12% 和 3.92%，表明货币政策环境是中国企业金融化形成的主导宏观驱动因素。此外，研究还发现在重大经济事件期间系统内连通性显著提升，企业金融化受到的宏观溢出效应明显增强。

最后，本书在数理模型中纳入企业的融资约束异质性特征，从预防性储蓄和利润追逐两个金融化动机出发对微观企业金融资产投资行为受到金融体系整体波动的驱动效应进行理论分析，并基于金融周期视角提出新的企业金融化主导动机识别路径，还通过建立双向固定效应模型对中国企业金融化的主导动机进行实证检验。研究发现：繁荣的金融周期对企业金融化水平具有显著促进作用；相较于融资约束较强的企业，融资约束较弱企业的金融化水平对金融周期波动更敏感，表明中国企业金融化的主导动机是利润追逐，而非预防性储蓄；中国企业投资短期和长期金融资产的主导动机均为利润追逐，但投资短期金融资产的利润追逐动机更强烈；异质性研究指出，非国有企业金融化的主导动机为利润追逐，而国有企业投资金融资产的利润追逐动机不显著，原因在于国有企业存在预算软约束且业绩压力较小，东部地区和低集中度行业的企业进行金融资产投资的利润追逐动机更强烈。

本书的创新之处在于：第一，通过对现有模型进行拓展，构建同时包含宏微观变量的企业金融资产投资决策数理模型进行理论分析，明确宏观经济各维度对微观企业金融化的理论驱动效应及宏微观传导机制；第二，在实证研究中引入新的宏观驱动因素，并对宏观经济形势各维度影响微观企业金融化的理论作用机制进行实证检验；第三，运用新的实证研究方法将宏观因素驱动企业金融化的时变特征纳入研究范畴，并对驱动效应的强度进行定量测度；第四，从新的视角提出企业金融化主导动机识别路径，并为颇具争议的中国企业金融化主导动机问题提供新的实证证据。基于一系列创新尝试，本书从客观驱动因素和主观动机两个维度出发的研究内容不仅对现有企业金融化形成机理研究深化和扩展，也对宏观经济形势影响微观企业投资行为相关学术研究具有一定的边际贡献。在理论意义之外，本研究成果对推动实体经济高质量发展、引导企业回归主营业务、进一步完善货币政策和宏观审慎政策调控框架，以及继续深化经济体制机制改革的政策制定具有一定的现实参考价值。

关键词：金融化；金融资产配置；企业投资；宏观经济；实体经济

目　录

第1章 绪 论

1.1 研究背景

目前中国经济正处于增长速度"换挡期"、结构转型"阵痛期"和刺激政策"消化期"的"三期叠加"阶段,实体部门面临产能结构性过剩、国内外需求萎缩和市场主体预期转弱等一系列挑战造成实体经济投资回报率下降。致力于逆周期调节的宏观经济政策在平滑经济周期波动的同时也导致市场流动性充裕,显著缓解企业融资约束,并驱动金融资产投资收益率上行。在百年未有之大变局下,全球和中国经济形势的不确定性提升,企业经营风险有所增加。在此现实背景下,多重因素驱动更多非金融企业积极投身于金融市场,致使近几年中国企业金融化现象愈演愈烈。

中国沪深两市 A 股非金融上市公司持有金融资产规模巨大、种类繁多,金融产品投资收益已经成为企业经营业绩的重要构成部分,金融资产投资亏损导致上市公司业绩"爆雷"的事件也屡见不鲜。Wind 数据统计显示,2021 年 A 股共有 1305 家上市公司购买理财产品,认购金额合计超过1.36 万亿元。云南白药作为医药企业积极参与证券投资,2020 年录得公允价值损益 22.4 亿元,2021 年金融资产投资转盈为亏,持有 9 只股票中 7 只亏损,录得公允价值损益-19.29 亿元,投资收益剧烈波动导致企业 2021 年归母净利润大幅下降 49.17%,对公司主营业务经营和股价均造成明显冲击。宁德时代在期货市场做空金属镍资源导致 2022 年第一季度公司资产负债表录得衍生金融负债 17.87 亿元,利润表录得其他综合收益-15.63 亿元,造成该季度扣非归母净利润同比下降 41.57%,远低于市场一致预期,原本应该用于套期保值的衍生金融工具未能对冲上游原材料价格变化,反而进一步加剧了公司业绩波动。

国外有学者将金融部门在经济中重要性不断提升的现象称为经济金融化,将非金融企业积极参与金融活动并不断增持金融资产的行为称为企业金融化。蔡明荣和任世驰(2014)对现有文献进行梳理,指出企业金融化现象在行为上体现为非金融企业在资产配置过程减少主营业务固定资产投资，同时增加金融资产投资，在结果上体现为非金融企业的更多利润来源于金融资产投资收益而非主营业务生产经营。参考现有研究范式，本书将研究视域限定于非金融企业积极参与金融活动的金融化行为，而银行、保险和证券等行业中的金融企业不在本书的研究范围内。除非特殊提及，本书中涉及的企业金融化一词均指非金融企业的金融化。

已有研究指出，实体企业"脱实向虚"的趋势已经对中国实体经济高质量平稳发展构成实质性负面影响。在微观层面，企业金融化水平提高会对主营业务产生"挤出效应"，所导致的固定资产投资不足和资本累计率下降将显著降低实体企业生产效率；还会通过减少企业研发活动显著抑制其创新能力，造成企业成长性下降；同时会恶化企业的财务状况，并显著提高上市公司股价的崩盘概率。在宏观层面，有研究表明非金融企业投资金融资产对实体部门固定资产投资具有"挤出效应"，能通过抑制资本积累速度影响经济增长。同时，实体企业"脱实向虚"将显著增强风险在实体经济和虚拟经济之间的联动性，造成系统性金融风险积聚，过度金融化也被认为是 2008 年国际金融危机的主要原因之一。部分实体企业出于利润追逐动机发挥"影子银行"功能，这还会显著削弱中央银行的货币政策效果。尽管也有学者认为，非金融企业持有金融资产具有平滑企业投资波动和提升资产流动性的益处，但目前主流观点仍支持企业金融化弊大于利，应采取适当手段进行干预和治理。

鉴于上述企业金融化可能造成的一系列后果，中国政府已经针对相关问题做出提示，党的十九大报告中明确提出"增强金融服务实体经济的能力，守住不发生系统性风险底线"，这为近年来中国的金融工作奠定了基调。2021 年 3 月十三届全国人大四次会议表决通过"十四五"规划，再次强调要深化金融供给侧结构性改革，构建金融有效支持实体经济的体制机制。2022 年 5 月，习近平总书记指出，一些企业盲目冲动和非理性多元化扩张是中国目前发展的重大理论和实践问题之一。结构性去杠杆、宏观审慎监管、大规模减税降费和金融支持科技创新等一系列重大政策和举措的推出对降低企业部门金融化水平已经产生了深远的积极影响，但企业金融化问题目前仍然是中国进一步推动实体经济高质量发展的重要阻碍之一。在如今中国内外部发展环境复杂多变的背景下，进一步深化和完善企业金融化问题的相关研究意义重大。

企业金融化作为经济金融化的微观基础，是解决实体经济"脱实向虚"问题的关键切入点和重要抓手，厘清企业金融化形成机理对助力实体经济高质量发展和防范化解系统性金融风险具有重大的现实意义，近年来已经成为相关学术领域的热点问题之一。现有文献对企业金融化的各维度客观驱动因素展开研究，微观层面驱动因素主要包括盈利能力、经营风险、公司战略、高管特征、股东构成、所有制、价值取向、证券市场表现和社会责任等，中观层面驱动因素包括公司的地域和所属行业，基于宏观视角，学者主要关注了经济增长、货币政策、经济政策、资本市场、税收和监管制度等核心宏观变量对企业金融化的驱动效应。

在客观驱动因素之外，企业金融化形成机理还包括企业的主观动机。学界普遍认为非金融企业持有金融资产可以出于抵御未来不确定性的预防性储蓄动机和通过金融资产获取投资收益的利润追逐动机。现存文献中对中国企业金融化的主导动机存在明显分歧，一些研究指出，中国非金融企业投资金融资产主要出于预防性储蓄动机，也有文献认为，中国企业金融化的主导动机是利润追逐，还有部分文献表明，中国实体企业的金融化动机可能与金融资产期限、企业财务风险和资金来源等因素密切相关，不能一概而论。通过上述分析不难发现，已有文献基于多重视角从客观驱动因素和主观动机两个维度对企业金融化形成机理问题展开研究，并已经取得一定成果。

近几年世界经济形势更加复杂多变，2008 年国际金融危机、2011 年欧洲主权债务危机、2018 年中美贸易摩擦和 2020 年新冠肺炎疫情暴发等重大事件均对全球经济发展造成明显扰动。在此期间，中国宏观经济形势发生了深刻变化，经济从高速发展向高质量发展转变，2009 年"四万亿"经济刺激计划和 2015 年供给侧结构性改革等重要政策的颁布和实施也对中国经济发展具有深远影响。作为企业生长的土壤，宏观经济各维度情况均对实体企业资产配置和投资决策具有重要意义。在宏观经济形势波动加剧的现实背景下，从宏观维度出发对中国企业金融化形成机理展开研究的意义凸显。此外，企业金融化是宏观经济"脱实向虚"的微观基础，基于宏观视角厘清中国企业金融化形成机理对引导企业回归实体和推动实体经济高质量发展的政策制定具有一定现实意义，也对逆周期宏观调控过程中抑制实体经济"脱实向虚"和主动防范化解系统性金融风险具有一定参考价值。

尽管基于宏观视角对实体企业金融化形成机理问题进行研究具有较强合理性和必要性，但部分具有重要理论和现实意义的问题仍亟待解决，具体包括：部分未被引入相关研究的重要宏观变量对企业金融化水平具有何种影响？产生该效应的作用机制和渠道是什么？上述驱动效应在较长时期内是否存在时变特征？如何对企业金融化各维度宏观驱动效应强度进行定量测度？中国企业金融化的主导动机是预防性储蓄还是利润追逐？本书基于宏观视角从客观驱动因素和主观动机两个维度出发对中国企业金融化形成机理问题展开研究，通过构建理论模型和进行实证分析回答上述问题，力求在相关学术领域做出边际贡献，同时也为中国宏观经济政策制定提供新的依据和参考。

1.2　研究意义

1.2.1　理论意义

企业金融化形成机理是公司金融领域的热点问题之一，本书从宏观视角出发对该问题展开研究，具体理论意义包括：

（1）本书在实体企业金融资产配置数理模型方面的研究内容，扩展和延伸了企业金融化相关学术研究的理论分析方法和思路。基于现有文献，本书构建了一个非金融企业在固定资产和金融资产间进行资产配置的跨期效用最大化模型，并求得代表性企业最优金融化水平的显式解。之后，本书对上述模型进行拓展，通过函数形式将宏观经济变量对企业金融资产配置的影响引入理论模型之中，进一步明确了宏观经济各维度对微观企业金融化水平的驱动效应及其宏微观传导机制，为该学术领域的研究提供了更多基于数理模型的分析方法与思路。

（2）本书在实证分析方面的研究内容是对现有宏观经济影响微观企业金融化行为相关研究内容的丰富和补充。通过在企业金融化宏观驱动因素的研究中引入更多变量，本书较为全面和系统地探究了企业金融化水平受到宏观经济各维度的驱动效应，并对理论模型中存在的潜在作用机制和传导渠道进行检验，丰富和深化了相关研究的内容，从宏观视角为企业金融化的形成机理提供了更深刻的解释。此外，本书还通过使用新的模型将企业金融化宏观驱动效应的时变特征引入分析框架，且在现有主流因果推断研究的基础上对上述宏观驱动效应的强度进行定量测度，揭示了企业金融化形成的主导宏观驱动因素，为该学术领域提供了更多新的研究成果和研究思路。

（3）本书关于企业金融化主导动机的研究内容为相关领域学术研究提供了新的研究视角和理论识别路径。作为企业金融化领域的焦点问题之一，目前关于中国企业金融化主导动机的研究结论仍存在明显分歧。本书通过引入新的宏观变量，从全新视角建立识别路径对中国企业金融化主导动机进行实证检验，相关内容扩展了企业金融化主观动机问题的研究视角，研究结论还为颇具争议的中国企业金融化主导动机问题提供了新的实证证据。

1.2.2 现实意义

在企业金融化水平不断提升，实体经济"脱实向虚"的现实背景下，基于宏观视角厘清中国企业金融化形成机理具有以下现实意义：

（1）本研究内容对通过制定和完善适当经济政策推动实体经济高质量发展具有一定参考意义。企业金融化是宏观经济"脱实向虚"的微观基础，本书从宏观视角出发对中国企业金融化形成机理问题进行深入研究，其中重点关注了宏观经济景气度和实体经济生产经营情况对实体企业金融资产投资行为的驱动效应及其作用机制，所得结论对政策制定者在不同发展阶段和经济形势下通过制定适当经济政策引导企业回归实体经济进而推动实体经济高质量发展具有一定参考意义，这在中国经济结构转型、国内外发展形势复杂多变和后疫情时代全球经济疲软的现实背景下显得尤为重要。

（2）本研究结论对进一步完善宏观调控框架从而增强金融服务实体经济的能力和防范化解系统性金融风险具有一定参考价值。在复杂多变的国内外发展环境下，通过货币政策和宏观审慎政策实现经济发展和金融体系的逆周期调节已经成为中国经济工作的主要任务之一。本书从货币政策环境、资本市场繁荣度和金融周期等维度出发，关于宏观金融形势对企业金融化的驱动效应及其作用机制进行深入研究，所得相关结论对进一步完善货币政策和宏观审慎政策双支柱调控框架具有一定现实意义，有助于在相关政策的制定和执行过程中增强金融服务实体经济的能力和防范化解系统性金融风险。

（3）本书的异质性研究内容对进一步深化和推进经济改革具有一定借鉴意义。在基于宏观视角研究企业金融化形成机理的过程中，本书从所有制、地域和行业差异三个维度出发进行了异质性研究，并对不同组别企业金融化形成机理的差异进行显著性检验，所得结论对中国经济转型过程中继续深化经济体制机制改革、提升要素配置效率和促进市场良性竞争的政策制定具有一定的启示作用。

1.3 研究内容

本书基于宏观视角从客观驱动因素和主观动机两个维度出发对中国企业金融化形成机理问题进行研究，行文安排上遵循"提出问题—理论基础—现实情况—实证分析—政策建议"的经典结构，研究框架如图 1-1 所示，具体每一章的内容安排如下。

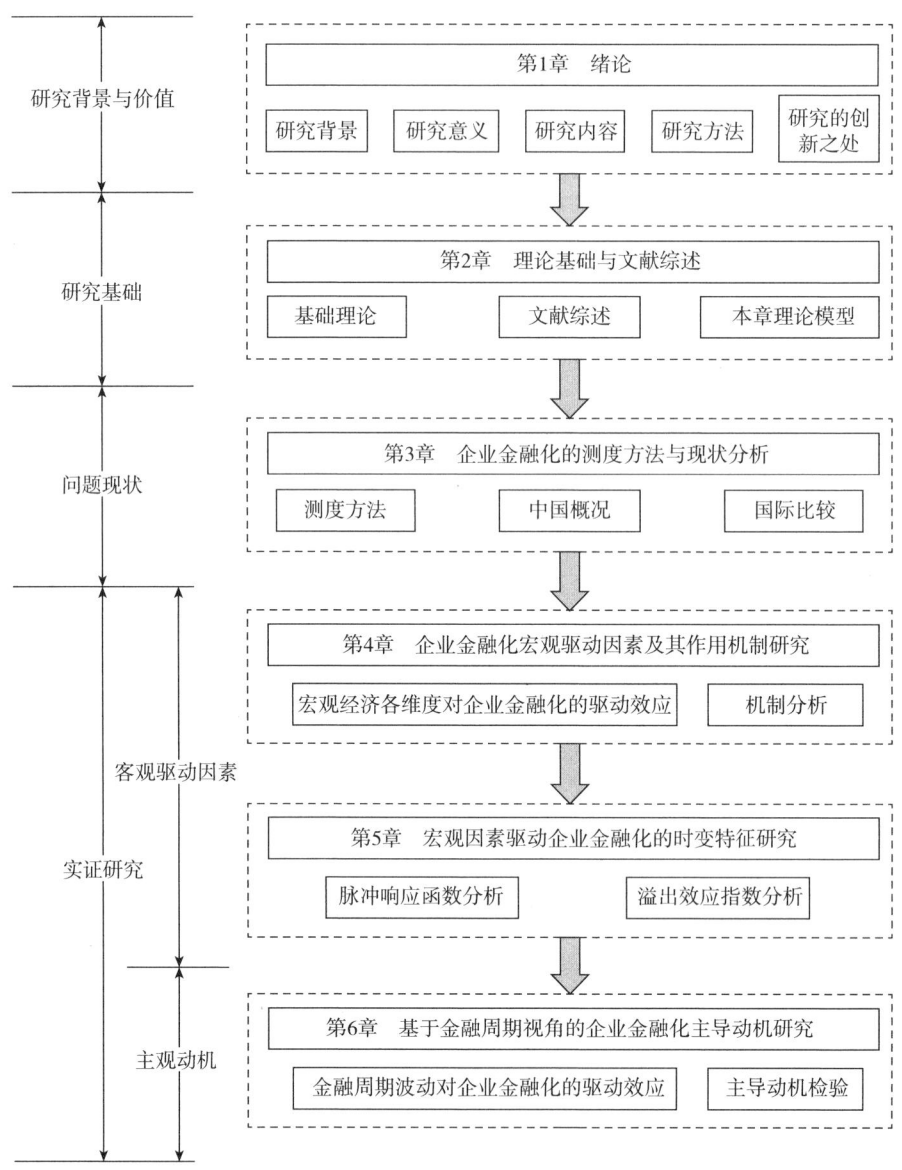

图 1-1 研究框架

注：笔者根据本书研究框架绘制。

第1章为绪论。首先，本章介绍本研究的现实背景，引出核心研究问题。其次，指出本研究内容的理论和现实意义。再次，对研究框架与各章节内容进行概述，并介绍本研究过程中运用的四类研究方法。最后，总结本书研究的创新之处。

第2章为理论基础与文献综述。首先，本章介绍预防性储蓄理论、融资约束理论和委托代理理论三个与本研究内容相关的基础经济学理论。其次，从企业金融化的内涵、客观驱动因素、主观动机和经济效应四个维度对现有相关领域的经典和前沿文献进行梳理，并对以上文献进行评述，总结现有研究成果和进展并指出目前该学术领域研究的不足之处，为本书提供研究基础并指明研究方向。最后，对现有企业资产配置决策模型进行扩展，求得代表性企业最优金融化水平的显式解，构建本书的理论分析基础。

第3章为企业金融化的测度方法与现状分析。首先，本章以现有相关文献为基础，基于投资行为和获利渠道两个视角总结并归纳企业金融化的主流测度方法，并对构建方式和适用范围进行比较分析，针对企业金融化形成机理这一核心研究问题明确适用于本书的企业金融化水平测度方法，为后续实证研究提供基础。其次，本章基于2007—2020年中国沪深两市A股上市公司财务数据，对中国企业金融化的发展历程和现实特征进行统计分析，还从所有制、地域和行业差异三个维度对中国企业金融化的异质性进行讨论。最后，对多个世界主要经济体的企业金融化情况进行国际比较，为后文实证研究提供经验证据。

第4章为企业金融化宏观驱动因素及其作用机制研究。首先，本章基于数理模型对宏观因素驱动企业金融化水平的效应和作用机制进行理论分析，并结合定性分析提出研究假设。其次，本章将2007—2020年中国沪深两市A股上市公司作为研究样本，收集并整理季度频率企业财务数据和宏观数据，运用双向固定效应模型从宏观经济景气度、实体经济生产经营情况、货币政策环境和资本市场繁荣度四个宏观维度出发，分别选取多个指标实证考察宏观经济变量对企业金融化水平的驱动效应，并通过多种方式对结论的稳健性和模型的内生性进行分析讨论。再次，本章还基于企业的所有制、地域和行业差异对企业金融化的宏观驱动效应进行异质性分析。最后，对上述宏观因素通过多种渠道驱动企业金融化的作用机制进行检验。

第5章为宏观因素驱动企业金融化的时变特征研究。首先，本章在数理模型中引入时变因素，关于经济政策不确定性、货币政策环境和宏观经济景气度对企业金融化的驱动效应及其时变性展开理论分析，并针对现有研究的不足之处提出本章的研究问题。其次，本章构建企业金融化时间序列指标，同时引入经济政策不确定性、货币供应量和经济增长三个核心宏观变量，建立时变参数随机波动率向量自回归（TVP-VAR）模型，并绘制三维脉冲响应函数图，探究在不同时点企业金融化水平受到各宏观变量外生冲击的驱动效应。再次，本章还运用基于 TVP-VAR 模型的连通性方法计算系统内各内生变量间的静态和动态溢出效应，并从多个维度汇报溢出效应指标的实证结果，对中国企业金融化宏观驱动效应的强度进行定量测度。最后，本章通过替换核心变量测度方法、改变输入变量模型顺序和调整模型参数取值对所得结论的稳健性进行验证。

第 6 章为基于金融周期视角的企业金融化主导动机研究。首先，本章在理论模型中纳入企业的融资约束异质性特征，从预防性储蓄和利润追逐两个金融化动机出发对企业金融资产投资行为受到金融体系波动的影响进行理论分析。其次，本章引入金融周期指标综合测度金融体系整体波动情况，基于金融周期视角提出新的企业金融化动机识别路径。再次，本章以 2007—2020 年中国 A 股上市公司作为研究样本，运用多种计量模型基于金融周期这一宏观视角研究金融体系波动对企业金融化水平的驱动作用，同时根据本章提出的金融化动机识别路径对样本期内中国企业金融化主导动机进行检验，还重点关注了企业投资短期和长期金融资产的主导动机差异，并通过多种方法对结论的稳健性和模型的内生性进行分析讨论。最后，本章还基于所有制、地域和行业差异对企业金融化的主导动机进行异质性分析。

1.4　研究方法

1.4.1　文献研究法

本书部分研究内容基于对现有文献的分析和对比。第二章对企业金融化相关经典理论和前沿文献进行梳理，为本书提供研究基础，之后对现有研究成果进行评述，根据已有文献的不足之处寻求本研究意义和空间。第 4 章至第 6 章的实证研究中均对已有相关研究成果进行简要回顾和分析，在经典经济学理论和现有研究文献基础上提出研究假设或研究问题，力求明确相关研究的现有成果和本书为相关研究领域提供的边际贡献。此外，本书实证分析过程中变量选取、测度方法、模型设定和研究方法设计等也均以现有文献作为依据。

1.4.2　数理模型分析法

本书在现有研究的基础上对企业资产配置理论模型进行扩展，构建了一个非金融企业在固定资产和金融资产间进行资产配置的跨期效用最大化模型，并求得代表性企业最优金融资产配置比例的显式解。参考现有文献，本书通过函数形式将宏观经济变量引入理论模型，通过对上述数理模型的理论分析探究和判断各维度宏观经济变量对企业金融化水平的驱动效应及其宏微观传导机制，为本研究提供理论分析依据。

1.4.3　描述性统计与对比分析法

通过收集和处理 2007—2020 年企业层面相关财务数据，本书第 3 章通过描述性统计分析对中国企业金融化现状进行比较全面的概述。首先，介绍样本期内中国企业金融化的概况和变化趋势。其次，从企业所有制、地域和行业差异出发对不同子样本的金融化情况进行对比分析，并对组间差异进行显著性检验。为明确中国企业金融化的发展阶段和相对水平，本书第 3 章还收集世界主要经济体的上市公司财务数据，构建多个国家和地区的企业金融化指标，对中国企业金融化的发展水平和进程进行国际比较。描述性统计与对比分析法的研究结果描绘了样本期内中国企业金融化的具体情况，为本书实证研究部分提供了经验基础。

1.4.4　实证分析法

使用 2007—2020 年中国 A 股上市公司季度财务数据和多维度宏观数据，基于数理模型的理论分析结论，本书第 4 章至第 6 章从宏观视角出发构建多种计量模型，对中国企业金融化的宏观驱动效应、作用机制与渠道、时变特征、溢出效应和主导动机等问题进行实证研究，还使用多种方法对结论的稳健性和模型的内生性进行分析讨论，所运用的计量工具包括双向固定效应模型、动态面板模型、Tobit 截尾分布模型、两阶段系统广义矩估计方法、工具变量法、中介效应模型、时变参数随机波动率向量自回归模型、广义方差分解法、连通性方法等。本书实证分析部分所得结论为中国企业金融化形成机理问题提供了新的实证证据，并且验证了基于本书数理模型的理论分析结论。

1.5   研究的创新之处

在本书基于宏观视角对中国企业金融化形成机理问题展开研究的过程中，通过拓展企业金融资产投资决策数理模型、引入更多宏观驱动因素、使用新的实证研究方法和从全新视角提出企业金融化主导动机识别路径等一系列尝试，具体形成创新之处如下：

（1）通过对现有模型进行扩展，本书构建包含宏微观变量的企业金融资产投资决策数理模型作为研究的理论分析基础，进一步明确宏观经济各维度对微观企业金融化水平的理论驱动效应及其宏微观传导机制。在现有研究基础上，本书构建了一个非金融企业在固定资产和金融资产间进行资产配置的跨期效用最大化模型，求得代表性企业最优金融资产配置比例的显式解，并把上述模型中部分企业层面的微观变量表达为核心宏观变量的函数形式，从而将宏观经济形势引入企业最优金融化水平的表达式。之后，本书对代表性企业的最优金融化水平关于各宏观经济变量求偏导，探究宏观经济形势波动对微观企业金融化的驱动效应及其作用机制。本书第5章在上述数理模型的基础上将宏观变量影响企业金融化水平的时变性引入理论分析框架，研究宏观经济形势驱动企业金融投资行为的时变特征。本书第6章的理论分析中还考虑了企业的融资约束异质性特征，根据不同企业受到宏观经济形势波动的影响强弱对企业金融化的主导动机进行识别。与大多数现有文献通过定性分析提出研究假设不同，本书基于数理模型对企业金融化形成机理展开理论分析，相关创新之处为本书的研究内容提供了更坚实的理论基础，对相关领域学术研究具有一定理论贡献。

（2）本书在实证研究中引入更多宏观驱动因素，并对宏观经济形势影响微观企业金融化的理论驱动效应及其传导机制进行实证检验。本书从宏观经济景气度、实体经济生产经营情况、货币政策环境和资本市场繁荣度四个宏观经济维度出发，分别选取多个宏观指标考察了宏观经济形势对实体企业金融资产配置的影响，对中国企业金融化的宏观驱动因素进行较为系统和全面的实证研究。宏观因素驱动企业金融化的作用机制一直是学术研究中的重点和难点，本书使用多种方法对上述宏观维度通过影响企业主营业务盈利能力、金融投资获利能力、经营风险或融资约束四种渠道驱动企业金融化的作用机制进行检验，进一步明确宏观经济形势波动影响微观企业金融投资行为的宏微观传导机制。以上创新之处是对现有企业金融化形成机理和宏观经济影响微观企业投资行为相关研究的完善和补充，从宏观视角为企业金融化的形成提供了更深刻的解释，且对促进实体经济高质量发展和抑制实体企业金融化趋势的政策制定具有一定参考价值。

（3）本书运用 TVP-VAR 方法将宏观因素驱动企业金融化的时变特征纳入研究范畴，并对宏观驱动效应的强度进行定量测度。尽管宏观因素影响微观企业金融投资行为的相关问题受到广泛关注，但鲜有文献对上述影响的时变特征展开研究。本书运用 TVP-VAR 模型对宏观经济外生冲击驱动企业金融化展开研究，并将上述驱动效应的时变特征纳入研究范畴，该方法通过建立包含多个宏观驱动因素的经济系统从一定程度上缓解传统多元线性回归模型的不足，提高所得结论的可信度。本书进一步创新性使用前沿的连通性方法计算基于上述 TVP-VAR 模型的静态和动态溢出效应，量化测度了核心宏观变量对中国企业金融化驱动效应的强度，明确了造成中国企业金融化现状的主导宏观驱动因素。以上研究所得成果涵盖了企业金融化宏观驱动效应的时变特征，并在因果推断的基础上对中国企业金融化宏观驱动效应进行定量测度，所得研究结论是对企业金融化形成机理现有研究内容的有效扩展和完善，同时也对不同经济环境下的宏观经济政策制定具有一定参考意义。

（4）本书基于全新视角提出企业金融化主导动机识别路径，并对中国企业金融化的主导动机进行实证检验。通过对金融周期进行测度，本书探究了金融体系整体波动对企业金融化水平的影响，并进一步从金融周期的视角出发建立全新企业金融化主导动机识别路径，在此基础上对中国企业金融化的主导动机进行实证检验。以上研究从主观动机维度丰富了企业金融化形成机理的研究成果，也从新的视角为学术界颇具争议的中国企业金融化主导动机问题提供了新的经验证据，所得结论能为引导企业回归实体经济和防范化解系统性金融风险的政策制定提供新的思路和依据。

在以上核心创新点之外，本书基于样本企业所有制、地域和行业差异进行的异质性研究进一步丰富了企业金融化形成机理的研究成果，这对继续深化经济体制机制改革、提升要素配置效率和促进市场良性竞争的经济政策制定具有一定参考价值。

第2章 理论基础与文献综述

关于非金融企业投资并持有金融资产的理论研究由来已久，随着世界范围内金融发展与深化进程不断推进，企业金融化形成机理问题逐渐成为相关学术领域的研究热点之一。从本书核心研究问题出发，首先，本章阐述了关于非金融企业参与金融投资的三个基础理论，包括预防性储蓄理论、融资约束理论和委托代理理论。其次，本章从企业金融化的内涵、客观驱动因素、主观动机和经济效应四个方面对相关领域的经典和前沿文献进行回顾并给予适当评述，寻求本书的研究机会和方向，并为后续研究奠定基础。最后，本章在现有研究的基础上构建了一个非金融企业在固定资产和金融资产之间进行跨期资产配置的效用最大化模型，并求得代表性企业最优金融化水平的显式解，作为本书理论分析基础。

2.1 基础理论

2.1.1 预防性储蓄理论

Keynes（1936）在对货币进行研究的过程中指出，持有货币的动机包括交易、预防性储蓄以及投资，其中预防性储蓄理论是指消费者为预防未来不确定性和潜在风险适当减少当期消费而增加储蓄的行为。企业作为经济活动中的基本单位，其持有现金的动机适用于预防性储蓄理论。企业在面临未来经营状况不确定性时可以选择通过储备现金进行流动性跨期配置，有效降低经营风险。尽管最初预防性储蓄理论主要适用于持有现金，但随着金融市场发展和相关理论演进，该理论的应用范围逐渐扩大，目前也适用于持有其他具有一定流动性的非现金金融资产。

鉴于股票、债券等非现金金融资产变现的成本较低且速度较快，可以在流动性匮乏时被转换成现金充当企业流动性跨期配置工具，所以在理论发展的过程中，预防性储蓄逐渐成为企业持有金融资产的动机之一。现金具有的流动性最强，但不具有收益性，持有大量现金会降低企业资金使用效率，具有较高机会成本。非现金金融资产的流动性弱于现金，但能产生投资收益。企业会在持有资产的流动性和收益性之间进行权衡，在满足自身预防性储蓄需求的前提下通过将一部分现金转换为金融资产，提高资金利用效率，本质上是放弃部分流动性从而取得一定收益。所持有的非现金金融资产既可以作为获取投资收益的来源，也可以在企业流动性不足时被出售用于满足资金需求，降低经营风险和破产概率。

随着金融市场的发展，在股票和债券等传统金融资产之外越来越多的金融衍生品成为企业的投资标的，包括利率互换、商品期货和外汇远期等一系列衍生品为企业规避风险和应对不确定性提供了更多金融工具。例如，制造业面临上游原材料价格上涨风险，企业可以在现货市场中通过提高原材料库存水平避免价格波动对生产成本带来的影响，但需要承担相关仓储和损耗等成本；也可以通过在期货市场上持有原材料多头头寸对价格上涨风险进行对冲，提前锁定原材料价格。持有此类金融产品所实现的套期保值功能是为应对和预防未来的不确定性，降低可能出现的经营风险，本质上同样是出于预防性储蓄动机。

在预防性储蓄理论中，实体企业持有各类金融资产是出于对未来不确定性的厌恶，为避免可能出现的经营风险提前进行流动性储备，对资金需求在时间维度上进行跨期平滑处理。现有研究表明，持有金融资产可以通过为企业提供额外流动性供给显著降低陷入短期债务危机的概率并减少财务费用，这对融资困难的企业尤为重要。

2.1.2　融资约束理论

Modiglinani 和 Miller（1958）提出的 MM 理论指出，在无摩擦的完美市场中，信贷市场的各方参与者均能在不产生额外成本的条件下获取所有信息，此时资金的供给方与需求方之间获取相同信息，企业资本结构不会影响其融资成本和企业价值。在现实中，资金需求方对自身和项目情况了解更深刻，倾向于释放正面信息的同时隐藏负面信息，相比资金供给方具有显著信息优势，此时存在的信息不对称问题促使资金融出方在原有的要求回报率上附加信用风险溢价，推高融资成本。由信息不对称导致融资方外部融资成本提高或可用融资规模下降的现象被称为融资约束问题，此时外部融资成本显著高于内部融资成本，导致资本结构对企业价值具有显著影响。Wu 和 Xu（2020）发现中小企业存在更严重的信息不对称问题，受到的融资约束也更强。

与外部融资相比，企业使用内部资金进行投资的成本更低，限制条件更少，且运用更加灵活，是更好的融资选择。市场上的信息不对称性问题更严重时，外部融资成本中包含更高的信用风险溢价，导致内部融资优势更加明显。鉴于以上情况在经济运行中普遍存在，Myers 和 Majluf（1984）放宽 MM 理论的假设后提出的"啄食理论"指出，企业在进行融资时应优先选择内部融资，当内部资金不足时再进行外部融资，通过降低财务成本提升企业价值，该理论也被称为融资优序理论。

以上经典经济学理论指出，企业通过内部渠道进行融资可以显著缓解融资约束问题。现实中，实体企业通过持有具有较高流动性的金融资产，在无融资需求时获取投资收益，有融资需求时通过变现金融资产获取流动性，这一方面能避免信息不对称导致的融资约束问题从而降低财务成本，另一方面能显著减少资金使用限制并简化融资流程。现有文献表明，适度持有金融资产作为内部融资来源能通过降低企业融资约束从而促进企业开展长期技术研发活动，有助于提高企业长期竞争力；企业能通过持有金融资产对资本结构进行灵活调节，进而显著增加企业价值。

2.1.3　委托代理理论

委托代理理论，是指在现代公司治理结构中企业所有者将经营权委托给管理者，此时所有权与经营权的分离和错位可能扭曲企业经营决策。Jensen 和 Mecking（1976）指出，企业管理层在不持有或少量持有公司股权的情况下对企业经营具有重大决策权，这可能导致股东和管理层的利益不一致。Fama 和 Jensen（1983）对相关理论进行完善，逐渐形成了委托代理理论，指出公司股东希望在企业经营中最大化股东收益，而企业管理层希望最大化自身收益，二者不一致时管理层的决定将偏离最优决策。具体来说，当管理层面临较强经营压力或业绩激励时，会倾向于进行过度投资或参与高风险项目，通过承担较大风险试图在短时间内刺激经营业绩从而保全职位或完成激励目标；当面临较小经营压力或业绩激励时，管理层倾向于减少投资或只参与低风险项目，降低其自身面临的风险。

在委托代理理论基础上，Jensen（1986）进一步提出自由现金流的概念，指出在所有权和经营权分离的情况下管理层可以通过不当使用自由现金流对企业股东利益进行侵占和损害。随着金融市场的发展和完善，金融资产已经同时具有预防未来不确定性和获取投资收益的双重功能，大量委托代理问题引发的投资不足或投资过度问题体现在非金融企业的金融资产投资上（张昭等，2018）。柳永明和罗云峰（2019）发现盈利压力对提高企业金融化水平具有积极作用，俞鸿琳（2022）的研究也指出管理层的短视对企业投资金融资产具有显著促进作用。

2.2　文献综述

2.2.1　企业金融化的内涵

最初金融化的学术研究视角主要集中于宏观维度的经济金融化，被用来描述经济活动重心从实体产业部门向金融部门转移的趋势，同时伴随资本积累模式从商品生产销售逐步向持有金融产品获取投资收益的转变。也有一部分研究将重点放在实物资产的金融化趋势方面，认为金融化是资金从金融市场溢出到农产品、金属等大宗商品市场进行投资行为的现象。谢富胜等（2021）发现中国工业化主导的发展模式是抵御全球金融化进程的主要原因，而近年中国经济发展对外依存度不断加强，导致金融化趋势显现。Yang 等（2020）的研究表明，中国多个大宗商品市场中均存在金融化现象，其中能源期货市场的金融化现象尤为严重。在此实际背景下，中国关于经济金融化研究虽然起步稍晚，但进展迅速，研究中也常使用虚拟经济膨胀、"脱实向虚"等与金融化类似的概念（戴赜等，2018）。

已有文献指出，金融化对经济增长、金融风险和社会发展的各方面均具有显著影响，其中学术研究最早关注到的是经济金融化对经济增长的影响。部分早期研究认为金融化水平提升对经济增长具有积极作用，指出金融体系的发展和深化能推动经济增长和社会进步，但也有学者认为，金融部门产值占比过高对经济增长具有负面影响，金融活动的高速发展难以持续。Donald 等（2015）从多个角度展开的研究发现非金融部门的金融资产投资行为对经济增长具有显著抑制作用。Gimet 等（2019）基于 29 个高收入国家的实证研究，同样表明金融化进程对实体经济的发展具有不利影响。中国学者也针对该问题进行了充分研究，郝芮琳和陈享光（2021）通过构建多部门的"流量—存量"一致模型发现经济金融化能通过多种机制对经济增长产生长期负面作用。城市与区域的金融化水平同样会对当地经济增长产生影响，吴金燕和滕建州（2020）基于空间计量的实证研究指出，地区金融化水平提升对本地区和相邻地区的经济增长具有积极意义，金融体系扩张对经济发展具有正向的直接效应和间接效应。基于马克思主义视角，全球金融化时代金融行业的超额利润来自金融机构对无产阶级的超时间、超空间和超界限的三重剥削，黎贵才等（2021）从资本循环理论出发的研究发现，经济金融化将产生消费信贷挤压和金融虚拟化的双重效应，进而抑制经济增长。

关于金融化可能造成金融风险的学术观点一直存在，Bernanke 等（1999）提出的 BGG 模型表明金融市场中微小波动可能造成实体经济的重大风险，即金融体系具有加速器效应。金融化的潜在风险在早期并未成为学者研究的重点问题，直到 2008 年国际金融危机爆发之后，有学术研究表明经济的过度金融化是造成危机的主要原因之一（Demir，2009），于是更多学者关注到金融化进程中积聚的系统性风险，并对金融化影响金融稳定的问题开展深入研究。现有文献认为，金融部门快速发展是经济中系统性风险的重要来源，应该把握好金融与实体经济之间的关系，限制金融部门过度扩张，任瑞敏（2020）进一步研究指出，金融化世界在重大危机阶段中经济活动的高度一致性是造成系统性金融风险的重要原因之一。Basak 和 Pavlova（2016）的研究指出，资产价格、波动率和资产间的相关性均会随着金融化进程而提高，导致金融市场中系统性风险聚集；而 Phelan（2016）认为，金融化水平提高造成金融部门的过高杠杆率才是造成金融系统不稳定的根本原因。刘用明和邵航（2022）以中国作为研究对象，通过建立理论模型和实证检验发现大宗商品的金融化程度提高会显著降低金融市场的稳定性，且该效应在短期内尤为明显。张成思等（2022）的研究还发现，中国金融化水平变化能通过改变宏观和微观杠杆率对经济体的系统性金融风险水平造成显著影响。

在经济增长和金融稳定之外，经济金融化现象还会在社会发展的更多层面造成深远影响。早期研究大多支持金融化存在减轻和消除贫困现象等积极社会意义，而近年来更多研究发现金融化对于社会的发展也可能具有一系列负面效应。收入不平等方面，Brei 等（2018）基于 97 个国家的研究表明在金融发展程度较低时的金融化进程会降低收入差距，而金融发展程度较高时进一步提升金融化水平可能加剧收入不平等问题。Luo 和 Zhu（2014）针对中国的研究指出，经济金融化进程能通过货币发行和社会资本流动导致收入不平等现象加剧。张晓晶（2021）基于宏观和微观的双重视角发现，金融化水平提高对当前中国社会收入分配不均具有促进作用，不利于实现"共同富裕"；基于中国省级数据的实证分析进一步表明过度的金融部门扩张和金融劳动力扩张均对城乡收入差异存在显著提高效果。另外，郑尊信等（2020）采用动态一般均衡方法进行建模发现金融化水平提高会加剧物价波动，而且会降低中央银行通过货币政策平抑物价的效果。金融制度的适当建设也与国家治理能力密切相关，以美国作为研究对象的理论研究支持上述观点，同时认为资本主义的过度金融化是导致其社会治理失灵、社会矛盾激化的关键因素。

现有观点认为，现代金融学研究体系中宏观与微观金融学存在紧密的内在联系，这驱使关于经济金融化问题的研究逐渐深入，并开启关于企业金融化的研究。刘锡良和文书洋（2018）指出广义上金融化问题包括金融创新、企业金融化、金融部门地位提升和资本累计方式转变四个方面，张成思等（2020）则将金融化划分为金融部门膨胀、广义资产证券化和企业金融化三个构成部分，Lagoared-Segot（2017）等国外学者也都对金融化概念进行不同的解构，但以上研究无一例外均将企业金融化作为金融化问题的重要构成部分。事实上，企业是经济体的基本构成单位，企业金融化是经济金融化的微观基础，经济金融化是企业金融化的宏观表现，二者之间存在紧密关系。基于企业金融化问题的复杂性及其较强的现实意义，近年来相关领域学术研究明显增多，已经成为公司金融领域的热点问题之一。出于经营模式、财务杠杆等方面的显著差别，现有研究发现金融企业和非金融企业金融化的形成机理和经济效应均存在本质差异，目前企业金融化学术研究主要集中于非金融企业，这也是本书的研究视域。

现有文献对于企业金融化的定义和界定存在一定分歧，Orhangazi（2008）认为，企业金融化的表现主要在于非金融企业获利方式逐渐从生产经营向金融投资的转变。而 Rabinovich（2019）以美国非金融企业作为样本的研究发现，多年以来，美国实体企业的金融收益贡献度变动不大，指出实体企业参与金融活动比获取金融收益更能反映其金融化水平。Davis（2016）通过对美国企业的资产负债表科目进行分类，认为非金融企业的金融化主要表现为公司投资组合中金融资产占比提高。蔡明荣和任世驰（2014）对已有研究进行梳理，指出企业金融化现象可以体现在行为和结果两个方面：从行为视角出发，企业金融化表现为投资并持有大量金融资产，是对企业资产配置行为的反映；从结果视角出发，企业金融化指利润来源更多倚重金融资产投资收益而非主营业务，是对企业获利渠道转变的体现。基于观察视角的差异，文献中对企业金融化的测度也存在不同方法。从投资行为视角出发，Demir（2009）在对新兴市场企业金融化情况进行研究的过程中使用流动资产、短期投资和股权投资等科目加总测度企业金融化水平，该方法被国内学者广泛借鉴和应用。从结果视角看，张成思和张步昙（2016）使用来源于金融渠道收益占营业总利润的比例描述实体企业金融化情况，这在之后的研究中被广泛使用。

企业金融化趋势起始于发达国家，之后向世界各国蔓延。Jayadev和Epstein（2005）对多个国家实体企业资产配置情况进行分析发现，当时发达国家实体企业已经出现了明显的金融化趋势，实体企业更多资源被金融资产占有。Demir（2009）的研究表明，新兴国家存在实体企业过度参与金融市场的现象，对经济发展已经造成负面影响。现有文献普遍认为，全球范围内的企业金融化进程显著，中国长期以来的金融抑制政策在早期阶段较好地抵制了全球金融化进程，但近年来经济发展对外依存度不断提升导致企业金融化趋势明显加快。目前，企业金融化现象已经对中国实体经济高质量发展构成实质负面影响，治理需求迫切，相关学术研究也应得到进一步推进和深入。

2.2.2　企业金融化的客观驱动因素

企业金融化客观驱动因素指实体企业面临的客观条件或所处环境，在其发生波动时会通过影响企业经营状况驱动其资产配置行为，造成企业金融化水平变动。现有研究表明，微观、中观和宏观各维度均存在对企业金融化水平具有显著影响的客观驱动因素。事实上，宏观经济形势的变化仍需通过影响微观企业经营状况传导至实体企业的投资行为，相关的异质性分析也主要取决于实体企业的中观特征，这导致各维度企业金融化驱动因素密切相关。所以，尽管本书从宏观视角出发对企业金融化形成机理进行研究，但仍需对多个维度驱动因素的研究成果进行较为详细的梳理和分析。

2.2.2.1　微观层面驱动因素

针对企业金融化微观层面驱动因素的研究较为丰富，结论相对完善，现有研究表明，企业金融化的微观影响因素包括盈利能力、经营风险、公司战略、高管特征、股东构成、所有制、价值取向、证券市场表现和社会责任等众多方面。

早期文献从实体企业盈利能力和生产效率的角度出发，发现实体经济投资利润率逐渐下降是导致企业投资金融资产的原因之一，现有针对中国的实证研究也支持以上观点，认为实物资产投资回报率走低是企业进行金融资产投资的重要理由（王国刚，2018）。王怀明和王成琛（2020）的研究指出，实体企业主营业务盈利能力与其金融化水平呈显著负相关关系，且高管薪酬激励会进一步放大这种抑制作用；企业通过接受财政补贴改善业绩也对金融化水平具有抑制作用，且信贷市场化程度越高抑制作用越强。张建伟（2019）的研究同样发现，企业全要素生产率提高能显著抑制金融化水平，但以上抑制作用对低融资约束企业不明显。

与上述文献的结论不同，Da 等（2015）以巴西非金融上市企业作为样本的研究表明，经营业绩改善对公司金融化水平具有积极作用。黄贤环等（2019）关于中国的研究同样证明，实体企业盈利能力上升时更容易进行金融化行为，而业绩恶化的企业缺少可用资金进行金融资产投资。也有文献表明，实体企业通过避税提升业绩的能力越强，其金融化水平越高，主要作用机制在于提高企业自由现金流和加剧委托代理问题，这种现象在融资约束较强的企业中更为常见。此外，有研究认为，企业经营情况与金融化水平呈"U"形关系，经营业绩较好和较差的公司都会倾向于投资大量金融资产。

在实体投资回报率之外，也有研究指出企业金融化的主要原因是企业经营风险情况。彭俞超和黄志刚（2018）通过实证研究发现，中国以银行为主导的信贷体系对贷款企业经营风险敏感度较高，经营风险较低的企业可以获得充足的银行信贷支持，进而提高其金融化水平；企业实体投资风险增加所产生的风险规避需求也是其投资金融资产的主要原因之一。在上市公司外，中国的中小民营企业在流动性短缺、经营风险较大的情形下会显著提升投资金融资产的规模和概率，且银行的融资歧视进一步加剧了这种促进作用。

公司的经营战略可能对其投资偏好产生一定影响。孙洁和殷方圆（2020）从实体企业和行业平均战略差异度出发，发现中国上市企业偏离行业平均发展策略会提高代理成本，对企业金融化水平具有促进作用；目的为聚焦主业的战略性资产剥离行为对企业金融化水平具有显著抑制作用，而非战略性资产剥离则会进一步促进企业金融资产投资。现有研究表明，企业积极推进数字化转型战略可以提升创新能力和优化组织架构，从而会对企业金融资产投资行为造成影响，徐朝辉和王满四（2022）的研究指出，中国企业数字化转型程度提高能通过促进研发投资和提升内部控制质量从而抑制金融化水平，这种抑制作用对民营企业和中小企业的作用更显著。

股权质押作为一种较为激进的经营策略会通过加剧融资约束和对投资

者情绪产生迎合效应的渠道提高企业金融化水平；而杜勇和眭鑫（2021）的研究则表明，控股股东股权质押与企业金融化水平之间呈倒"U"形关系，且股权质押后实体企业金融资产配置结构会向投资性金融资产倾斜。此外，任灿灿等（2021）基于共生治理理论的实证研究发现与员工分享经营成果能通过增强员工参与公司治理的积极性显著降低企业的金融化水平，这与（Feng等，2012）的研究结论相似。

部分现有文献基于公司管理层的个人特征对企业金融化微观形成机理展开研究。从管理层个人特征出发，张多蕾和赵深圳（2022）认为，管理层的过度自信对企业金融资产投资具有正面影响，但这一结论在创新型行业中不再成立。杜勇等（2019）基于烙印理论的研究发现中国上市企业高管具有金融从业背景能通过提高管理层自信水平和降低企业融资约束促进企业金融化水平。常筠依等（2022）运用 DEA-Tobit 模型进一步发现管理能力在高管金融背景促进实体企业金融投资的过程中具有正向调节效应。王菁等（2022）则发现履职经历丰富的通才型管理层对企业金融资产投资具有积极作用，且增持的投机性金融资产更多。企业家的科研背景也对企业投资行为具有显著影响，罗党论等（2022）基于高阶理论和烙印理论的理论分析和实证研究表明具有科研禀赋的企业家在经营中会倾向于通过加大研发投入降低金融资产配置比例。

从管理层团队特征出发来看，董事构成特征决定了企业的决策思维，代彬和王敬远（2021）发现，企业董事会的国际化背景对企业金融资产投资具有显著抑制作用，潜在作用渠道在于提高内部控制质量和扩大企业实体投资。刘锦英和徐海伟（2022）发现，管理团队的稳定性提升会促进企业研发、缓解委托代理问题和减少激进经营，从而对实体企业金融投资产生抑制作用。杜勇和王婷（2022）的研究表明，非 CEO 高管的独立性对企业金融化水平呈倒"U"形影响，独立性较低时主要展现出高管的自利性动机，而独立性较高时主要展现出治理效应。另外，创始人进行管理或者家族经营均能显著抑制实体企业金融化程度，可能的原因在于创始人目光长远，能力和责任感也更强，且委托代理问题较弱。

公司股东结构也是研究实体企业金融化形成机理问题的重要视角，赵彦锋等（2022）发现，多个大股东能抑制实体企业金融化水平，对长期金融资产投资的抑制效果更强。余怒涛等（2022）同样发现，非控股股东的存在对企业金融化具有抑制作用，并且指出这种效果的作用渠道主要是非控股股东的退出威胁。

机构投资者能减少同行业内的信息不对称性问题，提升行业专业化运作程度和加强治理能力，周泰云等（2021）证明，实体企业间机构交叉持股能通过提高主营业绩和增加研发投入对金融资产配置占比产生显著抑制作用，证明机构投资者具有外部治理效应；与引入机构投资者类似，引入连锁股东也能通过缓解融资约束和提高治理水平抑制企业金融化程度。而马连福等（2021）则认为，机构投资者网络对企业金融化具有显著促进作用，可能的渠道在于通过增强金融资产获取投资收益的意愿和提高管理层决策能力。进一步对机构投资者进行区分，肖峻和朱密（2022）指出，风险投资持股能通过缓解融资约束和委托代理问题降低企业的金融化水平，原因主要在于风险投资者与投资银行在长期合作中形成了良好的合作关系，并且具有较强的投资评估能力；而另一份研究表明险资举牌具有"资本挟持效应"，会造成企业金融资产配置占比提高。

鉴于中国现行的社会主义市场经济体制，较多文献关注到实体企业所有制对其金融化水平的影响。张成思和郑宁（2019）发现，国有企业和非国有企业金融化的主要目的均为减少经营资产投资风险，但非国有企业进行金融资产投资的现象更为显著。从国有企业引入民营资本的视角出发，曹丰和谷孝颖（2021）的研究表明，国有企业引入非国有股东能显著抑制企业金融化水平，主要的作用机制是抑制盈余管理现象和提升盈利能力。狄灵瑜和步丹璐（2021）得到了相似的结论，但是认为非国有股东抑制企业金融化的机制在于提高主营业务盈利能力和增加研发投入，具有引入积极股东的效果。也有研究持有不同的观点，认为在国有企业混合所有制改革中，控股股东会以套利为目的积极进行金融资产投资行为（熊爱华和张质彬，2020）。孙凡（2021）基于企业家精神的实证研究进一步发现，由国有制公司改制而成的民营企业具有显著的身份认同问题，导致其更倾向于进行金融资产投资。

此外，民营企业引进国有股东可以显著改善企业的治理模式和缓解融资约束，部分研究认为，国有股东作为少数股东时是最佳的企业股权结构。以中国民营企业作为样本的研究发现，国有资本入股民营企业会显著降低其金融资产配置水平，主要机制在于国有资本能为民营企业提供低成本银行信贷并且降低委托代理成本。赵晓阳和衣长军（2021）的实证研究同样发现，国有持股对民营企业金融化水平具有抑制作用，且在政商关系健康地区的抑制效果更强。但毛振华等（2022）的研究发现，民营实体企业与政府之间的政治关联对其金融资产投资具有显著促进作用，主要作用机制包括降低生产效率和恶化经营业绩。

部分研究表明管理层的决策和考核期限会对实体企业投资决策产生一定影响，股东价值取向从长期稳定增长逐渐向短期利益最大化转变是造成企业参与金融投资的重要原因之一。俞鸿琳（2022）针对中国的研究发现实体企业管理层的短视能显著促进企业金融化水平，但年轻的管理层和有效的内部管理制度能显著缓解这种促进效应。

现有学术研究大多以上市公司为研究样本，公司在资本市场上的情况也会对其金融资产投资决策具有显著影响。股票价格涨跌是反映企业经营状况的重要指标之一，这导致股价信息含量对企业融资约束和公司治理等具有一定影响。已有文献指出，上市公司股价的信息含量提高会对企业金融资产投资造成显著抑制效应，主要原因在于信息透明度提高可以缓解融资约束和增强公司治理水平。杨松令等（2021）基于理论模型和实证检验发现，投资者情绪波动导致股票错误定价对实体企业投资金融资产具有显著促进作用。此外，由交易所成立的网络平台和分析师关注度提高同样能增强上市公司透明度，进而通过提高公司治理能力抑制实体企业金融化水平。

部分资本市场重要事件是上市企业金融化的微观驱动因素。已有文献指出，缺乏卖空机制的证券市场会造成股价高估，从而扭曲企业的投资行为，基于多期双重差分方法，俞毛毛和马妍妍（2020）的实证研究发现，融资融券试点可以通过提升股价中的信息含量显著提高上市企业金融化水平。而陆蓉和兰袁（2020）的研究则认为，融资融券试点会通过降低上市公司股价的信息含量造成金融化水平提高。刘飞（2021）发现，融资融券试点显著提高上市企业金融化水平的主要原因在于企业融资约束提高和需要增强反收购能力。杜勇和邓旭（2020）进一步区分了融资与融券两种行为，认为融资制度提高了上市公司股票的成交量，加剧企业的短期金融资产投资行为，而融券机制对实体企业金融资产投资具有一定抑制作用。此外，具有业绩承诺的中国上市公司重大资产重组会导致为了达成业绩目标的机会主义行为，从而增强金融资产投资意愿；监管部门发放财务报告问询函也对企业金融资产配置存在促进作用。

现有文献普遍认为企业的投资行为均具有一定"同群效应"，企业金融资产投资的"同群效应"也被广泛关注。李秋梅和梁权熙（2020）的研究表明，中国企业金融资产投资与其所在地区或行业的平均金融化程度呈显著正相关关系，根本原因在于部分具有信息劣势的企业对其他企业投资行为的模仿，且这种"同群效应"在竞争激烈的行业中更为明显；进一步研究指出高管团队的投行背景能显著增强实体企业金融化的"传染效应"，但这种同伴企业间的"模仿效应"是非理性行为。夏子航（2021）的研究明确了"同群效应"的主导企业和模仿企业，发现中国实体企业的金融资产投资决策更容易受到融资约束高、投资收益率低下的同群企业影响，指出中国企业金融化的"同群效应"是一种向低效企业学习的"盲目跟风"，可能导致区域性集体金融决策失误。王营和曹廷求（2020）将企业金融资产投资行为与董事网络关系结合，发现实体企业金融化水平在董事网络中具有显著"传染效应"，而且完善的公司治理结构并不能缓解这种传染性。杜勇和刘婷婷（2021）的研究进一步指出，这种弥散在连锁董事网络中的金融资产投资"同群效应"来自信息传递和资源获取。

随着公司治理理论的发展和完善，企业应该负担更多社会责任的理念开始进入中国，现有研究表明良好的 ESG（环境、社会效应和公司治理）表现会增加企业价值和降低融资成本，从而影响企业投资行为，一些比较前沿的文献以此为视角对企业金融化形成机理展开研究。部分基于中国的实证研究表明更高的 ESG 表现对实体企业金融化水平具有显著抑制作用，内部的严格监管会进一步增强这种抑制作用。而其他研究认为良好的 ESG 表现会提高实体企业的金融化水平，可能的作用机制在于降低融资约束和引发潜在声誉保险机制。

2.2.2.2　中观层面驱动因素

从中观维度出发的视角相对比较传统和固定，现有文献中企业金融化中观驱动因素主要包括企业的地域和行业。

不同企业所处的地域决定了其面临的区域发展程度和政府治理情况，现有文献认为，这对企业金融化行为具有一定影响。地域的数字金融和金融科技发展能提高金融服务的效率和质量已经得到了相关文献的证明，针对中国的研究发现企业所处地区的数字普惠金融水平可以通过降低金融投资回报率和缩小"影子银行"规模抑制企业金融化程度，陈春华等（2021）认为，这种抑制作用的主要原因在于减弱实体企业预防性储蓄动机，徐伟呈和范爱军（2022）进一步指出，金融科技发展抑制经营情况较好企业金融投资的渠道是促进技术创新，而抑制经营情况较差企业金融化水平主要通过促进资本累积。与其他研究结论不同，李志军和杨秋萍（2021）认为，数字金融发展对实体企业金融化水平具有促进作用，主要机制在于更高的数字金融发展水平会缓解企业的融资约束从而促进金融资产投资。此外，社会资本对地区金融发展的促进作用已经被广泛文献关注，杨兴全等（2021）从省级维度出发研究指出，地方社会资本提高能通过为当地实体企业拓宽非官方融资渠道和缓解委托代理问题对企业金融化水平产生抑制作用，而谭德凯和田利辉（2021）指出，民间金融发展会为企业金融化提供更多投资渠道，从而促进企业"脱实向虚"。

较高的地区社会信任水平可能通过缓解委托代理问题和信息不对称性问题影响企业投资行为。翟淑萍等（2021）基于中国综合社会调查数据的实证研究发现，较高的地区社会信任水平能通过降低代理成本和缓解管理层短视抑制企业金融化程度。向宇等（2021）基于企业所在地区失信被执行人数据的实证研究同样表明，社会失信程度提升会显著加强企业金融化趋势，主要作用机制是加剧委托代理问题和提高融资成本。

从地方政府治理的视角来看，地方政府债务融资规模扩大对当地企业金融化水平具有显著促进作用，政府财政透明度同样对当地企业投资决策具有显著影响。王少华等（2022）指出，地区财政透明度能通过稳定实体企业业绩和增加政企合作对企业金融化产生抑制作用。此外，王蓬等（2022）使用双重差分法发现，中央在地方设立自贸区能通过促进利率等均等化显著且持续地抑制当地实体企业金融化水平。

不同行业的企业金融化形成机理可能存在差异。部分现有文献关注到产业政策对实体企业金融化的影响，认为产业政策会鼓励大量资源进入政策支持行业，对于弥补市场不完善和促进行业长远发展具有重要意义，步晓宁等（2020）基于2009年十大行业振兴规划出台的准自然实验发现受到政策支持行业的企业金融化现象更严重，缓解融资约束是重要作用机制，这与于连超等（2021）的实证研究结论一致。但是，以《中国制造2025》和"五年规划"出台为准自然实验的实证研究发现，产业政策能通过抑制实体企业的逐利动机降低其金融化水平。向海凌等（2020）进一步对产业政策类型进行区分，发现法规型产业政策能抑制实体企业金融投资行为，而规章型产业政策的效果不明显。此外，王虹等（2021）基于行业竞争度的研究发现，行业锦标赛对企业金融资产投资规模和金融渠道投资收益占比均具有显著促进作用。

在企业自身所处的行业外，也有一些文献发现金融行业的发展情况对非金融企业金融化水平存在影响。戴静等（2020）基于宏观普查微观数据的研究发现，金融行业人力资本配置提升会通过缩短企业债务期限提升企业金融化程度；胡秋阳和张敏敏（2022）还指出，金融业的高利润造成的盈利压力是中国企业金融化的主要原因；从金融业务牌照情况出发，刘惠好和焦文妞（2021）发现，银行业竞争越激烈的地区融资约束越低，从而提高了当地实体企业的金融化水平。

2.2.2.3 宏观层面驱动因素

来自宏观视角的企业金融化驱动因素是本书研究重点，现有文献主要从经济增长、货币政策、经济政策、资本市场、税收和监管制度等方面进行研究，但与微观层面的成果相比，企业金融化宏观形成机理的相关研究结论明显较少，且不同研究间存在明显分歧。

一些早期文献从宏观经济增长出发对企业金融化的宏观驱动因素展开研究，Krippner（2005）和Orhangazi（2006）都在美国金融化趋势不断加强的背景下提出，企业金融化的主要原因在于宏观经济衰退和实体投资收益率下降。针对中国的文献中，黄送钦（2018）的实证研究表明，经济高速发展对企业的金融资产占比具有显著抑制作用。彭佳颖和郑玉航（2021）进一步指出，实体企业金融资产投资具有明显的逆经济周期特征，且重资产企业和非国有企业的逆周期特征更加明显。然而部分文献认为，经济增长与企业金融化之间存在同向关系，胡奕明等（2017）的研究发现，GDP的趋势项和周期项均对企业金融资产绝对规模具有显著促进作用；雷新途等（2020）的研究也指出，宏观经济增长对企业持有的金融资产占比和金融资产投资率均具有促进作用。

货币政策对金融资产投资收益和企业融资成本均具有重大影响，是实体企业金融化的关键宏观驱动因素。傅代国和杨昌安（2019）对于中国上市企业的研究表明，宽松的货币政策会显著提升企业金融资产投资倾向。张成思等（2021）通过微观企业年报文本信息构建宏观经济感知指数，并通过实证研究同样发现积极的货币政策对企业投资行为具有促进作用；将研究样本限定于高新技术企业，研究发现紧缩的货币政策对实体企业金融资产投资具有抑制作用，且融资约束越强则抑制效应越明显。也有部分研究发现货币政策的宽松程度与企业金融化水平呈现负相关关系，孙华好等（2021）认为宽松的货币政策能通过延长企业信贷期限抑制企业金融资产投资；紧缩的货币政策会刺激实体企业提高预防性动机，从而提高其金融资产配置水平，也会通过促进"影子银行"的发展提升企业金融化水平。

在常规货币政策之外，Perillo和Battiston（2020）指出，在特殊阶段实施非常规货币政策的作用在从金融部门传导到实体部门的过程中受阻，这会显著加剧实体企业金融化现象。从市场利率的角度出发，Denizer 等（2007）认为，利率市场化能显著缩小虚拟经济和实体经济的资金成本，从而对企业投资决策造成影响。李华民等（2020）基于中国的现实情况检验了利率市场化对实体企业金融投资的影响，发现市场化利率有助于通过降低融资成本和提高财务稳定性抑制金融化水平。

资本市场的发展情况会通过影响金融资产投资收益率驱动实体企业金融化行为。在各国核心城市房价不断上涨的趋势下，现有研究发现房地产市场发展情况是实体企业金融化的宏观影响因素之一，Chaney 等（2012）的研究表明，不动产作为企业的担保物之一，其价格上涨能增强银行贷款信心，有效缓解企业融资约束，从而促进实体企业金融投资。Wu 等（2020）指出，房地产价格上涨时实体企业会将主营业务投资的一部分转移至房地产市场，为获取投资收益参与不动产投资。王慧等（2021）基于中国的研究同样发现，房价上涨对企业金融化水平具有显著促进作用，主要渠道在于缓解企业融资约束和创造金融套利机会。

经济政策不确定性（EPU）能体现出宏观经济政策在制定和执行过程中的不可预见性，与实体企业流动性需求直接相关，是企业金融化的重要宏观成因之一，现有研究已经证明经济政策不确定性对企业多维度投资均具有显著影响。彭俞超等（2018a）和 Huang 等（2021）关于中国的研究均发现 EPU 提高能显著抑制实体企业金融化趋势，且融资约束弱的企业受到抑制作用更强。顾海峰和高水文（2021）进一步发现，高管对企业经营的掌控力提升和宽松的货币政策会减弱这种抑制作用。另一些文献发现 EPU 与中国实体企业金融资产投资呈显著正相关关系。吴永钢等（2022）发现，地缘风险提高会进一步加强 EPU 与企业金融化水平之间的正向关系，而姚德权和付晓菲（2022）则发现，非国有制和高管的金融从业经历会抑制这种正向关系。

政府对实体企业和金融机构的监管也可能影响企业金融化水平。黄海涛等（2020）使用金融监管支出占金融行业产值作为金融监管力度的代理变量，发现监管力度加强能通过制造股权制衡和提高公司治理能力抑制中国企业金融化趋势，且对短期金融资产的抑制作用更为显著。马勇和陈点点（2020）发现，宏观审慎政策能通过减少银行信贷投放抑制企业金融化水平。张志宏和胡公瑾（2022）从财务数据披露质量的角度出发，发现会计准则的执行度对企业金融化水平具有抑制作用，主要影响渠道在于外部监督和内部控制质量。

在国家颁布的政策或者制度方面，发达国家的实践证明环境保护税能较好平衡经济发展和环境保护的关系（Freire-González，2018），现有文献以 2018 年《环境保护税法》颁布实施为准自然实验，通过双重差分法发现环境保护费改税会通过提高企业环保投入和研发强度降低企业金融化水平。但蔡海静等（2021）以高污染实体企业为研究样本发现，环境规制对企业金融化水平具有促进作用，且对污染强度高的企业促进效应更强。此外，现有文献发现"一带一路"倡议可以通过缓解融资约束降低国有和民营企业的金融化水平，曹越等（2021）进一步指出，这种抑制作用仅在东部地区和重点行业中显著存在。王勇和芦雪瑶（2021）以"沪港通"作为自然实验的研究发现，资本市场开放能通过外部关注和内部治理两个方面抑制企业金融化；在中国结构性去杠杆政策实施阶段，居民部门加杠杆不仅不会降低企业金融化水平，还会导致实体企业部门金融化现象加剧。以资管新规作为准自然实验，李青原等（2022）发现，加强金融监管对企业持有长期和短期金融资产均有抑制作用。

税收是影响实体企业利润的重要因素，也是国家推进执行经济政策的关键抓手，企业面临的税收政策是其金融化水平的宏观驱动因素之一。早期研究指出，美国高新技术企业认定政策能通过减轻税负促进研发投入，刘畅和李君（2021）针对中国的研究从高新技术企业认定这一事件出发，证实了减费降税对企业金融资产投资的抑制作用，进一步研究指出减费降税的抑制作用在非国有企业和中西部地区更加明显。更多研究还从增值税期末留抵退税政策和"营改增"结构性减税的角度发现，减费降税对企业金融化水平存在显著抑制作用。

2.2.3　企业金融化的主观动机

除了在客观层面的驱动因素之外，企业金融化形成机理还包括主观层面的金融资产投资动机。学界普遍认为，实体企业持有金融资产可以出于抵御不确定性的预防性储蓄动机和通过金融资产获取投资收益的利润追逐动机。从以上二元动机出发研究企业金融化主观形成机理已经成为标准学术研究范式，但现有文献对中国企业金融化的主导动机仍存在较大分歧。

2.2.3.1　预防性储蓄动机

鉴于金融资产具有一定流动性，实体企业出于预防性储蓄动机将金融资产作为流动性储备工具，通过金融工具运作实现流动性跨期配置，降低未来经营风险，相关文献最早可以追溯至 Keynes（1936）关于持有现金动机的研究。现有文献从流动性需求、财务风险、投资组合和 EPU 等多个角度发现了实体企业持有金融资产的预防性储蓄动机。

从流动性需求和财务风险出发，Stulz（2008）关于美国实体企业的研究表明，企业持有的金融资产可以在财务困境时被出售，在生产经营中具有"蓄水池"效应。Campello 等（2011）通过对美国 397 个非金融企业的调查结果进行分析，认为持有一定流动性强的资产对实行公司战略具有重要意义，此时企业持有金融资产出于预防动机，这在公司流动性紧张时尤为关键。Akkemik 和 Ozen（2014）的研究表明，新兴市场中企业金融化的主要原因是为应对日益升高的宏观经济不确定性所进行的流动性储备。Almeida 等（2014）指出，美国上市企业持有金融资产有利于企业减少流动性风险，在流动性不足时变现金融资产可以迅速满足企业的流动性需求，企业现金流入不及预期时，持有金融资产也能为主营业务投资提供现金流支持，起到缓冲作用。Lashitew（2017）基于埃塞俄比亚实体企业的研究也发现小型企业和民营企业的金融资产投资动机是"风险规避"。

从经营能力稳健性视角出发，Davis（2017）针对美国企业的研究中将企业经营情况的波动性输入投资函数，发现较高的波动性将抑制企业的实体投资行为，此时增加的金融资产投资主要是出于预防投资不确定性。Gehringer（2013）在欧洲经济和货币一体化特定背景下的研究发现，金融资产投资的主导动机是预防宏观经济不确定性造成的经营波动。从投资组合角度来看，Theurillat 等（2010）对于瑞士养老金投资行为的研究中认为，金融资产投资在企业投资组合中产生的分散化效果是企业金融化的重要原因之一。

部分现有文献关注到了中国企业金融化的预防性储蓄动机，Shu 等（2020）基于传统资产选择模型的实证研究表明中国上市企业金融化受到金融和实体收益率差异的驱动效应不强，主要动机仍然是金融和实体资产的风险分配。李承璋和匡晓璐（2021）的研究同样发现，经营风险提高对实体企业金融资产投资的促进作用强于金融投资收益率，认为避险是中国企业持有金融资产的主要动机。刘贯春等（2020）发现，EPU 升高能显著促进实体企业金融资产投资，并指出中国企业金融化的动机主要是为应对未来现金流不确定性的预防性储蓄动机。Xie 等（2021）的研究表明，中国企业适度持有金融资产能降低流动性风险，对持续性创新具有积极作用，并指出中国企业金融化的主导动机是预防性储蓄。林慧婷等（2021）基于财务报告问询函这一事件的研究指出，实体企业在受到监管压力的情形下会增加金融资产配置，此时进行金融资产投资的动机在于发挥金融资产的"蓄水池"功能，降低企业经营风险，但事实上这一行为并不能改善企业主营业务业绩，反而具有负面效果。

2.2.3.2　利润追逐动机

获取投资收益也是企业参与金融资产投资的目的之一，实体企业出于利润追逐动机将金融资产作为提升公司业绩表现的工具，追求公司风险调整后的最大化利益。现有文献从金融投资和实体投资收益率、EPU、贷款利率、ESG 表现和资本市场表现等多个角度识别出企业金融化的利润追逐动机。Onaran 等（2011）通过对美国实体企业金融化趋势的分析研究发现，企业金融化的动机来自资本的逐利性特征。基于马克思主义经济学视角，Fine（2013）将实体企业金融化视为一种单纯的投资组合构建行为，认为金融资产和实物资产之间的配置情况是企业实现收益最大化的手段。

将中国实体企业作为研究对象，早期研究认为实体经济的投资收益下降是企业投身金融市场的原因之一，金融资产投资收益是主营业务盈利的"替代"。傅代国和杨昌安（2019）的研究同样表明，中国企业投资金融资产的动机来自金融行业更高的投资收益率，是为提升公司业绩的"另辟蹊径"，而郭胤含和朱叶（2020）认为，金融化水平提高是实体企业在盈利能力下降时的"无奈之举"，并非追求高利润的"有意为之"。Xu 和 Xuan（2021）发现，中国实体企业金融资产投资对研发投入和产出具有明显的"挤出效应"，认为中国企业金融化的主导动机是利润追逐，而不是预想中的预防性储蓄。刘井建等（2022）也发现，中国企业金融化对实业投资具有显著抑制作用，指出投机是企业持有金融资产的主要动机。

基于经济政策来看，彭俞超等（2018a）和 Huang 等（2021）从 EPU 出发的实证研究发现，中国企业金融化程度受到 EPU 升高的抑制作用，且融资约束越强的企业受到抑制作用越强，表明中国企业金融化的主导动机是利润追逐而非预防性储蓄。杨筝等（2019）从市场利率限制出发，将放开贷款利率限制作为准自然实验的研究发现放松利率下限能抑制企业金融化程度，而放松利率上限则没有显著影响，说明中国企业金融化是出于获取息差的"市场套利"动机。

从实体企业 ESG 表现的角度出发，顾雷雷等（2020）的研究发现，良好的 ESG 得分能通过降低企业融资约束从而提升其金融化水平，说明企业在预防需求降低的情况下仍会选择增持金融资产，体现出了中国实体企业金融化的"投资替代"动机，而非"蓄水池"。孟庆斌和侯粲然（2020）同样基于企业社会责任视角发现，融资约束较低的企业中社会责任履行情况对金融资产投资的影响不显著，认为金融化行为更多体现了"逐利效应"。

基于上市企业的资本市场表现，张鹏（2021）关于上市公司业绩承诺的研究表明，实体企业为了完成业绩承诺进行的金融化是出于机会主义的投机行为。王海芳和张笑愚（2021）从迎合理论出发，指出控股股东通过股权质押提高企业金融资产配置水平主要目的是持有长期金融资产增厚投资收益。张志宏和胡公瑾（2022）通过上市公司财务信息披露水平对会计准则执行力度进行测度，发现严格执行的会计准则对实体企业金融资产投资具有显著抑制作用，且对于投机型金融资产的抑制作用更强，表明企业金融化的目的是投机而非预防。此外，Shi 等（2021）的研究表明，实际控制人的金融背景能显著促进中国上市企业金融化水平，且对融资约束越低的企业促进作用越强，指出中国企业金融化的主导动机是获取投资收益，而非预防不确定性。

2.2.3.3 金融化动机的双重性

在上述研究成果之外，也有部分研究从不同角度出发对中国企业金融化的主导动机持有比较综合的观点，认为金融化动机可能与金融资产期限、企业财务风险、资金来源和企业所有制等差异密切相关，不能一概而论。

胡奕明等（2017）的研究从多个宏观变量出发，根据理论分析和实证研究结果指出，中国企业持有包含现金的金融资产出于"蓄水池"动机，而持有非现金金融资产存在一定"替代"动机，这表明企业金融化动机可能与金融资产的类别相关。黄贤环等（2018）发现，实体企业配置的金融资产越多财务风险越大，认为短期金融资产具有"蓄水池"效应，属于"未雨绸缪"，而长期金融资产具有"挤出效应"，属于"舍本逐末"。翟光宇等（2021）从企业金融化对实物资产投资的"挤出效应"出发，发现较低的融资约束会缓解"挤出效应"，表明企业主要出于资金储备动机投资金融资产，而套利行为会加剧"挤出效应"，体现了金融化的逐利动机。严武和李明玉（2020）对金融投资性质进一步进行区分，指出金融化存量来自替代动机，不具有持续性，而金融化流量来自预防动机，且具有一定持续性。

此外，从企业经营业绩出发，张金朵和张中华（2021）基于多层因子交互效应面板模型的实证研究指出，经营不佳的企业主要出于避险动机投资金融资产，而经营状态正常的公司会出于金融收益和避险的双重动机进行金融化。彭佳颖和郑玉航（2021）从经济周期出发的实证研究指出，经济繁荣期的金融化动机是利润追逐，而在萧条期的动机主要为平滑企业流动性需求。从企业的所有制差异来看，强国令和王梦月（2021）基于税制改革的研究指出，"营改增"对企业金融化的影响在国有企业中体现为促进效应，而在非国有企业中体现为抑制效应，说明国有企业的金融化动机是利润最大化，而非国有企业的动机为现金储备。

2.2.4　企业金融化的经济效应

现有文献指出企业金融化在微观企业层面和宏观经济层面均具有显著经济效应，这体现了研究企业金融化问题的重要理论和现实意义。

2.2.4.1　微观经济效应

在微观层面，现有文献主要关注了企业金融化对企业创新、实体投资、生产率、经营业绩、财务风险、公司战略、资本市场表现、收入分配等方面的经济效应，取得了相对丰富的研究成果。

较多文献将目光集中于企业金融化对公司研发创新的影响。Lee 等（2020）从创新战略角度出发的研究发现，经济合作与发展组织成员国（OECD）的企业持有更多金融资产会导致专利数量增加而质量下降，表明实体企业金融化水平提升会促进创新战略向低风险的稳健策略转型。

关于对中国的研究中，王红建等（2017）的研究发现，企业金融化水平提升对公司创新投入具有明显"挤出效应"，且金融资产投资的套利动机越强对研发投入的"挤出效应"越严重。进一步研究表明，企业金融化对研发投入的挤出效应在股权集中度和资产负债率较高的企业中更明显，更强的市场竞争和融资约束会强化"挤出效应"，且"挤出效应"强度在 EPU 较高时进一步加剧。也有其他研究发现，政策的不连续性增强和股权激励计划可以削弱金融化对研发投入"挤出效应"。王少华等（2020）则指出，企业适度持有金融资产可以通过缓解融资约束促进企业创新，而过度金融化对企业创新能力具有抑制效应，且这种"挤出效应"具有较强滞后性和持续性（彭龙等，2022）。基于信号理论，吴伟伟和张天一（2021）的研究指出，金融化水平提升能显著强化研发补贴对创新产出的促进作用。

在影响研发投入的同时，企业金融化水平也会对企业的实体投资水平产生显著影响。王少华等（2020）构建模型对中国实体企业金融化适度性进行判断，发现适度金融化能提高固定资产投资，而过度金融化会减少固定资产投资；进一步研究指出，国内国际双循环对企业金融化抑制实体投资具有正向调节效应。而 Kliman 和 Williams（2015）关于美国的研究指出金融化并不是造成实体投资下降的原因，因为公司具有更多资金来源进行合意的实物资产投资，实物资本累计率下降的原因主要在于固定资产投资回报率下降。

企业金融化对企业的经营情况和生产效率也会产生显著影响。胡海峰等（2020）和 Wang 等（2021）均发现企业金融化水平与生产效率之间呈倒"U"形关系，表明适度持有金融资产可以提升生产效率，而过度金融化对生产效率具有负面作用。栾天虹和袁亚东（2019）指出，企业金融化对资本性支出具有明显"挤出效应"，且长期金融资产投资的"挤出效应"更强。同时，也有文献关注到实体企业金融化对企业经营的正面作用，认为"影子银行"进行委托贷款为融资约束高但具有生产优势的民营小微企业提供了信贷支持。刘志远等（2017）针对中国的研究表明，企业持有金融资产具有实物期权价值，对把握未来机遇具有积极作用。

实体企业金融化对研发能力、实体投资和生产率的影响自然会反映到企业的经营业绩上，Baud 和 Durand（2012）对 10 家大型跨国零售商的研究表明企业金融化的主要原因是为了满足股东短期改善经营业绩的需求。Xu和 Xuan（2021）的实证研究指出，中国企业金融化会通过对研发投入的"挤出效应"造成公司成长性降低，抑制其业绩增长潜力。而阳旸等（2021）发现，企业金融化能有效刺激短期业绩，但对长期业绩具有负面作用，进一步研究发现，股权激励能进一步提升金融化对短期业绩的刺激作用，并抑制对长期业绩的负面影响。马妍妍和俞毛毛（2021）指出，企业长期金融化会降低其出口规模，而短期金融化能提升其出口规模。从企业价值出发，早期的研究发现美国实体企业金融化水平对企业价值具有促进作用；而刘立夫和杜金岷（2021）与郭丽丽和徐珊（2021）的研究均发现，中国企业金融化与企业价值呈倒"U"形关系。

此外，企业的金融化程度也能影响其经营风险。研究指出，媒体监督增强、企业所在地的市场化程度提升和 EPU 升高均会抑制这种正向影响。白雪莲等（2021）发现，企业金融化会增强投资风险从而提高债权人要求的风险溢价，提升企业融资成本。张琳等（2021）基于银行信贷决策的视角同样发现，企业金融化水平提高会通过提升财务风险和信息不透明性强化企业的信贷融资约束。邓超和彭斌（2021）发现，金融化程度较高的企业会主动降低信息披露质量，造成经营风险提升，且在民营企业和小型企业中更加显著。Faulkender 等（2012）指出，企业杠杆调整速度代表了优化资本结构的能力。廉永辉和黎梦瑶（2020）的研究表明，企业金融化程度提升会导致资本结构调整速度减缓，这种现象在规模小、盈利能力差和民营企业中表现更明显。而吴立力（2021）的研究发现，企业过度金融化会降低杠杆调整速度，适度金融化将提高杠杆调整速度，这种现象在非国有企业和财务状况差的企业中更显著。

企业金融化程度对于其经营战略同样存在影响。随着数字科技的迅速发展，越来越多的企业启动数字化转型，已有文献认为这可以在盈利能力、公司治理和经营效率等方面带来积极变化。黎伟等（2020）的研究发现，企业金融化行为对其数字技术应用能力具有抑制作用，但较好的金融监管机制会减少这种抑制作用。黄大禹等（2022）进一步指出，企业金融化对数字化转型抑制作用的机制主要体现在财务行为和创新能力方面。从企业出口策略出发，Milberg（2008）基于美国跨国实体企业的研究发现，企业金融化趋势会强化公司的全球化策略，更深层次融入全球价值链，从而实现降低固定资本投入和提升业绩的目标；而 Crin 和 Ogliari（2017）发现，实体企业缺少对金融工具的合理运用会对出口造成负面影响。

对于上市公司而言，企业金融化水平可能对其证券的资本市场表现产生显著影响。企业金融化水平提升会显著提高股价崩盘概率，但外部审计和内部控制均能显著降低企业金融化与股价崩盘的正相关性；而邓超等（2019）的研究表明企业金融化对公司证券市场表现也存在一定益处，企业持有金融资产作为抵押物能提升其融资能力，且对公司股价具有稳定器作用。张立光等（2021）从证券分析师视角出发，发现企业金融化会提高分析师预测误差和分歧度，造成中国上市企业的信息环境恶化，还会降低业绩预告质量。Eun 等（2015）的研究指出，中国上市公司股价的同涨同跌现象明显，这表明企业股价中反映的公司信息较少，而市场信息较多。孙洪锋和刘嫦（2020）的研究表明，企业金融化水平提高会通过降低信息量造成股价同步性提高，这种现象对于业绩较差的企业更为明显。而赵林丹和梁琪（2021）则发现，企业金融化水平与其股价的同步性呈"U"形关系，这种非线性关系在熊市中尤为明显。从上市公司审计工作出发，李百兴等（2020）指出，金融化程度更高的企业倾向于选择低质量审计师，可能的原因在于企业金融化会强化现金流操纵现象。刘禹君和刘嫣然（2020）运用去趋势资产误定价模型的研究发现，实体企业金融化会降低审计质量并提高审计费用。

从劳动经济学角度出发，一些文献关注了劳动收入与企业金融化之间的关系。徐畅和毛志宏（2022）针对中国的研究支持上述结论，认为实体企业进行金融投资能通过减少劳动者需求和提高管理层话语权降低员工收入，扩大企业内收入差异。而罗明津和铁瑛（2021）对中国市场的研究发现，企业金融化会提升上市公司的劳动收入份额，这主要来源于金融市场对企业的业绩激励。

2.2.4.2 宏观经济效应

现有文献主要关注了企业金融化对宏观经济增长、金融稳定和经济政策执行效果的经济效应。作为经济金融化的微观基础，企业金融化水平能影响宏观经济发展，早期研究表明企业金融化会导致区域间发展失衡、失业率上升和贫富差距加大。Tori 和 Onaran（2018）的研究发现，企业金融化行为会对实体部门的投资造成"挤出效应"，导致实体经济资本累计趋缓从而抑制经济增长。张成思和张步昙（2016）针对中国的研究也得到了相似结论，指出中国企业金融化会降低实体投资率，虚拟经济过度繁荣以抑制实体经济的发展为代价。陈享光和黄泽清（2020）从政治经济学视角出发的理论研究也表明，过度投资金融资产会抑制主营业务资本累积与实体经济发展。同时，企业金融化水平升高对宏观经济发展也具有一定正面作用，Duchin 等（2010）和 Davis（2018）均发现，企业金融化在危机期间能通过提升流动性促进实体投资，助力经济复苏。

实体企业积极参与金融投资会使实体经济与金融市场的关联性提高，积聚系统性金融风险。过度金融化也被认为是 2008 年国际金融危机的主要原因之一。关于对中国的研究指出，实体经济"脱实向虚"将显著增强风险在实体经济和虚拟经济之间的联动性，造成宏观经济波动，累积系统性金融风险。马亚明和胡春阳（2021）使用 Elastic-Net-VHAR 方法构建的极端风险传播网络模型发现企业金融化会增强实体行业和金融行业之间的双向风险溢出效应，但金融强监管会降低风险传播的密度。刘景卿和李璐（2021）利用世界产出投入数据库，以中国上市企业作为样本的研究指出，中国金融市场风险和企业金融化之间存在螺旋上升和相互促进的作用机制。

在金融市场方面，现有研究发现"影子银行"的存在会导致金融风险聚集，从而引发系统性金融风险；企业的普遍金融化现象对金融资产价格具有推升作用，可能导致金融市场风险。陈海东等（2021）发现，企业金融化水平升高会通过财务透明度和基本面情况降低股市稳定性，宽松的货币政策会进一步增强这种反向关系。

政策效果方面，Allen 等（2019）的研究指出，企业通过进行委托贷款获取投资收益而提升金融化水平已经成为普遍现象，非金融企业充当"影子银行"的资金主要流入房地产等产能过剩行业，导致政府结构性转型政策效果下降；货币政策紧缩提高实体企业融资约束，会导致"影子银行"规模扩大，这显著削弱了中央银行货币政策效果。

2.2.5　现有文献评述

以上文献综述从概念内涵、客观驱动因素、主观动机和经济效应四个维度对企业金融化相关学术研究的进展脉络和现有研究成果进行梳理，可以发现相关研究受到关注度较高，且具有一定研究基础。具体而言，相关研究现有核心成果包括：第一，企业金融化是经济金融化的微观基础，对该问题展开研究具有较强的理论意义和现实意义，尽管不同学者对企业金融化的定义和界定还存在一定差异，但现有文献一致认为包括中国在内的众多国家已经出现显著的企业金融化趋势，且这一问题已经引起各国政府和学者的广泛关注。第二，多个维度的客观驱动因素构成了企业金融化的客观形成机理，在微观层面包括盈利能力、经营风险、公司战略、高管特征、股东构成、所有制、价值取向、证券市场表现和社会责任等，在中观层面包括企业地域和行业特征，在宏观层面包括经济增长、货币政策、经济政策、资本市场、税收和监管制度等。第三，从企业金融化的主观形成机理来看，企业同时出于预防性储蓄和利润追逐的双重动机投资并持有金融资产，现有文献从流动性需求、投资收益率、财务风险、投资组合和EPU 等不同角度出发对中国企业金融化的主导动机展开研究和检验，得到的结论仍存在明显分歧。第四，企业金融化在微观层面会对企业的创新能力、实体投资、生产效率、经营业绩、财务风险、公司战略、资本市场表现、收入分配等方面产生显著影响，在宏观层面会阻碍实体经济发展、积聚系统性金融风险和降低经济政策执行效果，虽然适当持有金融资产也具有一定积极意义，但多数学者认为企业金融化对实体企业自身和宏观经济来说都弊大于利，相关问题的研究和治理具有必要性和紧迫性已经成为学者的普遍共识。

虽然现有文献已经得到上述结论，但从宏观视角出发的企业金融化形成机理研究仍存在明显不足，具体而言：第一，现存大部分相关文献仍然缺乏数理模型的支持，相关理论分析和提出研究假设的理论基础有待进一步增强。第二，相比于微观层面的形成机理，企业金融化宏观形成机理研究明显不足，部分关键宏观变量仍未被引入中国企业金融化形成机理的研究中，相关的宏观、微观作用机制也有待进一步厘清，多个核心宏观经济变量影响企业金融化水平的现有研究结论仍存在明显分歧。第三，在宏观经济形势复杂多变的背景下，尚未有研究将宏观因素驱动企业金融化水平的时变特征纳入研究框架，且目前研究结论集中于因果推断，对实体企业金融化宏观驱动效应强度的量化测度仍是现有研究的薄弱之处。第四，现有文献从不同视角对中国企业金融化主导动机问题展开研究，但所得结论仍存在明显争议，基于更多新视角的理论分析和经验证据有待进一步推进和发掘。

企业金融化是一个庞大的系统性问题，相关研究的核心在于企业资产配置行为，为增强本书研究深度和针对性，本书将研究视域限定于宏观视角，对中国非金融企业金融化的形成机理进行理论分析和实证研究。通过一系列创新尝试，本书力求针对上述现有文献的不足之处形成完善和扩展。在理论贡献之外，本书研究结论也对推动实体经济高质量发展和增强金融服务实体经济能力等一系列现实问题具有一定参考意义。

2.3　本章理论模型

综合本章2.2节的现有文献来看，企业金融化水平应由其客观驱动因素和主观动机同时决定，本章基于实体企业金融资产投资决策流程形成的理论框架大体情况如图2-1所示，具体形成机制为：（1）作为企业所处环境或面临的现实条件，企业金融化的客观驱动因素发生边际变化，此处所指的客观驱动因素包括宏观、中观和微观各维度的经济变量，但本章将研究视域聚焦于宏观维度；（2）客观驱动因素的变化对实体企业经营情况产生影响，可能体现在企业盈利能力、经营风险和融资约束等多个方面；（3）公司经营情况波动会改变其最优金融化水平，企业同时出于预防性储蓄和利润追逐两种主观动机进行金融资产配置结构决策；（4）企业通过运用适当金融工具完成资产结构调整，在财务报表上显示为对应科目余额的变化，体现出企业金融化水平的波动。

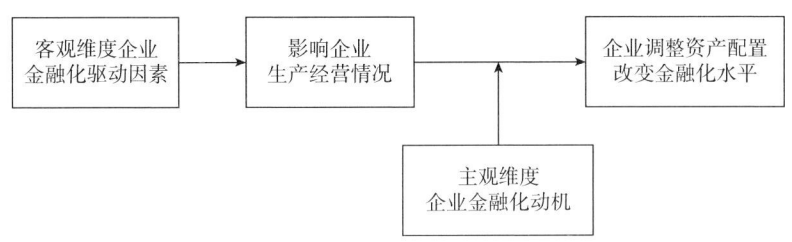

图 2-1　理论框架示意

注：笔者根据本章理论研究框架绘制。

企业金融化行为本质上是企业在固定资产和金融资产之间进行抉择的资产配置问题（Davis，2016）。鉴于现存大部分相关文献仍然缺乏必要数理模型支撑，为了进一步增强本研究的理论基础，参考 Quan 和 Zak（2006）、Demir（2009）、Back（2010）与张成思和郑宁（2018）的研究成果，本节基于上述现有文献构建包含两类资产的非金融企业跨期资产配置决策模型作为本书理论分析基础。

假设市场上只存在固定资产和金融资产两种可投资资产，代表性非金融企业在初始时刻具有可投资资产 I_0，在 t 时刻具有可投资资产 I_t，其中配置在固定资产和金融资产上的资产分别为 K_t 和 F_t。由于代表性企业只能在两种可投资资产之间进行配置，所以在任意 t 时刻有：

$$I_t = K_t + F_t, \quad \forall t \tag{2.1}$$

参考张成思和郑宁（2018）的设定，本节假设代表性企业的效用函数 $U(I_t)$ 是标准的常系数绝对风险厌恶形式：

$$U(I_t) = - e^{-\lambda I_t} \tag{2.2}$$

其中，e 是自然对数的底，λ 是效用函数二阶导数和一阶导数之比的相反数，代表了企业的风险厌恶水平，取值越大表示风险厌恶程度越高。此时效用函数 $U(I_t)$ 是关于 t 期代表性企业可投资资产的严格增函数，而且是二阶可导的凹函数。需要特别指出的是，此处决定企业效用的可投资资产 I_t 并非企业的投资额，而是企业可支配的总财富，二者只是在数值上相等，为简化模型所以本节使用相同符号表示。式（2.2）表明企业的效用取决于其可支配的存量总财富，即可投资资产，这与现有文献的假设一致（Quan and Zak，2006）。

假设固定资产和金融资产的收益率分别为 R_t^K 和 R_t^F ，则 $t+1$ 时刻的代表性企业的总资产 I_{t+1} 取决于 t 时刻企业可投资资产的配置情况，有：

$$I_{t+1} = (1 + R_t^K)K_t + (1 + R_t^F)F_t \tag{2.3}$$

本节进一步假设 R_t^K 和 R_t^F 服从以下正态分布：

$$\begin{cases} R_t^K \sim N(E(R_t^K), \sigma^2(R_t^K)) \\ R_t^F \sim N(E(R_t^F), \sigma^2(R_t^F)) \end{cases} \tag{2.4}$$

根据以上假设，代表性企业在固定资产和金融资产间进行跨期资产配置的问题本质上为以下跨期效用最大化问题：

$$\max E \sum_{t=0}^{\infty} \beta^{t+1} U(I_{t+1}) \tag{2.5}$$

其中，β 为折现因子，以上最优化问题的约束条件为：

$$\begin{cases} I_{t+1} = (1 + R_t^K)K_t + (1 + R_t^F)F_t \\ I_t = K_t + F_t \end{cases} \tag{2.6}$$

则跨期最优化问题（2.5）的目标函数可以进一步表达为：

$$\max E \sum_{t=0}^{\infty} \beta^{t+1} \left(-e^{-\lambda\left[(1+R_t^K)K_t + (1+R_t^F)F_t\right]} \right) \tag{2.7}$$

对于任意随机变量 x ，如果有 $x \sim N(E(x), \sigma^2(x))$ ，有：

$$E(e^x) = e^{E(x) + \frac{1}{2}\sigma^2(x)} \tag{2.8}$$

目标函数（2.7）的指数部分为服从正态分布随机变量的线性组合，为了进一步简化问题，此处假设 R_t^K 和 R_t^F 相关系数为 0 ，则根据正态分布的性质可知式（2.7）的指数部分服从以下正态分布：

$$-\lambda\left[(1+R_t^K)K_t + (1+R_t^F)F_t\right] \sim N(-\lambda[(1+E(R_t^K))K_t +$$
$$(1+E(R_t^F))F_t]), \lambda^2\sigma^2(R_t^K)(^K)2 + \lambda^2\sigma^2(R_t^F)(^F)2 \tag{2.9}$$

结合式（2.7）、式（2.8）和式（2.9），不难发现代表性企业在 t 时刻效用函数的期望为：

$$E[U(I_t)] = -e^{-\lambda\left[(1+E(R_t^K))K_t + (1+E(R_t^F))F_t\right] + \frac{1}{2}\left[\lambda^2\sigma^2(R_t^K)(K_t)^2 + \lambda^2\sigma^2(R_t^F)(F_t)^2\right]} \tag{2.10}$$

由于本节假设的代表性企业标准常系数绝对风险厌恶型效用函数 $U(I_t)$ 为关于可投资资产 I_t 的严格单调递增函数，则有：

$$\frac{\partial U(I_t)}{\partial I_t} = \lambda e^{-\lambda I_t} > 0, \ \forall t \tag{2.11}$$

且效用函数（2.2）取值恒为负，取期望后符号不变。此时对于跨期总期望效用的最优化问题转化为单独求解每一期的单期期望效用最优化问题，之后再进行加总，从而实现跨期总效用的最优化求解，所以最优化问题式（2.5）可以简化为以下最优化问题：

$$\max E[\beta^t(-e^{-\lambda I_t})] \tag{2.12}$$

其中，β 为常数。式（2.12）中的目标函数是代表性企业总资产 I_t 的严格单调递增函数，所以最大化目标函数等价于最大化 t 期代表性企业的可投资资产 I_t，根据式（2.10）的结果，最优化问题进一步转化为：

$$\max[(1+E(R_t^K))(I_t-F_t)+(1+E(R_t^F))F_t]$$
$$-\frac{1}{2}\lambda[\sigma^2(R_t^K)(I_t-F_t)2+\sigma^2(R_t^F)(F_t)2] \tag{2.13}$$

之后，对式（2.13）关于 F_t 求导得到一阶条件：

$$E(R_t^F-R_t^K)=\lambda[\sigma^2(R_t^F)F_t-\sigma^2(R_t^K)(I_t-F_t)] \tag{2.14}$$

将 F_t 解出并在等式两边同时除以 I_t 后进行整理得到：

$$\frac{F_t}{I_t}=\frac{E(R_t^F-R_t^K)}{\lambda I_t[\sigma^2(R_t^F)+\sigma^2(R_t^K)]}+\frac{\sigma^2(R_t^K)}{\sigma^2(R_t^F)+\sigma^2(R_t^K)} \tag{2.15}$$

不难发现，式（2.15）是在任意时刻 t 令代表性企业效用最大化的最优解。各变量均为在 t 时刻的取值，为保证公式简洁，本节进一步将时间下角标省略得到：

$$\frac{F}{I}=\frac{E(R^F-R^K)}{\lambda I[\sigma^2(R^F)+\sigma^2(R^K)]}+\frac{\sigma^2(R^K)}{\sigma^2(R^F)+\sigma^2(R^K)} \tag{2.16}$$

则式（2.16）为任意时刻代表性企业在固定资产和金融资产间进行跨期资产配置的最优解，等号左边为金融资产占总可投资资产比例，即代表性企业的最优金融化水平。

为了将实体企业的资产结构情况引入模型，本节进一步从资金来源的角度假设代表性企业的可投资资产 I 由公司自有资金 A 和通过外部融资得到的杠杆资金 D 组成，所以本节进一步将式（2.16）等号右边第二项进行分解，得到：

$$\frac{F}{I}=\frac{E(R^F-R^K)}{\lambda I[\sigma^2(R^F)+\sigma^2(R^K)]}+\frac{\sigma^2(R^K)}{\sigma^2(R^F)+\sigma^2(R^K)}\frac{A}{I}+\frac{\sigma^2(R^K)}{\sigma^2(R^F)+\sigma^2(R^K)}\frac{D}{I}$$
$$\tag{2.17}$$

则式（2.17）为最优化问题式（2.5）的解。以上推导表明在代表性企业持有的可投资资产来源于自有资金和外部债务，且需要在金融资产和固定资产间进行跨期资产配置时，式（2.17）是使该代表性企业效用达到最大化的最优金融化水平。需要额外说明的是，本节将自有资金 A 看作代表性企业的原始禀赋，不随企业的主观意愿发生变化，而杠杆资金 D 取决于代表性企业的经营策略，是企业主观意愿可以影响的内生变量。

具体而言，式（2.17）左边为金融资产占总资产比例，即企业金融化水平；右边第一项分子 $E(R^F - R^K)$ 为金融资产与固定资产的投资收益率之差，分母中除了代表性企业的总资产 I 还包括该企业的风险厌恶程度 λ 和企业承担的总风险 $[\sigma^2(R^F) + \sigma^2(R^K)]$，所以第一项实质上为经过企业风险偏好和总风险调整后的金融资产与固定资产投资收益率之差；右边第二项为代表性企业固定资产风险占其总风险的比例 $\dfrac{\sigma^2(R^K)}{\sigma^2(R^F) + \sigma^2(R^K)}$ 与自有资金占可投资资产比例 $\dfrac{A}{I}$ 的乘积，也可以看作源于自有资金的企业经营风险占比；第三项为代表性企业固定资产投资风险占其总风险的比例 $\dfrac{\sigma^2(R^K)}{\sigma^2(R^F) + \sigma^2(R^K)}$ 与杠杆资金占可投资资产比例 $\dfrac{D}{I}$ 的乘积，也可以看作源于杠杆资金的企业经营风险占比。事实上，如果仅考虑固定资产投资风险的变化，则固定资产风险占比 $\dfrac{\sigma^2(R^K)}{\sigma^2(R^F) + \sigma^2(R^K)}$ 与固定资产风险水平 $\sigma^2(R^K)$ 的变动方向一致，即存在 $\dfrac{\partial \dfrac{\sigma^2(R^K)}{\sigma^2(R^F) + \sigma^2(R^K)}}{\partial \sigma^2(R^K)} > 0$，所以二者在理论分析中的含义及作用基本相同。为了表述清晰，后文使用固定资产风险水平指代其占企业总风险的比例。

为了进一步简化公式，令：

$$\tilde{E}_K = \frac{E(R^K)}{\sigma^2(R^F) + \sigma^2(R^K)}$$

$$\tilde{E}_F = \frac{E(R^F)}{\sigma^2(R^F) + \sigma^2(R^K)} \tag{2.18}$$

$$\sigma_K^2 = \frac{\sigma^2(R^K)}{\sigma^2(R^F) + \sigma^2(R^K)}$$

其中，$\tilde{E}_F$ 是风险调整后金融资产投资收益率，$\tilde{E}_K$ 是风险调整后固定资产投资收益率，σ_K^2 代表固定资产的投资风险，即企业的主营业务经营风险。根据式（2.18），则代表性企业最优金融化水平 f^* 可以简化为：

$$f^* = \frac{\tilde{E}_F - \tilde{E}_K}{\lambda I} + \sigma_K^2 \frac{A}{I} + \sigma_K^2 \frac{D}{I} \qquad (2.19)$$

式 (2.19) 右边三项分别为风险调整后的金融资产与固定资产投资收益率之差、自有资金的主营业务经营风险和杠杆资金的主营业务经营风险。

为了进一步扩展模型结论，此处通过对 f^* 关于其他变量求一阶偏导可以得到：

$$\frac{\partial f^*}{\partial \tilde{E}_F} > 0 \quad \frac{\partial f^*}{\partial \tilde{E}_K} < 0 \quad \frac{\partial f^*}{\partial \sigma_K^2} > 0 \quad \frac{\partial f^*}{\partial \lambda} < 0 \quad \frac{\partial f^*}{\partial D} > 0 \quad (2.20)$$

以上结论明确指出，实体企业的金融化水平与金融资产投资收益率、主营业务经营风险和融资能力呈正相关，与固定资产投资收益率和风险厌恶水平呈负相关。

事实上，式 (2.17) 的推导隐含了固定资产收益率 R_t^K 和金融资产收益率 R_t^F 相关系数为零的强假设，这显然与现实情况存在差异，故本节放松式 (2.4) 中的假设条件，进一步假设 R_t^K 和 R_t^F 服从二维联合正态分布：

$$\begin{pmatrix} R_t^F \\ \\ R_t^F \end{pmatrix} \sim N \left(\begin{pmatrix} E(R_t^F) \\ \\ E(R_t^F) \end{pmatrix} \begin{pmatrix} \sigma^2(R_t^F) & \rho\sigma(R_t^F)\sigma(R_t^K) \\ \\ \rho\sigma(R_t^F)\sigma(R_t^K) & \sigma^2(R_t^K) \end{pmatrix} \right) \quad (2.21)$$

其中，ρ 为金融资产与固定资产投资收益率的相关系数。

由于两个服从联合正态分布随机变量的线性组合仍然服从正态分布，所以最优化问题式 (2.7) 中指数部分服从以下分布：

$$-\lambda\left[(1+R_t^K)K_t + (1+R_t^F)F_t\right] \sim N(-\lambda\left[(1+E(R_t^K))K_t + (1+E(R_t^F))F_t\right]$$

$$\lambda^2\sigma^2(R_t^K)(_t^K)2 + 2\rho\lambda^2 K_t F_t \sigma(R_t^K)\sigma(R_t^F) + \lambda^2\sigma^2(R_t^F)(_t^F)2)$$

$$(2.22)$$

结合式 (2.7)、式 (2.8) 和式 (2.22)，不难发现代表性实体企业在 t 时刻的效用函数的期望为：

$$E\left[U(I_t)\right] = -e^{-\lambda\left[(1+E(R_t^K))K_t + (1+E(R_t^F))F_t\right] + \frac{1}{2}\left[\lambda^2\sigma^2(R_t^K)(K_t)^2 + 2\rho\lambda^2 K_t F_t \sigma(R_t^K)\sigma(R_t^F) + \lambda^2\sigma^2(R_t^F)(F_t)^2\right]}$$

$$(2.23)$$

与假设 R_t^K 和 R_t^F 不相关的情况同理，由于效用函数 $U(I_t)$ 为关于可投资资产 I_t 的严格单调递增函数，且效用函数取值恒为负，取期望后符号不变，所以跨期最优化问题式 (2.5) 可以简化为以下单期最优化问题：

$$\max\left[\left(1 + E(R_t^K)\right)(I_t - F_t) + \left(1 + E(R_t^F)\right)F_t\right]$$

$$-\frac{1}{2}\lambda\left[\sigma^2(R_t^K)(I_t - F_t)2 + 2\rho F_t(I_t - F_t)\sigma(R_t^F)\sigma(R_t^K) + \sigma^2(R_t^F)(F_t)2\right]$$

$$(2.24)$$

之后，对式（2.24）关于 F_t 进行求导可以得到最优化问题的一阶条件：

$$E(R_t^F - R_t^K) = \lambda\left[\sigma^2(R_t^F)F_t + \rho I_t\sigma(R_t^F)\sigma(R_t^K)\right.$$
$$\left. - 2\rho F_t\sigma(R_t^F)\sigma(R_t^K) - \sigma^2(R_t^K)(I_t - F_t)\right]$$

$$(2.25)$$

将 F_t 解出并在等式两边同时除以 I_t 后进行整理得到：

$$\frac{F_t}{I_t} = \frac{E(R_t^F - R_t^K)}{\lambda I_t\left[\sigma^2(R_t^F) - 2\rho\sigma(R_t^F)\sigma(R_t^K) + \sigma^2(R_t^K)\right]}$$
$$+ \frac{\sigma(R_t^K)(\sigma(R_t^K) - \rho\sigma(R_t^F))}{\sigma^2(R_t^F) - 2\rho\sigma(R_t^F)\sigma(R_t^K) + \sigma^2(R_t^K)}$$

$$(2.26)$$

与前文同理，式（2.24）中所有变量均为在 t 时刻的取值，故为保证公式简洁，本节进一步将时间下角标省略得到：

$$\frac{F}{I} = \frac{E(R^F - R^K)}{\lambda I\left[\sigma^2(R^F) - 2\rho\sigma(R^F)\sigma(R^K) + \sigma^2(R^K)\right]}$$
$$+ \frac{\sigma(R^K)(\sigma(R^K) - \rho\sigma(R^F))}{\sigma^2(R^F) - 2\rho\sigma(R^F)\sigma(R^K) + \sigma^2(R^K)}$$

$$(2.27)$$

进一步从资金来源的角度假设代表性企业的可投资资产 I 由公司自有资金 A 和通过外部融资得到的杠杆资金 D 组成，对式（2.27）中右边第二项进行等价变换，得到：

$$\frac{F}{I} = \frac{E(R^F - R^K)}{\lambda I\left[\sigma^2(R^F) - 2\rho\sigma(R^F)\sigma(R^K) + \sigma^2(R^K)\right]}$$
$$+ \frac{\sigma(R^K)(\sigma(R^K) - \rho\sigma(R^F))}{\sigma^2(R^F) - 2\rho\sigma(R^F)\sigma(R^K) + \sigma^2(R^K)}\frac{A}{I}$$
$$+ \frac{\sigma(R^K)(\sigma(R^K) - \rho\sigma(R^F))}{\sigma^2(R^F) - 2\rho\sigma(R^F)\sigma(R^K) + \sigma^2(R^K)}\frac{D}{I}$$

$$(2.28)$$

则式（2.28）是在固定资产收益率 R_t^K 和金融资产收益率 R_t^F 存在相关性 ρ 的假设下代表性企业金融化水平的最优解。可以看到在假设金融资产和实物资产收益率存在相关性时，二者的相关性强弱 ρ 会影响企业金融化的最优水平。

式（2.28）右边第一项关于 ρ 求导有：

$$\frac{\partial \dfrac{E(R^F - R^K)}{\alpha I[\sigma^2(R^F) - 2\rho\sigma(R^F)\sigma(R^K) + \sigma^2(R^K)]}}{\partial \rho} < 0 \qquad (2.29)$$

显然金融资产和实物资产之间的相关性增强会导致金融投资的分散化效果下降，实体企业基于金融资产与固定资产投资收益率差异进行金融化行为的倾向减弱。其余各项与二者收益率不相关的假设下基本相同，此处不再赘述。

与式（2.19）的推导同理，为进一步简化模型的最优解，此处令：

$$\tilde{E}_K = \frac{E(R^K)}{\sigma^2(R^F) - 2\rho\sigma(R^F)\sigma(R^K) + \sigma^2(R^K)}$$

$$\tilde{E}_F = \frac{E(R^F)}{\sigma^2(R^F) - 2\rho\sigma(R^F)\sigma(R^K) + \sigma^2(R^K)} \qquad (2.30)$$

$$\sigma_K^2 = \frac{\sigma(R^K)(\sigma(R^K) - \rho\sigma(R^F))}{\sigma^2(R^F) - 2\rho\sigma(R^F)\sigma(R^K) + \sigma^2(R^K)}$$

则在考虑金融资产和实物资产收益率相关性的情况下，代表性实体企业最优金融化水平为：

$$f^* = \frac{\tilde{E}_F - \tilde{E}_K}{\lambda I} + \sigma_K^2 \frac{A}{I} + \sigma_K^2 \frac{D}{I} \qquad (2.31)$$

与前文相似，其中右边三项分别为风险调整后的金融资产与固定资产投资收益率之差、自有资金的主营业务经营风险和杠杆资金的主营业务经营风险。

至此，本节理论模型推导得到的式（2.17）和式（2.28）分别是在金融资产与固定资产投资收益率不相关和相关两种假设下求得的代表性企业最优金融化水平的完整表达式，而式（2.19）和式（2.31）为上述表达式的简化写法。此处求得的理论模型显式解表明非金融企业的最优金融化水平主要由四个因素决定，分别是风险调整后的金融资产与固定资产投资收益率，以及自有资金和杠杆资金投资的主营业务经营风险。在后文的理论分析中，把式（2.19）和式（2.31）中部分微观变量表达为核心宏观经济变量的函数形式，将宏观经济形势对企业金融化的驱动效应及宏微观传导机制引入企业最优金融化水平表达式，进而形成本章基于宏观视角研究企业金融化形成机理的理论分析基础，为本研究的实证分析提供更坚实的理论依据。

第3章　企业金融化的测度方法与现状分析

本章首先以现有相关文献作为基础，基于投资行为和获利渠道两个视角总结和归纳企业金融化的主要测度方法，并对各类方法构建方式和适用范围的差异进行比较分析，根据以上分析结论明确本章企业金融化的测度方法，为后续实证分析奠定基础。基于2007—2020年中国沪深两市A股上市公司季度财务数据，本章首先从投资行为和获利渠道两个维度出发对中国企业金融化的发展历程和现实特征进行统计分析，其次从所有制、地域和行业差异三个角度对中国企业金融化的异质性情况进行分析讨论，最后对部分世界主要经济体的企业金融化水平进行国际比较，为后文实证研究提供经验证据。

3.1　企业金融化的测度方法

不同文献对企业金融化的定义和测度方法存在一定差异，蔡明荣和任世驰（2014）指出，现有研究主要基于投资行为和获利渠道两个视角对企业金融化水平进行测度，本节在上述分析框架下对主流文献中的测度方法进行总结与归纳，并根据分析和讨论的结果明确适用于本章研究问题的企业金融化测度方法。

3.1.1　基于投资行为视角的测度方法

基于投资行为视角，企业会根据自身禀赋和外部环境对自有资产进行合理配置，在此过程中，投资并持有金融资产的资源配置行为被称为企业金融化。一般来讲，该测度方法主要关注企业的资产负债表科目，利用金融资产的存量多少描述企业金融化水平高低，强调企业参与金融市场投资的行为，能较好体现企业追逐金融化的意愿，是一种以行为作为导向的度量方式。Demir（2009）在对新兴市场企业金融化进行研究的过程中使用流动资产、短期投资和对其他企业的股权投资等科目度量金融化水平，该方法被中国学者广泛借鉴和应用。各国会计制度的显著差异导致针对外国企

业金融化的文献对本书参考性不强，故表 3-1 中对部分中国主流文献基于
投资行为视角测度企业金融化水平时使用的资产负债表科目进行总结和
整理。

表 3-1　基于投资行为视角的企业金融化测度方法

参考文献	纳入金融资产范围的会计科目
胡奕明等（2017）	货币资金、衍生金融资产、短期投资、买入返售金融资产、可供出售金融资产、交易性金融资产、应收利息、持有至到期投资、长期应收款
彭俞超等（2018a）	交易性金融资产、衍生金融资产、持有至到期金融资产、可供出售金融资产、投资性房地产
黄贤环等（2019）	交易性金融资产、衍生金融资产、发放贷款及垫款、持有至到期金融资产、长期股权投资、可供出售金融资产、投资性房地产
张成思和郑宁（2020）	货币资金、交易性金融资产、投资性房地产、应收股利、应收利息、持有至到期投资、可供出售金融资产、债权投资、其他债权投资、其他权益工具投资、其他非流动性金融资产

注：笔者根据文献整理。

从表 3-1 可以看到不同文献测度企业金融化水平所使用的会计科目具
有一定相似性，大部分研究将交易性金融资产、投资性房地产、持有至到
期金融资产、衍生金融资产、可供出售金融资产五个会计科目纳入金融资
产范畴，但在以下科目存在一定分歧：

第一，货币资金。从会计视角上来看，货币资金作为一般等价物是企
业的支付手段，具备最强的流动性，显然属于金融资产范畴。但现有文献
指出，企业金融化相关学术研究中金融资产的定义与会计维度不同，更倾
向于反映企业的金融投资行为，货币资金在企业主营业务经营过程中广泛
存在，不具有投资属性，所以不应纳入金融资产范畴（杜勇，2017）。

第二，长期股权投资。该科目主要反映了企业对子公司、合营企业和
联营企业等被投资单位的权益性投资。一方面，从资产配置的角度来
看，企业部分资产存在形式为其他公司股权，承担相应风险并获取收
益，符合金融投资的特征，作为公司股权投资的一种长期股权投资应该被
纳入金融资产范畴；另一方面，该科目强调持有被投资公司股权带来的控
制权或重大影响，而非投资收益，从该角度考虑长期股权投资科目则不应
纳入金融资产范畴。

第三，发放贷款及垫款。该科目一般出现于金融机构资产负债表
中，体现金融机构向外发放的贷款和垫款，对一般的非金融企业不适

用，所以部分文献未将其纳入金融资产范畴。钱雪松等（2017）认为，目前中国经济中存在"影子银行"，部分非金融企业凭借其较低的贷款利率进行过度融资，向其他企业发放贷款从而获取息差收益，也有企业单独成立财务子公司处理相关业务，在此背景下发放贷款及垫款较为普遍出现在一般企业的资产负债表中。从"影子银行"的角度考虑，发放贷款及垫款科目符合企业金融投资的特征，应当被纳入金融资产范畴。

在纳入金融资产的会计科目之外，现有文献测度企业金融化水平的过程中对会计数据的处理方式也存在一定差异，最普遍的测度方法是计算金融资产占总资产的比例，占比越高则金融化水平越高，该指标能直观体现出企业资产配置过程中金融资产投资的占比。此外，胡奕明等（2017）曾使用金融资产的自然对数值衡量企业金融化的绝对规模；彭俞超（2018a）考虑到企业金融化趋势的收敛性，使用企业金融资产增速作为金融化水平的度量指标。

从资产负债表出发测度企业金融化水平还应考虑会计制度变更，中国最近两次较大的会计准则调整分别发生在2007年和2018年。为了保证数据的前后可比性，针对2007年会计准则变更，胡奕明等（2017）对纳入金融资产的科目进行较大幅度调整；2018年会计准则调整对企业金融化测度的影响主要体现在增加债权投资、其他债权投资、其他权益工具投资和其他非流动性金融资产四个科目，同时取消持有至到期投资和可供出售金融资产两个科目，张成思和郑宁（2020）根据此次会计准则变化对企业金融化水平的测度方法进行了调整。

3.1.2 基于获利渠道视角的测度方法

从获利渠道视角来看，实体企业的利润累计可能来自主营业务或金融资产投资，当金融资产投资收益占比提高时，企业金融化程度加深。通过金融渠道获利能体现企业进行金融投资活动的客观结果，以此为依据测度企业金融化水平是一种事后的、以结果为导向的度量方式。该测度方法主要关注企业财务报表中的利润表，是一种基于当期发生额的流量概念，强调投资金融资产对实体企业盈利结构的影响。

Orhangazi（2008）使用利息收入和利润中的权益增加值作为金融收益，通过金融收益占股本的比重测度企业通过金融渠道获利的能力，部分国内学者在此基础上做出适应中国现实情况的改进，一些具有代表性的测度方法被总结在表3-2中。学者在投资收益和公允价值变动属于金融渠道获利方面基本达成共识，但仍在某些问题上存在分歧。张成思和张步昙（2016）指出，广义和狭义金融渠道获利的差异主要在于联营和合营公司的投资收益是否算作金融渠道获利，这与基于投资行为视角测度企业金融化水平中的长期股权投资科目相似，主要分歧在于持有联营或合营公司股权目的是获取投资收益还是对持股企业施加控制和影响。在对会计科目的处理上，张成思和张步昙（2016）通过金融收益占营业利润比例描述实体企业金融化水平；王红建（2016）使用是否有来自金融和房地产行业收入的虚拟变量刻画企业是否有来自金融行业的收益；刘贯春（2018）认为，利息收入会通过冲抵财务费用影响营业利润，所以使用金融渠道收益占息税前净利润的比例作为企业金融化代理变量。此外，对于金融收益为负的情况，现有文献一般通过标准化进行处理。

表 3-2　基于获利渠道视角的企业金融化测度方法

参考文献	纳入金融收益范围的会计科目
邓迦予（2014）	公允价值变动、投资收益
王红建（2016）	来自金融和房地产行业的收入
张成思和张步昙（2016） 刘贯春等（2018）	广义金融渠道获利：投资收益、公允价值变动、其他综合收益； 狭义金融渠道获利：广义金融渠道获利剔除对联营和合营公司的投资收益
杨筝等（2019）	投资收益

注：笔者根据文献整理。

3.1.3　本章企业金融化的测度方法

上文对现有文献中企业金融化测度方式的归纳和分析表明不同测度方法各有其适用情况，本章在实证分析中使用何种测度方法仍需从中国企业金融化形成机理这一核心问题出发进行讨论和分析。

第一，从投资行为视角测度企业金融化水平能反映出企业的金融化意愿，是企业经营者主观上决定的金融化程度，而从获利渠道视角测度金融化水平反映出企业金融化的客观结果，这取决于市场环境和资产投资能力等多重因素，不完全取决于企业自身意愿。鉴于本章研究问题是企业金融化形成机理而非经济效应，显然更应关注实体企业金融化的意愿而非结果，故本章基于投资行为视角从实体企业持有的金融资产出发对企业金融化水平进行测度。

第二，现有文献对金融资产会计数据的处理方式主要包括计算金融资产占总资产比例、自然对数和增长率。金融资产的自然对数难以剔除上市公司规模扩大的影响，金融资产增长率对金融资产投资偏好的反映不直观，故本章选用文献中主流的处理方法，用金融资产占总资产比例对企业金融化水平进行测度。

第三，对于具体纳入金融资产的会计科目选择上，综合考虑现有主流文献，本章选用交易性金融资产、发放贷款及垫款、可供出售金融资产、衍生金融资产、持有至到期金融资产、投资性房地产六个科目。未包含货币资金的原因在于现金经常用于企业正常生产经营，不能带来投资收益，不符合企业金融投资的特征；未包含长期股权投资的原因在于大量股权投资是为了取得对合营或联营公司的控制权以增加公司的协同性，目的并非获取投资收益，彭俞超等（2018a）认为，只有对金融机构进行长期股权投资才应算作金融资产，而长期股权投资的明细情况仅在年报中披露，与本研究中的季度数据频率不一致。

第四，本章的样本期为2007—2020年，涉及2018年会计准则调整。参考张成思和郑宁（2020）的调整方法，本章在2018年之后的金融资产中新增债权投资、其他债权投资、其他权益工具投资、其他非流动性金融资产四个科目进行调整。需要注意的是，该会计准则的实施具有2年适应期，这导致2018年之后大量企业仍然使用持有至到期投资和可供出售金融资产科目，故本章在2018年之后的金融资产计量中并未删除以上两个科目。对于某一家企业来讲，不管是否执行了新会计准则，每笔资产都会且只会被记录在一个会计科目中，使用该方法对非金融企业金融资产进行测度既不重复，也无遗漏。

综上所述，本章参考现有文献做法和上述分析结论，使用金融资产占总资产比例测度中国企业金融化程度，所指金融资产包括交易性金融资产、发放贷款及垫款、可供出售金融资产、衍生金融资产、持有至到期投资、投资性房地产六个科目，并在2018年会计准则变更之后对债权投资、其他债权投资、其他权益工具投资、其他非流动金融资产四个科目进行了调整。

此外，不同文献中对企业金融化水平的测度方法存在差异，且尚无明确定论，所以本章额外构建以下两个稳健性指标以排除不同测度方法对研究结果的影响：第一，本章在张成思和郑宁（2020）的测度方法中剔除现金，使用交易性金融资产、投资性房地产、应收股利、应收利息、持有至到期投资、可供出售金融资产占总资产比例对企业金融化水平进行测度；

第二，参考黄贤环等（2019）的研究，使用交易性金融资产、衍生金融资产、发放贷款及垫款、持有至到期金融资产、长期股权投资、可供出售金融资产、投资性房地产占总资产比例测度中国企业金融化水平。

3.2　中国企业金融化概况

本节首先基于投资行为和获利渠道双重视角描述和分析中国企业金融化的历史发展和现实情况；其次，从所有制、地域和行业差异出发观察中国企业金融化的结构性和异质性特征。

3.2.1　企业金融化的整体概况

根据 3.1.3 节所述的测度方法，本节以 2007—2020 年中国沪深两市 A 股上市公司作为研究样本，基于投资行为视角对样本期内中国企业金融化情况进行统计分析，并对样本进行以下剔除：（1）出于经营模式差异，参考现有文献剔除金融业和房地产业样本；（2）鉴于财务数据失真的可能，剔除被 ST、ST*、PT 的上市公司；（3）剔除财务数据严重缺失的样本，共剩余 3786 家企业。本节企业层面数据来自 CSMAR，使用 Stata15 进行数据分析。为了消除离群值和异常数据影响，参考文献中通常做法，本节对加总后的总金融资产占总资产比例进行 1%双侧缩尾处理。

表 3-3 中汇报了中国企业持有各类金融资产占总资产的比例。从总体上看，经过双侧 1%的缩尾后中国企业持有全部金融资产占总资产的比例平均为 3.757%，金融化程度最高的公司中有 41.6095%的总资产以金融资产形式存在，可见部分中国实体企业持有比例可观的金融资产。以京粮控股为例，公司主营业务为油脂油料加工销售及贸易和食品制造，但积极参与金融资产投资，在 2009 年第一季度录得总资产 17.58 亿元，其中存在 7.9 亿元可供出售金融资产。

在各类金融资产中，投资性房地产占总资产比例最高，平均达到 1.0279%，说明房地产是中国上市公司最偏好的金融资产，这与中国房地产业蓬勃发展的背景相符；占比第二高的类别是可供出售金融资产，平均占公司总资产的 0.9603%，持有该类资产主要目的是获取包括资本利得、股息和利息等投资收益，在持有方式上，企业既不会积极交易，也不会被动持有，而是根据公司经营情况和市场行情等因素相机抉择；占比第三高的是交易性金融资产，平均占企业总资产的 0.9121%，该类金融资产交易比较活跃，企业持有目的主要是获取资本利得，构成以公开市场交易的股票和债券等高流动性金融资产为主。其余金融资产类别中，发放贷款及垫款占总资产平均比例为 0.023%，可见非金融企业确实存在从事发放贷款业务的情况，但总体规模有限；持有至到期投资平均占总资产的 0.0163%，处于较低水平，企业持有该类金融资产主要为通过被动持有获得票息，一般情况下不进行交易，表明实体企业对此类金融资产的投资热情不高；衍生金融资产占比最小，平均仅占总资产的 0.0059%，体现出企业较少参与衍生金融工具投资。在 2018 年会计准则变更后新增的四个科目中，其他权益工具投资和其他非流动金融资产占比较高，分别达到总资产的 0.8053% 和 0.4881%，该部分金融资产主要由过去的可供出售金融资产和持有至到期投资结转而来，债权投资和其他债权投资占比较小，平均仅占总资产的 0.0485% 和 0.0094%，表明实体企业对于此类金融资产投资需求不高。

在均值的基础上，表 3-3 还对中国企业持有各类金融资产占总资产比例的其他统计信息进行汇报，其中各类金融资产占比的偏度均为正，表明中国企业持有金融资产的分布具有右偏特征，大部分企业持有金融资产比例较小，而少部分企业持有大量金融资产会显著提高金融资产占比均值。各类金融资产占比的峰度均大于 3，说明中国企业的金融资产占比的分布具有尖峰肥尾的统计特征，大部分企业金融资产占比相近，同时在尾部存在离群值。各类金融资产占比的最小值均为零，提示其分布可能存在截尾现象，需要在实证分析过程中予以关注。此外，考虑到对每一金融资产类别进行缩尾处理会损失较多样本信息，本章只在企业层面对加总后的总金融资产占比进行缩尾处理，这导致在表 3-3 中某一金融资产类别占比最大值可能大于总体金融资产占比最大值。

表 3-3　中国非金融企业持有各类别金融资产情况

金融资产类别	样本量	均值	标准差	最小值	最大值	偏度	峰度
交易性金融资产	116446	0.9121	3.5635	0	24.4993	5.0535	29.7209
衍生金融资产	116446	0.0059	0.2026	0	35.3707	110.6062	16625.8742
发放贷款及垫款	116446	0.0230	0.1880	0	1.7371	8.5559	75.8748
可供出售金融资产	116446	0.9603	2.9567	0	19.7940	4.4866	24.9487
持有至到期投资	116446	0.0163	0.1267	0	1.1495	8.3037	71.9309
投资性房地产	116446	1.0279	3.1123	0	21.6625	4.7946	28.2198

续表

金融资产类别	样本量	均值	标准差	最小值	最大值	偏度	峰度
债权投资	38323	0.0485	0.7641	0	34.8407	27.5038	930.6265
其他债权投资	38323	0.0094	0.2356	0	22.4302	46.3394	3026.9765
其他权益工具投资	38323	0.8053	2.8723	0	75.3621	8.4232	116.7054
其他非流动金融资产	38323	0.4881	2.2443	0	48.8671	9.2584	124.9075
总体金融资产	116446	3.7570	7.4149	0	41.6095	3.0851	13.3034

注：（1）由笔者计算整理所得。

（2）债权投资、其他债权投资、其他权益工具投资和其他非流动金融资产是 2018 年企业会计准则修订后的新增科目，所以样本量少于其他金融资产类别，并非存在大量缺失值所致。

图 3-1 展示了中国企业金融化水平在 2007—2020 年的变化情况。从金融资产占比数值来看，2007—2014 年中国企业的平均金融化水平基本稳定在 2%~3% 波动，仅在 2008 年国际金融危机前夕资产泡沫化严重阶段曾达到 3.4717% 的阶段较高水平；2015—2018 年中国实体企业金融化水平中枢有所升高，主要分布在 3%~4%；2019 年开始企业金融化水平快速提高，直至 2020 年第四季度达到样本期内最高值 8.0024%。从变化趋势来看，中国企业平均金融化水平在 2007 年金融资产泡沫化期间有所提升，在 2008—2012 年呈缓慢下降趋势，直到 2012 年第四季度达到样本期内最小值 1.9166%；2013 年开始中国企业金融资产占比呈现出上升趋势，从 2013 年第一季度的 2.0821% 逐步提高至 2015 年第一季度的 3.1405%，这与中国证监会于 2012 年 12 月发布《上市公司募集资金管理和使用的监管要求》明确允许上市公司投资理财产品的时间相符；2015—2018 年，中国企业金融化水平基本保持稳定，表明期间中国执行的去杠杆政策有效抑制了实体企业的金融化趋势；2019 年开始企业金融化趋势明显增强，金融化水平迅速提升，从 2019 年第一季度的 4.8865% 迅速攀升至 2020 年第四季度的 8.0024%，达到样本期内最高值。从增速来看，中国企业金融化水平在样本期内以正增长为主，仅在 2010—2012 年出现持续小幅负增长。四次明显的高速增长分别出现在 2007 年、2014 年、2018 年和 2020 年，这可能与 2008 年国际金融危机、2014 年中国重点化解过剩产能、2018 年中美贸易摩擦和 2020 年新冠肺炎疫情等重大事件存在一定关系，具体情况待后文深入分析。

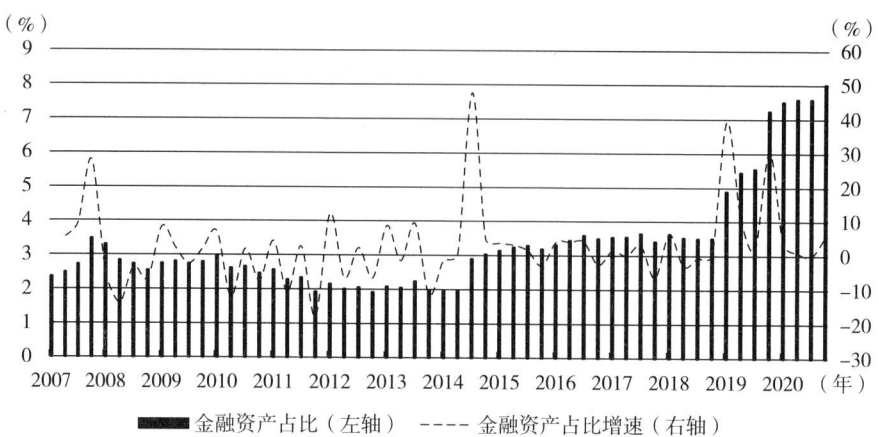

图 3-1 中国非金融企业持有金融资产占比情况

注：由笔者计算并绘制。

图 3-2 展示了 2007—2020 年中国上市公司持有金融资产总体规模的变化情况，数据显示 2007 年第一季度中国非金融企业共持有 859.26 亿元金融资产，经过十几年的经济高速增长和金融化进程，上市公司持有的金融资产已经在 2020 年底达到 30960.63 亿元，增长逾 35 倍。

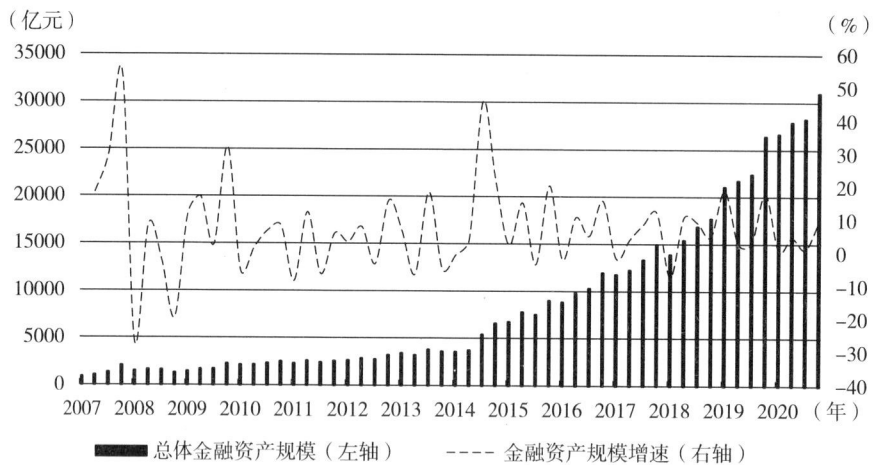

图 3-2 中国非金融企业持有金融资产总体规模情况

注：由笔者计算并绘制。

总体来看，2012 年之前金融资产规模呈缓慢增长态势，从 2013 年开始金融化趋势明显增强，与《上市公司募集资金管理和使用的监管要求》发布时间点相符。样本期内多数时间金融资产规模保持正增长，两次高速增长分别出现在 2007 年第四季度和 2014 年第三季度,可能与 2008 年国际金融危机前夕金融资产泡沫膨胀和 2014 年中国重点化解过剩产能相关;一次明显的负增长出现在 2008 年,可能是受 2008 年国际金融危机的冲击。

此外,本节还参考张成思和张步昙(2016)的广义金融渠道获利度量方法,按投资收益、公允价值变动和其他综合收益占营业利润比重测度金融化水平,从获利渠道视角出发对 2007—2020 年中国企业金融化水平的变化情况进行统计分析。图 3-3 中的结果表示样本期内中国非金融上市公司平均金融渠道获利占比大多处于 10%~20% 的区间。从变化趋势来看,2008—2012 年中国实体企业金融渠道收益贡献度逐步走低,从 2007 年第四季度 27.3734% 的样本期内最高值逐渐降低至 2013 年第一季度 9.9176% 的样本期内最低值,一个合理的解释是 2008 年国际金融危机前的资产泡沫化和金融危机对金融市场造成的深远影响导致企业金融收益占比在此期间显著下降;2013 年之后,上市公司金融渠道收益贡献度呈缓慢上升趋势,金融化水平中枢逐渐回到 15%~20% 的较高水平。样本期内上市公司金融渠道收益贡献度与金融资产占比的变动趋势基本相似,均在 2012 年之前呈小幅波动或缓慢下降的趋势,2013 年之后开始上升。区别在于金融资产占比的上升幅度明显大于金融收益占比,从一定程度上反映出在此期间企业金融资产投资的效率有所下降,显著提升的金融资产占比仅小幅提高金融渠道收益占比,这与 Rabinovich(2019)的研究结论相符。

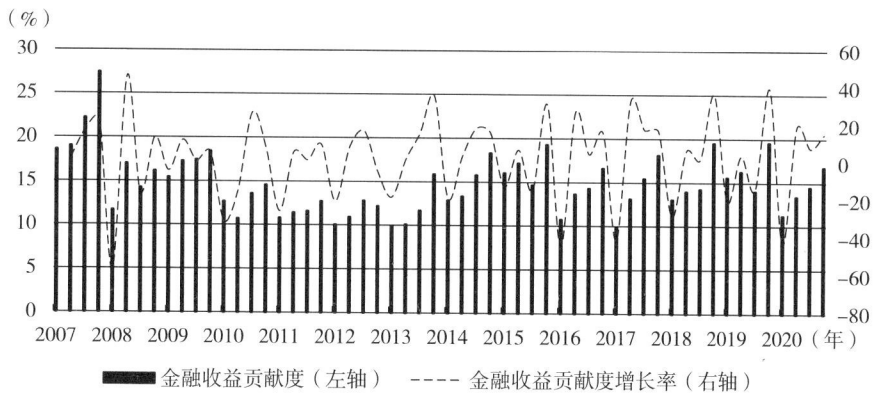

图 3-3 中国非金融企业通过金融渠道获利占比情况

注:由笔者计算并绘制。

3.2.2 企业金融化的所有制差异

在中国特色社会主义经济体系中，所有制差异对企业经营具有显著影响，现有文献中对中国企业的异质性分析大多从所有制入手。一方面，国有企业享有预算软约束，即在经营状况较差或经历财务危机时能得到政府资金支持，主要原因是国有企业在经营中承担解决就业和稳定经济等社会责任，也有文献认为这种财务支持是来自国有企业和政府的政治联系。这种隐性担保可以降低国有企业的经营风险和破产概率，从而扭曲国有企业资源配置行为。另一方面，中国银行主导的金融系统中存在信贷歧视问题，国有企业更容易以较低成本获得贷款。钱雪松等（2017）的研究发现，中国一些大型国有企业倾向于过度融资并成为资金中介，发挥"影子银行"的作用，这显然也体现出所有制差异对企业金融投资行为造成的影响。鉴于以上所有制差异对企业资源配置行为的潜在扭曲效应，本节按当期企业实际控制人属性将样本企业分为中央国有企业、地方国有企业、集体企业、外资企业和个人企业，进一步将中央和地方国有企业划为国有企业，其余则划为非国有企业，根据所有制差异对中国企业金融化情况进行分组统计分析，相关结论列示在表3-4中。

表3-4　中国非金融企业持有各类金融资产的所有制差异

金融资产类别	非国有企业		国有企业		均值差异
	观测量	均值	观测量	均值	
交易性金融资产	70142	1.1982	46304	0.4786	0.7197***
衍生金融资产	70142	0.0066	46304	0.0049	0.0018
发放贷款及垫款	70142	0.0222	46304	0.0242	−0.0020*
可供出售金融资产	70142	0.8717	46304	1.0944	−0.2226***
持有至到期投资	70142	0.0107	46304	0.0248	−0.0141***
投资性房地产	70142	0.9691	46304	1.1169	−0.1478***
债权投资	27097	0.0417	11226	0.0649	−0.0232***
其他债权投资	27097	0.0116	11226	0.004	0.0076***
其他权益工具投资	27097	0.7574	11226	0.9212	−0.1638***
其他非流动金融资产	27097	0.5142	11226	0.4253	0.0889***
总体金融资产	70142	3.9665	46304	3.4398	0.5267***

注：（1）由笔者计算整理所得。

（2）债权投资、其他债权投资、其他权益工具投资和其他非流动金融资产是2018年企业会计准则修订后的新增科目，所以观测量少于其他金融资产类别，并非存在大量缺失值所致。

（3）均值差异为非国有企业减国有企业，其显著性由 t 检验计算，***、**和*分别表示在1%、5%和10%置信水平下显著。

　　总体来看，非国有企业的金融资产占比均值为 3.9665%，比国有企业金融资产占比的 3.4398% 高出 0.5267%，且该差异在 1% 置信水平下显著，表示中国非国有企业的金融化程度显著高于国有企业。从金融资产类别出发，除衍生金融资产外非国有和国有企业的金融资产占比均存在显著差异。国有企业持有的交易性金融资产、其他债权投资和其他非流动金融资产显著低于非国有企业，其余科目均显著高于非国有企业。其中差异最大的科目是交易性金融资产，国有企业交易性金融资产占比仅为 0.4786%，比非国有企业的 1.1982% 低 0.7197%，是造成两者金融化水平差异的主要原因，这可能与企业的激励和考核机制有关，较强盈利压力会促使企业通过持有更多交易性金融资产获得资本利得从而改善业绩，但国有企业的逐利动机较弱。从不同所有制企业的投资偏好来看，非国有企业持有最多的是交易性金融资产，占总资产的 1.1982%，之后是投资性房地产和可供出售金融资产，分别占总资产的 0.9691% 和 0.8717%，持有最少的衍生金融资产占总资产的 0.0066%；国有企业持有最多的是投资性房地产，占总资产的 1.1169%，之后是可供出售金融资产和其他权益工具投资，分别占总资产的 1.0944% 和 0.9212%，而持有最少的衍生金融资产仅占总资产 0.0049%。由此可见，投资性房地产和可供出售金融资产是国有和非国有企业的主要投资标的，而衍生金融资产是两类企业投资最少的金融资产。

　　表 3-5 分年度汇报了中国企业金融化水平的所有制差异。分组来看，非国有企业金融化程度在 2007—2012 年呈下降趋势，在 2012 年达到最低的 1.679%，2013 年之后呈上升趋势，且 2019 年之后金融化趋势明显加速；国有企业的金融化水平变动趋势与非国有企业基本相似，同样在 2012 年达到最低值 2.4940%，但其波动明显低于非国有企业。从金融化水平的组间差异来看，国有企业和非国有企业金融化水平在 2009 年和 2010 年的差异在统计学意义上不显著，在 2011—2018 年国有企业金融化水平较高，在 2007 年、2008 年、2019 年、2020 年非国有企业金融化水平较高，样本期内非国有企业金融化水平的波动明显大于国有企业。

表3-5　各年度中国企业金融化水平的所有制差异

年份	非国有企业		国有企业		均值差异
	观测量	均值	观测量	均值	
2007	1450	3.1260	2865	2.6141	0.5118**
2008	1753	3.1128	3058	2.6751	0.4376**
2009	2018	2.8502	3157	2.7237	0.1265
2010	2510	2.4993	3199	2.7873	-0.2880
2011	3538	1.9230	3286	2.6139	-0.6909***
2012	4439	1.6790	3333	2.4940	-0.8150***
2013	4751	1.8005	3359	2.4942	-0.6937***
2014	4739	2.2210	3222	2.8417	-0.6207***
2015	4932	3.0003	3085	3.5484	-0.5481***
2016	5927	3.2977	3215	3.7613	-0.4636***
2017	6988	3.3430	3299	3.9295	-0.5865***
2018	8401	3.4090	3527	3.8462	-0.4372***
2019	9010	6.1189	3758	5.0376	1.0813***
2020	9686	8.4030	3941	5.8754	2.5276***
全样本期	70142	3.9665	46304	3.4398	0.5267***

注：（1）由笔者计算整理所得。

（2）均值差异为非国有企业减国有企业，其显著性由 t 检验计算，***、** 和 * 分别表示在 1%、5%和10%置信水平下显著。

3.2.3　企业金融化的地域差异

企业的地域差异也可能对其投资行为具有显著影响，按企业所处地区进行异质性研究是现有文献中的通常做法。东部沿海地区是中国改革开放后经济发展最繁荣的区域，产业现代化程度高，企业竞争力强，金融资源比内陆地区更加丰富，拥有相对更多的金融资产投资渠道。参考现有研究，本节将北京、上海、天津、河北、浙江、山东、广东、江苏、福建、海南10个省市作为东部地区，其他省市作为非东部地区，根据企业总部所在地进行分组统计分析和比较，结果列示在表3-6中。

表 3-6　中国非金融企业持有各类金融资产的地域差异

金融资产类别	非东部企业		东部企业		均值差异
	观测量	均值	观测量	均值	
交易性金融资产	40181	0.627	76265	1.0623	−0.4353***
衍生金融资产	40181	0.0042	76265	0.0068	−0.0026**
发放贷款及垫款	40181	0.0201	76265	0.0245	−0.0044***
可供出售金融资产	40181	0.6842	76265	1.1057	−0.4215***
持有至到期投资	40181	0.0165	76265	0.0162	0.0003
投资性房地产	40181	0.7605	76265	1.1688	−0.4083***
债权投资	11566	0.048	26757	0.0488	−0.0008
其他债权投资	11566	0.007	26757	0.0104	−0.0034
其他权益工具投资	11566	0.7177	26757	0.8432	−0.1255***
其他非流动金融资产	11566	0.283	26757	0.5768	−0.2938***
总体金融资产	40181	2.6792	76265	4.3249	−1.6457***

注：（1）由笔者计算整理所得。

（2）债权投资、其他债权投资、其他权益工具投资和其他非流动金融资产是 2018 年企业会计准则修订后的新增科目，所以观测量少于其他金融资产类别，并非存在大量缺失值所致。

（3）均值差异为非东部企业减东部企业，其显著性由 t 检验计算，***、**和*分别表示在 1%、5% 和 10% 置信水平下显著。

从总体上看，样本期内东部企业金融资产平均占比为 4.3249%，比非东部企业的 2.6792% 高出 1.6457%，且该差异在 1% 的置信水平下显著。通过区分金融资产类别可以发现非东部企业持有的各类金融资产均低于东部企业，且除持有至到期投资、债权投资和其他债权投资三个科目外，非东部企业持有的各种金融资产占比均在至少 5% 的置信水平下显著低于东部企业。东部企业持有交易性金融资产、可供出售金融资产和投资性房地产的占比分别比非东部企业高出 0.4353%、0.4215% 和 0.4083%，是持有量均值差异最大的三类金融资产。从不同地区企业投资偏好来看，非东部企业持有最多的金融资产是投资性房地产，平均占总资产的 0.7605%，其他权益工具投资和可供出售金融资产分别平均占总资产的 0.7177% 和 0.6842%，持有最少的是衍生金融资产，仅占总资产的 0.0042%；东部企业占比最高的金融资产同样是投资性房地产，平均占比 1.1688%，平均持有量超过 1% 的金融资产类别还有可供出售金融资产和交易性金融资产，分别占总资产的 1.1057% 和 1.0623%，而衍生金融资产占比仅为 0.0068%。可见，非东部和东部企业均将房地产作为最主要的金融投资工具，而对衍生金融资产的投资最少。

表 3-7 分年度汇报中国企业金融化水平的地域差异。分组来看，非东部企业金融化程度在 2007—2011 年呈下降趋势，在 2011 年达到样本期内最低的 1.418%，2012 年之后金融化水平呈上升趋势，且在 2019 年和 2020 年金融化趋势明显加速；东部企业金融资产占比同样呈现先降后升的趋势，金融化水平在 2012 年达到最低值 2.3469%，之后逐步升高至 2020 年的8.4341%。从金融化水平的组间均值差异来看，在样本期内每一年度非东部企业持有的金融资产均在 1% 的置信水平下显著低于东部企业，最大的差异出现在 2020 年，非东部企业金融化程度比东部企业低 2.5864%。以上统计分析结果均表明东部企业的金融化水平显著且长期高于非东部企业，这指引后续的实证研究对企业金融化形成机理的地域差异进行关注。

表 3-7　各年度中国企业金融化水平的地域差异

年份	非东部企业		东部企业		均值差异
	观测量	均值	观测量	均值	
2007	1880	1.7714	2435	3.5695	-1.7981***
2008	2046	1.7744	2765	3.6191	-1.8447***
2009	2170	1.7474	3005	3.5137	-1.7663***
2010	2292	1.5366	3417	3.4147	-1.8781***
2011	2549	1.418	4275	2.7552	-1.3372***
2012	2756	1.449	5016	2.3469	-0.8979***
2013	2868	1.5167	5242	2.4003	-0.8836***
2014	2824	1.96	5137	2.7537	-0.7937***
2015	2784	2.5032	5233	3.5878	-1.0846***
2016	3101	2.4718	6041	3.9683	-1.4966***
2017	3345	2.8185	6942	3.8745	-1.0560***
2018	3680	2.9741	8248	3.79	-0.8158***
2019	3871	4.4949	8897	6.3688	-1.8739***
2020	4015	5.8476	9612	8.4341	-2.5864***
全样本期	40181	2.6792	76265	4.3249	-1.6457***

注：（1）由笔者计算整理所得。

（2）均值差异为非东部企业减东部企业，其显著性由 t 检验计算，＊＊＊、＊＊和＊分别表示在 1%、5% 和 10% 置信水平下显著。

3.2.4　企业金融化的行业差异

实体企业金融资产投资行为可能受到其所处行业的影响，鉴于上市公司行业繁多，本节从行业集中度视角出发对企业金融化的行业差异进行分析。具体而言，首先，按《上市公司行业分类指引》（2012 年修订）对所有观测样本的门类行业进行划分，再计算每年各行业的赫芬达尔指数（HHI）作为行业集中度的代理变量，计算方法为该年度行业内各公司市场份额占比的平方和，该指数越大说明行业集中度越高，竞争度相对较低，行业内公司具有较高经营壁垒。其次，对每一年度的行业集中度进行分类，高于当期各行业集中度中位数则定义为高集中度行业，否则定义为低集中度行业，再根据所属行业的集中度高低将企业划分为低集中度行业企业和高集中度行业企业进行分组统计分析，相关结果列示于表 3-8。

表 3-8　中国非金融企业持有各类金融资产的行业差异

金融资产类别	低集中度行业		高集中度行业		均值差异
	观测量	均值	观测量	均值	
交易性金融资产	59802	1.0002	56644	0.819	0.1812***
衍生金融资产	59802	0.0056	56644	0.0063	-0.0007
发放贷款及垫款	59802	0.0206	56644	0.0256	-0.0051***
可供出售金融资产	59802	0.9282	56644	0.9941	-0.0659***
持有至到期投资	59802	0.015	56644	0.0176	-0.0026***
投资性房地产	59802	0.9613	56644	1.0982	-0.1369***
债权投资	20568	0.0322	17755	0.0675	-0.0353***
其他债权投资	20568	0.0089	17755	0.0099	-0.001
其他权益工具投资	20568	0.7064	17755	0.9199	-0.2135***
其他非流动金融资产	20568	0.4107	17755	0.5779	-0.1671***
总体金融资产	59802	3.6764	56644	3.8422	-0.1658***

注：（1）由笔者计算整理所得。

（2）债权投资、其他债权投资、其他权益工具投资和其他非流动金融资产是 2018 年企业会计准则修订后的新增科目，所以观测量少于其他金融资产类别，并非存在大量缺失值所致。

（3）均值差异为低集中度行业减高集中度行业，其显著性由 t 检验计算，***、**和*分别表示在 1%、5%和 10%置信水平下显著。

从总体上看，高集中度行业的企业持有金融资产占比为 3.8422%，比低集中度行业企业的 3.6764%高出 0.1658%，该差异在 1%置信水平下显著。对于各类金融资产，高集中度行业企业仅在交易性金融资产上显著少于低集中度行业企业，在其余金融资产类别中均高于低集中度行业企业，且除衍生金融资产和其他债权投资科目外的组间均值差异均在1%置信水平下显著，其中其他权益工具投资的组间差异为0.2135%，是持有量差别最大的金融资产类别。从不同行业的金融投资偏好来看，处于低集中度行业的企业持有最多的金融资产是交易性金融资产，平均占总资产的1.0002%，投资性房地产和可供出售金融资产占比较高，分别达到0.9613%和0.9282%，衍生金融资产占比最少，仅为0.0056%；对于高集中度行业的企业，持有最多的金融资产是投资性房地产，占比达到1.0982%，排在之后的是可供出售金融资产和其他权益工具投资，占比分别达到0.9941%和0.9199%，持有最少的衍生金融资产占比为0.0063%。可见，不同行业的企业均将投资性房地产和可供出售金融资产作为主要的金融投资工具，但对于衍生金融资产投资较少。

表3-9汇报了各年度企业金融化水平的行业差异。分组来看，低集中度行业企业的金融化水平从2007年的3.2447%逐步下降至2012年的1.6958%达到最低值，之后逐步提升，且在2019年和2020年金融化趋势凸显，直到达到2020年7.6506%的样本期内最高值；高集中度行业企业的金融化水平变动同样呈现先降后升态势，在2011年达到1.8038%的最低值后开始逐步提升至2020年的7.6947%。从组间均值差异来看，2011年及之前低集中度行业企业的金融化程度显著较高，2012年及之后高集中度行业企业的金融化程度显著较高或组间差异不显著。金融化程度行业差异最大的一年是2009年，组间差异达到1.196%，且在1%置信水平下显著。从行业集中度出发，造成企业金融化行业差异的原因与行业竞争结构密切相关，竞争的充分程度和主营业务壁垒对企业金融资产投资行为有显著影响。

表3-9 各年度中国企业金融化水平的行业差异

年份	低集中度行业		高集中度行业		均值差异
	观测量	均值	观测量	均值	
2007	2059	3.2447	2256	2.3676	0.8771***
2008	2245	3.0534	2566	2.6432	0.4102**
2009	2378	3.4195	2797	2.2234	1.196***
2010	3033	2.9947	2676	2.2821	0.7126***

续表

年份	低集中度行业		高集中度行业		均值差异
	观测量	均值	观测量	均值	
2011	3406	2.7092	3418	1.8038	0.9054***
2012	4044	1.6958	3728	2.3895	−0.6937***
2013	4246	1.8691	3864	2.3282	−0.4592***
2014	3996	2.5174	3965	2.4266	0.0909
2015	3867	2.9278	4150	3.4752	−0.5474***
2016	4551	2.876	4591	4.0403	−1.1644***
2017	5409	3.3251	4878	3.7595	−0.4344***
2018	6788	3.1532	5140	4.0468	−0.8936***
2019	6772	5.5537	5996	6.0796	−0.5259***
2020	7008	7.6506	6619	7.6947	−0.0441
全样本期	59802	3.6764	56644	3.8422	−0.1658***

注：（1）由笔者计算整理所得。

（2）均值差异为低集中度行业企业减高集中度行业企业，其显著性由 t 检验计算，***、**
和 * 分别表示在 1%、5% 和 10% 置信水平下显著。

3.3　中国企业金融化的国际比较

完成以上针对中国企业金融化概况的分析之后，在世界主要经济体之间进行国际比较能进一步明确中国实体企业金融化的发展阶段和相对水平。现有研究成果普遍认为，美国、欧洲等发达国家的金融化进程开始于 20 世纪 80 年代，并带动部分发展中国家逐渐出现金融化趋势，本节针对世界部分主要经济体的非金融上市企业金融化发展趋势展开统计分析。

具体而言，本节通过 Wind 数据终端收集部分世界主要经济体上市公司财务数据，使用金融资产占总资产比例测度企业金融化水平，并计算每一年度各经济体的企业金融化水平均值。参考 3.1.3 节的分析结论，为保证其他国家和地区与中国企业金融化水平的可比性，此处计入金融资产的会计科目包括交易性金融资产、以公允价值计价的金融资产、衍生金融工具、其他短期投资、持有至到期投资、可供出售金融资产和投资性物业。纳入本节研究范围的上市企业均为非金融行业企业，所包括的证券市场除了中国沪深两市之外还包括：纽约证券交易所，共计 1559 家企业；伦敦证券交易所主板市场，共计 628 家企业；韩国证券交易所，共计 2217 家企业；中国香港证券交易所，共计 2048 家企业；中国台湾证券交易所，共计 1952 家企业。与本章中国企业金融化数据保持一致，本节选取 2007—2020 年作为观测期，经过数据处理和清洗后，各个国家和地区的实体企业金融化发展情况展示于图 3-4。值得注意的是，会计制度差异可能造成数据的可比性下降，但同一国家或地区的企业金融化自身变化趋势和各经济体企业金融化水平之间的相对变化仍是分析问题的重要经验事实。另外，不同经济体的经济金融化进程存在一定结构性差异，例如美国居民收入和养老金的金融化现象在中国并不显著，而本节研究仅聚焦于企业金融化问题，所得到的结论能较好地反映各个国家和地区上市非金融企业进行金融资产投资的情况。

本节参考谢富胜等（2021）提出的分析框架，从生产性投资需求和金融扩张两个方面对各经济体企业金融化发展趋势进行分析。美国实体企业金融化水平在样本期内基本稳定在 8%～10%，作为世界上最大的发达国家，美国金融化趋势历史悠久，已经基本达到其长期稳态。美国企业金融化水平在 2009 年达到最高的 9.54%，原因在于国际金融危机之后美国的刺激性政策促进了金融扩张和金融深化进程，同时全球经济仍未全面复苏，实体投资需求不足，造成美国非金融企业的金融投资需求旺盛；之后美国企业金融化水平基本稳定在 8%～10%，直到 2019 年达到样本期内最低的 7.59%，这与当时美国促进国内实体经济发展和引导制造业回归本土的经济政策紧密相关。英国企业金融化水平在 2008 年达到样本期内最低的 4.94%，之后呈上升趋势，尤其是在 2013—2015 年金融化趋势明显加强，这可能与欧洲债务危机进一步蔓延导致的投资需求下降和低利率造成的金融扩张有关；在 2020 年，英国企业金融化水平达到样本期内最高的 13.01%。韩国作为亚洲经济快速发展的国家，在样本期内企业金融化水平呈现上升趋势，从 2008 年的 5.62% 逐渐提升至 2018 年的 10.37%，逻辑在于韩国本土市场有限，难以容纳大规模实体投资，2008 年之后世界经济全球化进程加速为韩国企业参与金融投资提供了契机，这也在一定程度上解释了在 2018 年逆全球化趋势加强时韩国企业金融化水平开始下降。中国香港上市企业的金融化水平在样本期内波动有限，基本稳定在 10% 上下；而中国台湾企业的金融化水平呈现明显上升趋势，从 2008 年最低的 6.44% 逐渐提升至 2020 年的 11.94%，原因可能与韩国相似，本土实体投资机会难以承载的资金被企业配置到金融市场中。

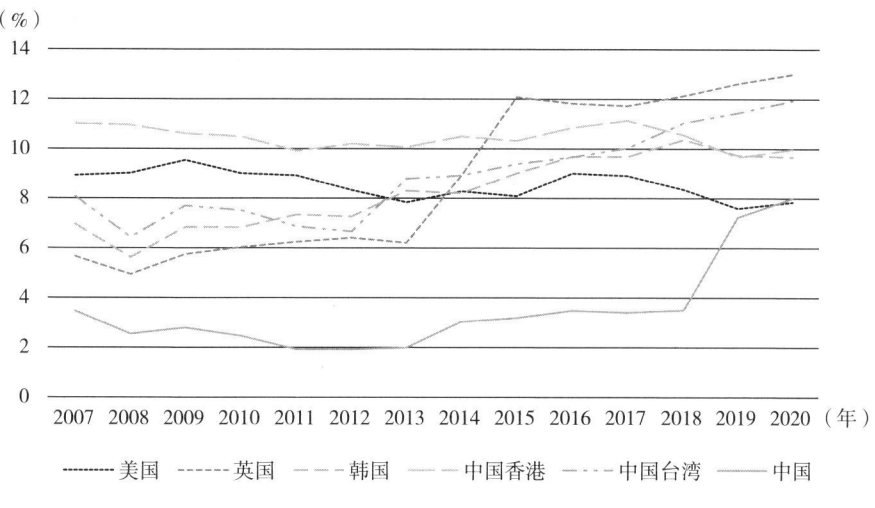

（％）

图 3-4　世界主要经济体的企业金融化情况

注：由笔者计算并绘制。

进行以上分析之后不难发现，在 2007—2020 年世界部分主要经济体的企业金融化水平主要呈现上升或者稳定的趋势，不存在金融化程度下降的情况。各个国家和地区企业金融化的集中分布区间从 6%～8% 提升至 10%～13%，全球企业金融化水平长期中枢呈现上升趋势。

将中国与其他主要经济体进行对比，可以发现在样本期内多数时间中国企业金融化水平明显偏低，但在 2020 年中国实体企业金融化水平已经达到 8%，基本与美国企业金融化水平一致，但与英国的 13.01% 和中国台湾地区的 11.94% 仍存在一定差距。从变化趋势来看，在 2007—2012 年中国实体企业并未受到世界金融化浪潮的冲击，中国与其他国家和地区的企业金融化水平出现背离，呈现出缓慢下降趋势。形成以上现象的原因之一在于中国金融抑制政策和对于外国资本的严格管制使中国一定程度上减弱了 2008 年国际金融危机的影响，金融体系并未过度扩张。另外，国际金融危机之后中国成为世界经济复苏的重要引擎，实体投资需求旺盛，不存在大量过剩资金用于金融资产投资的情况。在 2012—2018 年，中国与世界其他国家和地区的企业金融化水平均缓慢上升，呈现向其他经济体金融化水平靠拢的趋势。其间，中国经济逐渐步入新常态，经济增速下滑，生产性投资需求减弱，企业拥有大量资金但缺乏合意的实体投资项目。此外，中国的金融市场也开始出现泡沫和剧烈波动，部分企业出于投机动机进行金融投资，进一步提升了金融化水平。2018 年之后，中国企业金融化水平加速上升，在 2020 年基本达到了世界主要经济体的金融化水平。该现象的形成原因在于 2018 年中美贸易摩擦和 2020 年新冠肺炎疫情暴发等重大事件显著抑制了中国的实体投资需求，实体企业面对逐渐降低的主营业务投资收益率，选择参与金融市场获取投资收益。

由此可见，中国经济中较强的实体投资需求和金融抑制政策使中国企业能在 2012 年之前较好抵御世界的金融化浪潮，但 2012 年之后中国经济步入新常态，经济增速放缓和资本管制逐渐放开造成企业金融化水平向世界主要国家靠拢，在 2018 年中美贸易摩擦之后金融化趋势进一步加强，2020 年新冠肺炎疫情暴发后中国企业金融化水平已经与世界部分主要经济体基本一致，且目前仍呈上升趋势。在百年未有之大变局下，中国经济仍将面临严峻考验，能否厘清中国企业金融化形成机理并通过适当政策抑制实体经济"脱实向虚"和引导企业回归实体经济对实现中国经济高质量发展至关重要。

第4章 企业金融化宏观驱动因素及其作用机制研究

金融资产投资行为是企业基于多种因素的综合决策，针对企业金融化客观驱动因素及其作用机制的研究是企业金融化形成机理研究的核心构成。现有文献对企业金融化微观层面驱动因素的研究比较丰富，而基于宏观视角的相关研究仍存在不足之处，具体表现在现有的理论分析缺乏必要数理模型支撑，某些具有重要影响的宏观变量尚未被引入相关研究，已有研究结论存在较大分歧，宏观因素驱动微观企业金融化的作用机制有待厘清等方面。在国内外宏观经济形势复杂多变的背景下，基于宏观视角对中国企业金融化驱动因素展开研究具有较强的现实意义。

本章以数理模型作为基础对多个维度宏观变量驱动企业金融化的效应及其作用机制进行理论分析，并对上述分析结论进行实证检验。具体而言，本章以2007—2020年沪深两市A股上市公司作为研究样本，使用季度频率企业财务数据和宏观数据，从宏观经济景气度、实体经济生产经营情况、货币政策环境和资本市场繁荣度四个宏观经济维度出发，分别选取多个指标实证考察宏观经济形势对中国企业金融化水平的驱动效应，并通过多种方法对模型的内生性和结论的稳健性进行分析讨论。之后，基于企业的所有制、地域和行业差异进行异质性研究，最后检验以上宏观驱动因素通过企业的主营业务盈利能力、金融投资获利能力、经营风险和融资约束四个渠道影响企业金融化水平的作用机制。

本章系统性研究不同维度宏观经济形势对中国企业金融化的驱动效应，其中既包括对现有文献未覆盖内容的研究，也包括对已有研究成果的完善和验证，对相关机制进行检验能进一步厘清宏观因素驱动微观企业金融化的宏微观传导渠道。本章研究所得结论既是对企业金融化形成机理相关学术研究的完善和深化，也是对宏观经济形势影响微观企业投资行为领域的研究具有一定边际贡献，同时对促进实体经济高质量发展和加强金融服务实体能力的宏观经济政策制定具有一定参考价值。

4.1 理论分析与研究假设

4.1.1 理论分析

近年来，中国企业金融化趋势明显加强，现有文献指出过度金融化引发包括固定资产投资挤出和创新研发能力下降等一系列问题对中国经济高质量发展造成显著阻碍。伴随中国实体经济"脱实向虚"问题日益加剧，企业金融化形成机理已经成为学术界重点关注的热点问题之一，相关研究结论对企业金融化的治理和推动实体经济高质量发展具有重要的现实意义。

现有研究表明非金融企业投资金融资产的决策是企业内、外部因素共同作用的结果，根据本书2.2节的文献综述和评述，微观、中观和宏观多个维度影响因素对企业金融化水平均具有显著驱动效应，且已有文献从微观和中观视角出发得到了相对完善的研究结论。基于宏观视角，现有文献对多个宏观变量驱动企业金融化的效应进行研究，主要包括经济增长、工业品出厂价格、货币政策、资产价格等。以上文献为企业金融化宏观驱动因素研究提供了较好的研究基础和研究范式，但仍存在以下不足之处：第一，现有大部分文献的理论分析和提出研究假设部分缺少必要的数理模型支撑，相关研究的理论基础仍有待进一步增强；第二，部分核心宏观变量仍未被引入企业金融化形成机理的研究，且某些文献中的定性分析结论并未得到实证检验，研究内容有待完善；第三，不同文献之间得到的研究结论仍存在明显分歧，某些重要宏观变量对企业金融化水平的影响仍不明确，可能的原因包括对于变量选取、测度方法、模型构建或样本区间等方面存在的差异；第四，现有文献对各维度宏观变量驱动企业金融化的作用渠道和影响机制研究仍有所欠缺，相关研究有待进一步深化和加强。

为弥补现有研究的不足之处，本章基于本书2.3节构建的数理模型进行理论分析，并对分析结论进行实证检验。现有文献主要基于某些特定宏观指标对企业金融化的形成机理展开研究，也有部分文献从实体部门和金融体系两个维度出发对宏观经济影响微观企业金融投资行为进行研究，但已有研究对宏观经济形势的刻画仍略显粗糙。基于本书2.2节的文献综述，本章参考现有文献的研究范式将宏观经济形势解构为宏观经济景气度、实体经济生产经营情况、货币政策环境和资本市场繁荣度四个宏观经济维度，并分别选取多个核心宏观指标考察非金融企业金融资产投资行为受到各维度宏观经济形势波动的影响，对企业金融化的宏观驱动因素进行较为系统、全面的实证研究。以上四个宏观经济维度囊括宏观经济不同方面，其中前两个维度主要体现了实体部门层面的运行情况，后两个维度则展示了金融体系的发展情况。相比于现有文献，本章对整体宏观经济形势进行更细维度的划分能从多个角度完整反映宏观经济的全面情况，有益于推进和深化宏观视角下企业金融化形成机理研究，进一步丰富相关研究成果。本章还对上述实证研究的内生性和稳健性进行充分分析和讨论，力求加强文章结论说服力。之后，本章基于企业的所有制、地域和行业差异，对宏观因素驱动企业金融化水平的异质性进行探究，以期进一步丰富研究结论，增强研究成果的现实意义。传导机制一直是宏微观结合研究的重点和难点，本章在理论分析的基础上将企业的主营业务盈利能力、金融投资获利能力、融资约束和经营风险作为机制变量，使用多种方法对宏观因素驱动微观企业金融化的作用机制进行检验。本章未引入经济政策因素的原因在于，大多数经济政策仅存在已经实施和尚未实施两种状态，一般作为哑变量引入实证研究，与上述四个宏观经济维度经济变量的测度方法不同。学术研究中进行政策评估的实证模型具有一定特殊性，与本章其他研究内容存在较大差异。

现有研究表明金融资产在实体企业中既可以作为流动性跨期配置工具，也可以用来获取投资收益，企业金融化同时具有预防性储蓄和利润追逐的双重动机。根据宏观经济形势变化及其对公司经营情况产生的影响，实体企业从自身需求出发同时基于以上两种动机对其金融化水平进行调整。根据本书 2.3 节的理论推导，代表性非金融企业最优金融化水平 f^* 可以表示为：

$$f^* = \frac{F}{I} = \frac{E(R^F) - E(R^K)}{\lambda I[\sigma^2(R^F) + \sigma^2(R^K)]} + \frac{\sigma^2(R^K)}{\sigma^2(R^F) + \sigma^2(R^K)} \frac{A}{I} + \frac{\sigma^2(R^K)}{\sigma^2(R^F) + \sigma^2(R^K)} \frac{D}{I} \tag{4.1}$$

参考式（2.19），f^* 表达式的简化形式为：

$$f^* = \frac{\tilde{E}_F - \tilde{E}_K}{\lambda I} + \sigma_K^2 \frac{A}{I} + \sigma_K^2 \frac{D}{I} \tag{4.2}$$

式（4.2）表明企业金融化水平由三部分构成，分别是风险调整后的金融资产和固定资产投资收益率差异、自有资金的经营风险和杠杆资金的经营风险，推导过程和各变量含义详见 2.3 节。本节参考现有研究方法，通过函数形式将宏观经济景气度、实体经济生产经营情况、货币政策环境和资本市场繁荣度四个宏观经济维度引入企业最优金融化水平的表达式，对企业金融化的宏观形成机理展开理论分析。以下对于上述函数的构建方式进行分析和论述。

宏观经济景气度能体现经济整体的运行情况，是反映经济发展和活力的综合指标。较高的宏观经济景气度表示经济处于扩张期，社会总需求和总供给旺盛，经济高速发展且不确定性下降。对实体企业的影响主要在于：社会总需求扩张会提升风险调整后的实体投资回报率 $\tilde{E}_K$；实体企业盈利能力上升和经济发展不确定性下降会降低在企业运营过程中的经营风险 σ_K^2；还会通过改善企业财务状况缓解融资约束，提高企业的融资能力 D；同时，景气的宏观经济也会提高风险调整后的金融资产投资收益率 $\tilde{E}_F$。反之，在宏观经济景气度下行阶段经济活动收缩，经济增长率走低，总需求和总供给萎靡，导致企业盈利能力降低，实体投资收益率下降，主营业务经营风险提升，融资能力减弱，同时抑制金融资产投资收益率。基于以上分析，如果使用 g 代表宏观经济景气度，则对于式（4.2）中的核心变量应有：

$$\frac{\partial \tilde{E}_F}{\partial g} > 0, \ \frac{\partial \tilde{E}_K}{\partial g} > 0, \ \frac{\partial \sigma_K^2}{\partial g} < 0, \ \frac{\partial D}{\partial g} > 0 \qquad (4.3)$$

实体经济生产经营情况和宏观经济景气度两个宏观经济维度具有一定相关性，但仍存在以下差异。第一，宏观经济景气度指标涵盖范围广，可能与本章研究对象非金融企业之间存在错位。以 GDP 为例，国家统计局数据显示 2020 年金融业贡献 GDP 占比为 8.27%，房地产业贡献占比为7.34%，合计占 GDP 比重超 15%，但以上行业均不在本章的研究范围之内。实体经济生产经营情况指标能比宏观经济景气度更好地反映实体经济运行情况，对于本章所研究的企业金融化形成机理问题更具有针对性。此外，金融部门的过度膨胀会造成经济虚假繁荣，导致宏观经济景气度指标的代表性降低。第二，宏观经济景气度的常用指标通常具有一定滞后性，是经济发展的结果，这可能降低相关指标对实体企业金融资产投资决策的价值。而实体经济生产经营情况一般从实体企业直接获得，具有更高的时效性，部分生产经营指标也被看作经济增长的先行指标，对实体企业生产经营的指导意义更强，对企业金融资产配置的驱动效应也更直接。基于以上分析，本章在引入宏观经济景气度的基础上进一步研究实体经济生产经营情况对企业金融化水平的驱动效应，力求为企业金融化形成机理研究提供更为丰富可靠的研究结论。

实体经济生产经营情况主要反映实体部门的运行情况，生产经营扩张阶段实体经济具有较强活力，社会总需求处于较高水平。对于实体企业的影响在于：增强主营业务盈利能力，提高风险调整后的实体投资收益率 $\tilde{E}_K$；盈利能力提升会降低企业的经营风险 σ_K^2；企业资产负债情况改善，融资约束缓解，从而提升融资能力 D。当实体经济生产经营情况恶化时实体企业产成品需求不足，造成企业主营业务盈利能力下降，固定资产的投资收益率下行，经营风险上升，融资能力减弱。基于以上分析，如果使用 k 代表实体经济生产经营情况，则对于式（4.2）中的几个核心变量应有：

$$\frac{\partial \tilde{E}_K}{\partial k} > 0 \qquad \frac{\partial \sigma_K^2}{\partial k} < 0 \qquad \frac{\partial D}{\partial k} > 0 \tag{4.4}$$

货币政策环境的宽松或紧缩主要体现资金成本高低，宽松的货币政策会增加货币供给量，降低市场利率水平，提高房地产、股票等风险资产的市场价格，作用到企业层面则体现在：提升金融资产的风险调整后投资收益率 $\tilde{E}_F$；降低企业融资成本，提高融资能力 D；融资约束的缓解会减少企业陷入财务危机的概率，降低经营风险 σ_K^2。而紧缩的货币政策会减少货币流通量，对市场利率具有抬升作用，压制风险资产价格，在实体企业经营上体现为金融资产投资收益率降低，融资约束加剧和经营风险提高。基于以上分析，如果使用 m 代表货币政策环境的宽松程度，则对于式（4.2）中的几个核心变量应有：

$$\frac{\partial \tilde{E}_F}{\partial m} > 0 \qquad \frac{\partial \sigma_K^2}{\partial m} < 0 \qquad \frac{\partial D}{\partial m} > 0 \tag{4.5}$$

资本市场繁荣度能体现各大类金融资产风险、收益和流动性的变化，繁荣的资本市场伴随金融资产价格提升，流动性增强。对于非金融企业而言，繁荣的金融市场会通过拓宽企业融资渠道降低其融资约束，提高融资能力 D；同时会提升金融资产的风险调整后收益率 $\tilde{E}_F$；资金的易得性提高也会降低企业陷入财务困境的概率，降低经营风险 σ_K^2。而萧条的资本市场会强化实体企业的融资约束，压制金融资产投资收益率，并降低其投资的风险偏好。基于以上分析，如果使用 c 代表资本市场景气度，则对于式（4.2）中的几个核心变量应有：

$$\frac{\partial \tilde{E}_F}{\partial c} > 0 \quad \frac{\partial \sigma_K^2}{\partial c} < 0 \quad \frac{\partial D}{\partial c} > 0 \tag{4.6}$$

综合以上分析和式（4.3）~式（4.6）的结论，本节将式（4.2）中的部分关键变量改写为以下关于核心宏观变量的函数形式，为本章理论模型引入如下宏微观传导机制：

$$\begin{aligned}
\tilde{E}_F &= \varphi_F(g, \ m, \ c) \\
\tilde{E}_K &= \varphi_K(g, \ k) \\
\sigma_K^2 &= \varphi_\sigma(g, \ k, \ m, \ c) \\
D &= \varphi_D(g, \ k, \ m, \ c)
\end{aligned} \tag{4.7}$$

则实体企业的最优金融化水平 f^* 可以表达为宏观经济景气度、实体经济生产经营情况、货币政策环境和资本市场繁荣度四个宏观变量（g、k、m、c）的函数：

$$\begin{aligned}
f^*(g, \ k, \ m, \ c) &= \frac{\varphi_F(g, \ m, \ c) - \varphi_K(g, \ k)}{\lambda I} \\
&\quad + \varphi_\sigma(g, \ k, \ m, \ c) \frac{A}{I} \\
&\quad + \varphi_\sigma(g, \ k, \ m, \ c) \frac{\varphi_D(g, \ k, \ m, \ c)}{I}
\end{aligned} \tag{4.8}$$

则式（4.8）为受到宏观经济变量驱动的非金融企业最优金融化水平表达式。

为进一步明确核心宏观经济变量对代表性企业金融化水平的驱动效应及其作用机制，本节进一步对最优金融化水平关于各宏观经济变量求偏导。对 $f^*(g, \ k, \ m, \ c)$ 关于宏观经济景气度 g 求偏导，则有：

$$\frac{\partial f^*}{\partial \varphi_F} \frac{\partial \varphi_F}{\partial g} > 0 \quad \frac{\partial f^*}{\partial \varphi_K} \frac{\partial \varphi_K}{\partial g} < 0 \quad \frac{\partial f^*}{\partial \varphi_\sigma} \frac{\partial \varphi_\sigma}{\partial g} < 0 \quad \frac{\partial f^*}{\partial \varphi_D} \frac{\partial \varphi_D}{\partial g} > 0 \tag{4.9}$$

这表明宏观经济景气度提升能通过提高金融资产投资收益和扩大融资规模两个渠道提升企业金融化水平，同时能通过提高企业主营业务盈利能力和降低企业经营风险两个渠道抑制其金融化水平。

如果对 $f^*(g, \ k, \ m, \ c)$ 关于实体经济生产经营情况 k 求偏导，可以得到：

$$\frac{\partial f^*}{\partial \varphi_K}\frac{\partial \varphi_K}{\partial k} < 0 \qquad \frac{\partial f^*}{\partial \varphi_\sigma}\frac{\partial \varphi_\sigma}{\partial k} < 0 \qquad \frac{\partial f^*}{\partial \varphi_D}\frac{\partial \varphi_D}{\partial k} > 0 \qquad (4.10)$$

这表明实体经济生产经营扩张能通过缓解融资约束提升实体企业金融化水平，同时能通过提高主营业务盈利能力和降低经营风险两个渠道抑制其金融资产投资行为。

对 $f^*(g, k, m, c)$ 关于货币政策环境 m 求偏导，则有：

$$\frac{\partial f^*}{\partial \varphi_F}\frac{\partial \varphi_F}{\partial m} > 0 \qquad \frac{\partial f^*}{\partial \varphi_\sigma}\frac{\partial \varphi_\sigma}{\partial m} < 0 \qquad \frac{\partial f^*}{\partial \varphi_D}\frac{\partial \varphi_D}{\partial m} > 0 \qquad (4.11)$$

说明宽松的货币政策能通过提高金融资产投资收益和扩大融资规模两个渠道提高实体企业金融化程度，也能通过降低企业经营风险抑制企业金融化行为。

如果对 $f^*(g, k, m, c)$ 关于资本市场繁荣度 c 求偏导，可以发现：

$$\frac{\partial f^*}{\partial \varphi_F}\frac{\partial \varphi_F}{\partial c} > 0 \qquad \frac{\partial f^*}{\partial \varphi_\sigma}\frac{\partial \varphi_\sigma}{\partial c} < 0 \qquad \frac{\partial f^*}{\partial \varphi_D}\frac{\partial \varphi_D}{\partial c} > 0 \qquad (4.12)$$

这表明繁荣的资本市场能通过推高金融资产投资收益和缓解融资约束两个渠道促进实体企业金融化，也能通过降低经营风险抑制企业金融化行为。

4.1.2 研究假设

基于上述数理模型的理论分析结论，本节关于宏观经济景气度、实体经济生产经营情况、货币政策环境和资本市场繁荣度四个宏观经济维度对企业金融化的驱动效应进行机理分析，进而提出本章的实证研究假设。

（1）宏观经济景气度的驱动效应

从利润追逐动机出发，实体企业盯住资产收益率进行决策，宏观经济景气度对企业金融化水平具有以下潜在影响。一方面，宏观经济景气度上行能提高企业主营业务盈利能力，总需求扩张使企业投资需求提升，此时实体经济收益率上升且投资机会增加，基于追逐利润动机企业在此情况下将减持金融资产，把更多资源配置在收益率提升的固定资产上，导致企业金融化水平受到抑制。在宏观经济景气度较低时，企业主营业务盈利能力减弱，对固定资产的投资意愿下降，叠加此时市场上合意的实体投资机会较少，企业会减少对主营业务的投资，将更多资源配置在金融资产上，促进企业金融化进程，造成宏观经济景气度与企业金融化水平呈反向变动关系。另一方面，较高的宏观经济景气度会降低金融资产投资风险，同时增加金融资产投资的预期收益，企业从风险和收益的边际变化出发进行决策会基于利润追逐动机增持金融资产，提高金融化水平。在宏观经济景气度较低时期，金融资产投资的风险提升而预期收益下降，企业对金融资产进行减持，造成宏观经济景气度和企业金融化水平呈同向变动关系。

从预防性储蓄动机出发，企业金融资产投资受到宏观经济景气度的驱动效应有所不同。一方面，在宏观经济景气周期中，企业盈利能力提升，叠加宏观经济不确定性下降，企业经营风险显著降低，这会减弱企业的预防性储蓄动机，实体企业会减持作为流动性储备的金融资产，降低其金融化水平。当宏观经济景气度较低时，企业盈利能力下滑，且面临更多宏观经济不确定性，经营风险有所提升，导致实体企业预防性储蓄动机增强，会增持金融资产作为流动性储备工具，提升其金融化水平，此时宏观经济景气度与企业金融化水平反向变化。另一方面，宏观经济景气度提升能改善实体企业的财务状况和融资能力，出于预防性储蓄动机，企业会在现金流充裕时买入金融资产以备不时之需，待宏观经济萎靡和企业融资约束增强时卖出金融资产，缓解企业流动性紧张和财务困境，则此时宏观经济景气度和企业金融化水平呈同向变动关系。

根据以上机理分析，结合式（4.9）中的理论模型分析结论，本节提出以下假设：

H4.1a：宏观经济景气度提升对企业金融化水平具有显著促进作用，二者呈同向变动关系。

H4.1b：宏观经济景气度提升对企业金融化水平具有显著抑制作用，二者呈反向变动关系。

（2）实体经济生产经营情况的驱动效应

从利润追逐动机出发，在实体经济生产经营扩张阶段，企业产成品需求处于高位，出厂价格较高，主营业务盈利能力增强，同时合意的实体投资机会增多，此时企业基于最大化利润的原则会减持金融资产并增加实体投资，对产成品的较高需求也可能造成部分企业面临补库存压力，固定资产投资需求提升会对金融资产投资产生"挤出效应"。实体经济经营情况良好还能增强企业家信心，进一步刺激企业增加对主营业务和实体经济的投入，降低其金融化水平。在实体经济生产经营收缩阶段，社会总需求萎靡，企业生产能力过剩，出厂品价格下跌，主营业务盈利能力下降，此时企业倾向减少实体经济和固定资产投资，增持金融资产获取投资收益，对未来发展的悲观预期会进一步减少企业在实体经济上的资源配置，推高企业金融化程度，此时实体经济生产经营情况与企业金融化水平呈反向变动关系。

从预防性储蓄动机出发，一方面，实体经济生产经营情况好转会通过订单增加和出厂价格提高等渠道提升企业盈利水平，此时企业经营状况良好，现金流稳定且充沛，较低的经营风险会降低企业的预防性储蓄需求，企业会减持用作流动性储备的金融资产，导致其金融化水平下降。在生产经营情况恶化时，企业主营业务盈利能力减弱，陷入财务困境概率增大，对金融资产的预防性储蓄功能需求提高，此时企业会增持金融资产，提升其资产分散化程度降低经营风险，则实体经济生产经营情况与企业金融化水平呈反向变动关系。另一方面，企业在生产经营状况较好时现金流充裕，融资能力较强，可以通过增持金融资产作为流动性储备以备不时之需，待企业盈利能力减弱或融资约束增强时卖出金融资产为企业提供额外现金流，降低陷入财务困境的概率，此时实体经济生产经营情况与企业金融化水平呈同向变动关系。

根据以上机理分析，结合式（4.10）中的理论模型分析结论，本节提出以下假设：

H4.2a：实体经济生产经营情况扩张对企业金融化水平具有显著促进作用，二者呈同向变动关系。

H4.2b：实体经济生产经营情况扩张对企业金融化水平具有显著抑制作用，二者呈反向变动关系。

（3）货币政策环境的驱动效应

基于利润追逐动机，货币政策宽松时金融资产的预期投资收益率提升（陈彦斌和刘哲希，2017），市场利率下行，此时企业会以较低的融资成本扩大融资规模，积极增持金融资产获取投资收益。当货币政策紧缩时，利率升高导致风险资产价格受到压制，金融资产预期收益率下行，同时企业融资约束增强，则实体企业会减少金融资产投资，降低其金融化水平，此时货币政策环境宽松程度与企业金融化水平呈同向变动关系。

基于预防性储蓄动机，实体企业对于货币政策环境变化可能做出如下反应。一方面，在宽松的货币环境中企业融资约束降低，融资能力较强，可能会在此期间增持金融资产作为流动性储备，降低未来的经营风险和不确定性，提升企业金融化水平。在货币政策紧缩时期，企业为缓解流动性紧张出售之前增持的金融资产改善其财务状况，造成金融化水平下降，此时货币政策环境的宽松程度与企业金融化水平同向变动。另一方面，货币环境宽松会降低企业融资约束，延长企业负债期限，由此提升企业财务状况稳定性，降低预防性储蓄需求，此时企业会减持用于预防未来不确定性的金融资产,导致金融化水平降低。当货币环境紧缩时,企业财务状况恶化,面临未来不确定性提升,对预防性储蓄需求增强,企业会增持金融资产降低未来财务风险,造成货币政策环境宽松程度与企业金融化水平呈反向变动关系。

根据以上机理分析,结合式(4.11)给出的理论模型分析结论,本章提出以下假设:

H4.3a:货币政策环境宽松对企业金融化水平具有显著促进作用,二者呈同向变动关系。

H4.3b:货币政策环境宽松对企业金融化水平具有显著抑制作用,二者呈反向变动关系。

(4)资本市场繁荣度的驱动效应

基于利润追逐动机,在资本市场繁荣期内金融资产存在增值预期,企业投资金融资产获取收益的动机增强(王慧等,2021),活跃的市场环境还会拓宽企业融资渠道从而降低其融资约束,此时对资产价格的上涨预期和企业可用资金增加均会强化实体企业金融化趋势。在萧条的市场环境中,企业对金融资产价格持有悲观预期,且其自身融资约束增强,所以会通过减持金融资产降低对市场风险的暴露,导致金融化水平降低,此时资本市场繁荣度与企业金融化水平呈同向变动关系。

基于预防性储蓄动机,一方面企业在资本市场繁荣期间融资渠道拓宽,融资约束减弱,金融资产价格提升也会改善资产质量,降低其财务风险,所以实体企业预防性储蓄动机减弱,倾向于减持作为流动性储备的金融资产。资本市场萧条时企业融资能力下降,资产质量恶化,财务风险上升,预防性储蓄动机增强,此时企业会增持金融资产,导致金融化水平提升,以上分析表明资本市场繁荣度与企业金融化水平可能呈同向变动关系。另一方面,资本市场繁荣会提升企业的融资能力,叠加此时金融资产流动性增强,预防性储蓄功能有所提升,企业可能会增持金融资产抵御未来风险,当资本市场萧条造成实体企业财务状况恶化时卖出金融资产,达到流动性跨期配置的作用,导致资本市场繁荣度和企业金融化水平呈反向变动关系。

根据以上机理分析,结合式(4.12)中的理论模型分析结论,本章提出以下假设:

H4.4a:资本市场繁荣度提高对企业金融化水平具有显著促进作用,二者呈同向变动关系。

H4.4b：资本市场繁荣度提高对企业金融化水平具有显著促进作用，二者呈反向变动关系。

相比现有文献，上文将宏观经济各维度对企业金融化水平的更多潜在驱动效应纳入研究框架，针对企业金融化宏观形成机理及其作用机制开展比较全面和完善的理论分析，并将有关分析结论简单归纳整理列示于表4-1中。为保证文章简洁，每个宏观驱动因素只以一种变动方向为例，并做出简要说明，详细理论分析及相关参考文献可见上文。从表4-1可以看到，宏观驱动因素对企业金融投资存在多种潜在影响效果和作用渠道，确定宏观因素对企业金融化水平的驱动效应仍需进一步实证检验。需要说明的是，实证分析中体现出宏观驱动因素对企业金融化存在抑制（促进）效果并不表明发挥促进（抑制）效果的机制不存在，企业对金融资产投资配置的调整是同时综合多种因素的决策结果。

表4-1　宏观因素对企业金融化的潜在驱动效应及其作用机制

驱动因素	对企业的影响	决策动机	宏观传导机制	驱动效应
宏观经济景气	企业盈利能力提高，实体投资收益率上升	利润追逐	φ_K	抑制
	金融资产预期收益提高，预期风险下降	利润追逐	φ_F	促进
	宏观经济风险降低，预防不确定性需求减弱	预防性储蓄	φ_σ	抑制
	财务状况改善，储备金融资产能力提升	预防性储蓄	φ_D	促进
实体经济生产经营扩张	企业盈利能力提高，实体投资需求增加	利润追逐	φ_K	抑制
	经营情况良好，预防财务困境动机减弱	预防性储蓄	φ_σ	抑制
	财务状况改善，储备金融资产能力提高	预防性储蓄	φ_D	促进

续表

驱动因素	对企业的影响	决策动机	宏观传导机制	驱动效应
货币政策环境宽松	利率下行，金融资产价格具备上涨预期	利润追逐	φ_F	促进
	融资成本降低，可支配资金增加	利润追逐	φ_D	促进
	融资能力增强，增持金融资产降低经营风险	预防性储蓄	φ_D	促进
	融资约束减弱，对财务困境预防需求下降	预防性储蓄	φ_σ	抑制
资本市场繁荣	金融市场繁荣，金融资产价格具备上涨预期	利润追逐	φ_F	促进
	融资渠道拓宽，可用资金增加	利润追逐	φ_D	促进
	融资能力增强，流动性储备能力提升	预防性储蓄	φ_D	促进
	融资约束缓解，财务困境预防需求减弱	预防性储蓄	φ_σ	抑制

注：笔者根据本章理论分析整理所得，符号含义具体见本书 2.3 节和 4.1 节的理论分析部分。

4.2 研究设计

4.2.1 样本选择和数据来源

本章以 2007—2020 年沪深两市 A 股上市公司作为研究样本，参考本书 3.2.1 节做法进行一系列剔除后共剩余 3786 家企业。本章企业层面数据来自国泰安数据库（CSMAR），宏观层面数据来自国家统计局、中国人民银行和 Wind 数据库，使用 Stata15 进行实证分析。为避免极端值对实证分析结果造成影响，本章对企业层面变量均进行双侧 1%Winsorize 截尾处理。部分发布频率为月度的宏观指标，本章以每季度平均值作为其季度取值引入实证分析。

4.2.2　变量定义和测度

（1）被解释变量

根据本书3.1.3节的适用性分析结论，本章参考胡奕明等（2017）的研究，使用金融资产占总资产比例作为企业金融化水平测度方法，记为 *fa*。为了保证分析结果不受测度方式影响，本章参考张成思和郑宁（2020）与黄贤环等（2019）的研究，额外构建两个企业金融化指标进行稳健性检验，分别记为 *fa2* 和 *fa3*，具体测度方法可见本书3.1.3节。此外，本章进一步根据投资期限将金融资产分为短期金融资产和长期金融资产，将交易性金融资产划分为短期金融资产，其余划分为长期金融资产，用占总资产比例进行测度，分别记为 *fashort* 和 *falong*。

（2）核心解释变量

本章核心解释变量分为宏观经济景气度、实体经济生产经营情况、货币政策环境和资本市场繁荣度四个宏观经济维度，具体划分依据和界定方式可见4.1节。为避免变量选取对研究结果的影响，每个维度分别选取多个代理变量进行实证分析。

在宏观经济景气度维度，本章选取中国 GDP 季度同比增长率作为核心代理变量，反映宏观经济增长速度，这也是文献中的常用指标，记为 *gdp*；参考彭佳颖和郑玉航（2021）的研究，使用 H-P 滤波方法剔除趋势项计算经济周期以反映产出缺口，记为 *gdpcycle*；选取由国家统计局公布的宏观经济景气指数综合反映工业生产、就业、社会需求和收入情况，该指数以100为荣枯分界线，记为 *macroindex*；选取第二产业 GDP 季度同比增速和各省季度 GDP 同比增速作为稳健性检验指标，分别记为 *gdp2* 和 *gdplocal*；参考彭俞超等（2018a）和刘贯春等（2020）使用外国宏观变量作为中国宏观经济形势工具变量的做法，选取美国 GDP 季度同比增长率作为中国宏观经济景气度的工具变量，记为 *gdp_usa*。

在实体经济生产经营情况维度，本章参考现有文献选取采购经理指数（PMI）作为核心代理变量，该指标通过对采购经理进行问卷调查反映实体经济运行状况，涵盖订单、排产、雇员、出厂价格等方面信息，是常用的实体经济指标，以50为荣枯分界线，记为 *pmi*；参考王国刚（2018）的研究，本章引入 PPI 指数（工业品出厂价格指数）反映工业产品价格，体现实体企业盈利能力和产出品需求，以100为涨跌分界线，记为 *ppi*；选取国家统计局发布的工业企业景气指数代表实体经济生产经营情况，该指数体现出工业企业负责人对企业经营情况的判断和预期，以 100 为荣枯分界线，记为 *industrialindex*；选取各省 PPI 指数和中国人民银行发布的企业家信心指数用作以上指标的稳健性检验，分别记为 *ppilocal* 和 *businessindex*；参考彭俞超等（2018a）和刘贯春等（2020）的研究，选取美国 PMI 指数作为中国实体经济生产经营情况的工具变量，记为 *pmi_usa*。

在货币政策环境维度，参考陈创练和戴明晓（2019）的研究，本章选用各金融机构平均存款准备金率作为核心代理变量，该指标是中国人民银行常用的数量型货币工具，记为 *reserve*；进一步引入加权平均银行间同业拆借利率体现价格型货币工具的使用情况，记为 *interbank*；为反映经济中货币供应量情况，本章参考盛松成和谢洁玉（2016）的研究，引入 M_2 货币供应量（十亿元）的自然对数，记为 m_2；选取中国人民银行发布的货币政策感受指数和各省社会融资规模的自然对数用作稳健性检验，分别记为 *monetaryindex* 和 *tsflocal*；参考彭俞超等（2018a）和刘贯春等（2020）的研究，选取美国季度调整后的广义货币供应量作为中国货币环境的工具变量，记为 m_2_usa。

在资本市场繁荣度维度，本章选用全国主要监控城市地价总体水平的自然对数作为核心代理变量，记为 *houseprice*；以沪深两市市值加权投资收益率作为权益类产品投资收益的代理变量，记为 *equityreturn*；引入沪深两市成交额（十亿元）的自然对数作为金融资产交易活跃程度和流动性的代理指标，记为 *volumn*；选取各省商品房销售额的自然对数、国家统计局发布的国房景气指数和剔除创业板、科创板的沪深两市投资收益率作为稳健性指标（王娜和施建淮，2017；邵传林，2018），分别记为 *housinglocal*、*houseindex*、*equityreturn2*；参考彭俞超等（2018a）和刘贯春等（2020）的研究，选取美国房地产价格指数作为中国资本市场繁荣度的工具变量，记为 *hpi_usa*。

（3）控制变量

参考彭俞超等（2018a）和刘贯春等（2020）的研究，本章选用公司规模（*size*）、杠杆率（*lev*）、有形资产比例（*tangibility*）、成长性（*tobinq*）、公司自由现金流（*fcff*）、两职分离（*uni*）、第一大股东持股（*top1*）和资产周转率（*turnover*）作为企业层面控制变量，从企业规模、财务结构、有形资产占比、企业未来成长性、现金流充裕程度、公司治理模式、股权结构和资产运行效率八个方面对企业之间的差异进行控制，具体测度方式见表4-2。

表 4-2　变量定义及描述

变量类别	变量	符号	变量描述
企业金融化水平	金融资产占比	fa	金融资产占总资产比例，用作核心因变量，详见文中
	金融资产占比 2	$fa2$	金融资产占总资产比例，用作稳健性检验，详见文中
	金融资产占比 3	$fa3$	金融资产占总资产比例，用作稳健性检验，详见文中
	短期金融资产占比	$fashort$	短期金融资产占总资产比例，用作稳健性检验，详见文中
	长期金融资产占比	$falong$	长期金融资产占总资产比例，用作稳健性检验，详见文中
宏观经济景气度	经济增长	gdp	GDP 同比增长率，用作核心解释变量
	第二产业产出增长	$gdp2$	第二产业 GDP 同比增长率，用作稳健性检验
	各省经济增长	$gdplocal$	各省 GDP 同比增长率，用作稳健性检验
	经济周期	$gdpcycle$	使用 H-P 滤波法计算的经济增长周期项
	宏观经济景气指数	$macroindex$	国家统计局发布的宏观经济景气指数
	美国经济增长	gdp_usa	美国 GDP 同比增长，用作工具变量
实体经济生产经营情况	采购经理指数	pmi	PMI 指数，体现实体企业生产经营情况，用作核心解释变量
	生产价格指数	ppi	PPI 指数，体现工业企业产品出厂价格情况
	各省采购经理指数	$ppilocal$	各省工业企业产品出厂价格情况，用作稳健性检验
	工业企业景气指数	$industrialindex$	工业企业综合生产经营景气指数
	企业家信心指数	$businessindex$	中国人民银行企业家信心指数，用作稳健性检验
	美国采购经理指数	pmi_usa	美国 PMI 指数，用作工具变量

续表

变量类别	变量	符号	变量描述
货币政策环境	存款准备金率	*reserve*	金融机构平均存款准备金率，用作核心解释变量
	银行间同业拆借利率	*interbank*	加权平均银行间同业拆借利率
	货币供给量	m_2	广义货币 M_2 的自然对数
	货币政策感受指数	*monetaryindex*	中国人民银行货币政策感受指数，用作稳健性检验
	各省社会融资规模	*tsflocal*	各省社会融资规模的自然对数，用作稳健性检验
	美国货币供应	m_2_usa	季节调整后美国广义货币供应量，用作工具变量
资本市场繁荣度	房价水平	*houseprice*	全国主要监控城市地价总体水平的自然对数，用作核心解释变量
	各省商品房销售额	*housinglocal*	各省商品房销售额的自然对数
	国房景气指数	*houseindex*	全国房地产开发业综合景气指数，用作稳健性检验
	股票收益率	*equityreturn*	沪深两市投资收益率
	股票收益率 2	*equityreturn2*	剔除创业板、科创板的沪深两市投资收益率，用作稳健性检验
	股票交易量	*volumn*	沪深两市成交额（十亿元）的自然对数
	美国房价指数	*hpi_usa*	美国房地产价格指数，用作工具变量
控制变量	公司规模	*size*	总资产的自然对数
	杠杆率	*lev*	总负债占总资产比例
	有形资产占比	*tangibility*	有形资产占总资产比例
	成长性	*tobinq*	股票市值与总资产比值
	公司自由现金流	*fcff*	公司自由现金流占总资产比例
	两职分离	*uni*	董事长和 CEO 为同一人取 1，否则取 0
	第一大股东持股	*top1*	第一大股东持股比例
	资产周转率	*turnover*	营业收入与总资产比值

变量类别	变量	符号	变量描述
中介效应	主营业务盈利能力	roa	主营业务营业利润占总资产比例
	金融投资获利能力	frevenue	金融投资收益占营业收入比例
	融资约束	sa	SA 指标,反映企业融资约束
	经营风险	risk	使用 O-Score 模型进行测度的公司经营风险
分组变量	所有权性质	soe	国有企业取 1,否则取 0
	所处地区	east	公司总部所处东部地区取 1,否则取 0
	产业集中度	hhi	公司所处行业集中度高于当期中位数取 1,否则取 0

注:笔者整理所得。fa、fa2、fa3 的构建方法分别参考了胡奕明等(2017)、张成思和郑宁(2020)、黄贤环等(2019)的研究,具体测度方法可见本书3.1.3节。

(4)机制变量

根据前文理论分析和表 4-1 的归纳结果,本章检验不同宏观变量通过影响企业主营业务盈利能力(φ_K)、金融投资获利能力(φ_F)、融资能力(φ_D)和经营风险(φ_σ)四种渠道驱动企业金融化的作用机制。具体而言,本书参考王怀明和王成琛(2020)的研究,选取企业总资产收益率作为主营业务盈利能力的代理变量,使用主营业务营业利润占总资产比例进行测度,记为 roa。参考张成思和张步昙(2016)的方法,本章选取企业金融收益占比作为金融投资获利能力的代理变量,用投资收益、公允价值变动和其他综合收益占营业收入比例进行测度,记为 frevenue。参考鞠晓生等(2013)和刘井建等(2022)的研究,选取 SA 指标测度的融资约束作为企业融资能力的代理变量,这是因为与 KZ 和 WW 等其他融资约束指标相比,SA 指标外生性较强。本章参考 Hadlock 和 Piere(2010)的研究,利用式(4.13)对 SA 指标进行测度:

$$sa = -0.737 \times Size + 0.043 \times Size^2 - 0.04 \times Age \qquad (4.13)$$

其中 Size 为企业规模(百万元)的自然对数,Age 为企业上市年数,本章将该变量记为 sa。参考原作者 Hadlock 和 Piere(2010)与国内学者刘莉亚等(2015)和余明桂等(2019)的研究结论,所得 sa 值越大代表企业面临的融资约束越强。参考王伊攀和朱晓满(2022)的研究,本章选取 O-Score 模型测度企业的经营风险,记为 risk,取值越高则经营风险越大,破产概率越高，具体测度方法参考 Ohlson（1980）。

（5）分组变量

本章从企业的所有制、地域和所处行业三个方面考察企业金融化宏观形成机理的异质性。本章参考曹丰和谷孝颖（2021）的研究，按企业实际控制人属性将样本划分为国有和非国有企业，生成哑变量 soe，国有企业取 1，非国有企业取 0；按照国家统计局的口径，将北京、上海、天津、福建、浙江、河北、江苏、海南、山东、广东 10 个省市划为东部地区，其他省市划为非东部地区，按企业总部所在地进行划分，生成哑变量 east，东部地区企业取 1，非东部地区取 0；参考胡秋阳和张敏敏（2022）的研究，计算每年各个行业的赫芬达尔指数（HHI）作为行业集中度的代理变量，反映企业所处行业的集中度，生成哑变量 hhi，高于当期 HHI 中位数取 1，否则取 0。

4.2.3 描述性统计和相关性分析

表 4-3 汇报了本章实证分析中引入变量的描述性统计结果，样本期内因变量 fa 的均值为 3.7570，代表样本期内中国企业金融化的平均程度为 3.7570%，其偏度为 3.0851，最小值为 0，说明中国企业金融化水平的分布具有右偏性质，且可能存在截尾分布。进一步根据投资期限区分金融资产类别，fashort 和 falong 的描述性统计结果表明实体企业持有短期和长期资产平均占总资产的 0.9121% 和 2.7170%。

宏观经济景气度核心代理变量 gdp 的统计特征说明样本期内中国 GDP 平均增长率为 6.8528%，最小值 -6.8% 发生于 2020 年第一季度新冠肺炎疫情暴发阶段；实体经济生产经营情况核心代理变量 pmi 的统计特征表明样本期内中国 PMI 指数在 41.53~56.27 波动；货币政策环境核心代理变量 reserve 统计结果表明样本期内平均中国加权存款准备金率为 15.6454%，浮动范围在 9.83%~20.5%；资本市场繁荣度核心代理变量 houseprice 的均值为 8.1762。哑变量 soe 和 east 的均值表明本章观测值中有 39.76% 为国有企业，有 65.49% 来自东部。其他变量的描述性统计结果此处不再赘述。

表 4-3 描述性统计

变量	观测量	均值	标准差	偏度	峰度	最小值	中位数	最大值
fa	116446	3.7570	7.4150	3.0851	13.3034	0	0.6253	41.6095
fa2	116446	3.7324	7.2911	3.1235	13.6195	0	0.7106	41.3325
fa3	116446	7.2315	10.5558	2.3772	9.0772	0	2.9664	54.9252

变量	观测量	均值	标准差	偏度	峰度	最小值	中位数	最大值
fashort	116446	0.9121	3.5635	5.0535	29.7209	0	0	24.4993
falong	116446	2.7170	5.7385	3.4632	16.3007	0	0.3781	34.3166
gdp	116446	6.8528	3.6529	−1.5112	7.2987	−6.8	6.9	14.3
gdp2	116446	6.8415	4.3468	−1.2428	7.1934	−9.6	6.3	15.5
gdplocal	116446	7.7097	4.3945	−1.8597	14.9460	−39.2	7.8	25.1
gdpcycle	116446	0.0197	2.1621	−2.4324	11.2131	−9.5056	−0.0793	2.9508
macroindex	116446	98.2428	4.9080	−1.3298	5.2732	81.81	97.98	105.58
gdp_usa	116446	1.2930	2.4468	−2.6192	10.3186	−9.08	2.11	3.76
pmi	116446	50.9529	2.0276	−0.7478	8.0177	41.53	50.8	56.27
ppi	116446	100.6173	4.0687	0.2260	2.0847	92.3	99.23	109.73
ppilocal	116446	100.4945	4.6965	0.8832	8.5335	76.4667	99.4667	146.333
industrialindex	116446	124.9072	9.3832	−0.8933	4.0779	98.5	126.9	146.9
businessindex	116446	122.4366	10.2187	−0.6753	5.1526	88.2167	123.1	146
pmi_usa	116446	53.5988	4.8145	−1.2368	6.5391	33.1	53.7	60.8
reserve	116446	15.6454	2.8849	−0.1852	1.8983	9.83	16	20.5
interbank	116446	2.4587	0.6740	0.1621	3.0002	0.87	2.45	4.04
m_2	116446	11.5453	0.5363	−0.4190	1.9888	10.5026	11.6380	12.2954
monetaryindex	116446	51.6784	10.7925	0.2202	2.2467	31.2	52.5	74.6
tsflocal	73495	8.7700	0.9144	−0.5103	3.1505	6.021	8.83	10.4485
m_2_usa	116446	9.3949	0.2526	−0.1735	2.2498	8.88	9.42	9.86
houseprice	116446	8.1762	0.2043	−0.5715	2.2752	7.6917	8.1978	8.424
housinglocal	116446	7.5713	1.3411	−0.9250	5.3701	−3.5066	7.7403	10.0245
houseindex	116446	99.5764	3.1979	−0.4882	2.5268	92.54	100.633	106.26
equityreturn	116446	2.1032	12.0503	0.1873	3.6414	−29.04	1.07	40.11
equityreturn2	116446	2.0090	11.8724	0.1780	3.6146	−28.55	0.84	40.11
volumn	116446	9.7070	0.8917	−0.5179	1.7482	7.7134	10.2337	10.8498
hpi_usa	116446	227.5923	36.8543	0.3361	1.9330	176.27	221.67	304.61
size	116446	22.0269	1.2677	0.7308	3.4434	19.6587	21.8563	25.9757
lev	116446	42.5729	20.8959	0.1818	2.2603	4.7483	41.9777	92.6298
tangibility	116446	22.9363	16.3418	0.9063	3.3124	0.4046	19.4741	71.9337
tobinq	116446	2.0713	1.2952	2.5567	10.937	0.8794	1.6544	8.465
fcff	116446	−0.0199	0.1300	−1.700	7.8145	−0.5793	0.0015	0.2601

续表

变量	观测量	均值	标准差	偏度	峰度	最小值	中位数	最大值
uni	116446	0. 2562	0. 4365	1. 1169	2. 2474	0	0	1
*top*1	116446	34. 6928	14. 8525	0. 4726	2. 5954	8. 63	32. 76	74. 09
turnover	116446	0. 4044	0. 3463	1. 8924	7. 4788	0. 023	0. 3113	1. 9151
roa	116446	2. 6680	3. 8587	0. 3713	5. 7788	−11. 026	1. 9759	15. 7779
frevenue	116446	14. 6863	59. 1238	3. 0139	21. 2690	−189. 62	1. 3926	378. 12
sa	116446	−3. 4718	0. 2916	−0. 3134	2. 2840	−4. 1336	−3. 4379	−2. 8994
risk	116446	−8. 4866	2. 2575	−0. 6263	4. 3183	−16. 225	−8. 2676	−2. 8174
soe	116446	0. 3976	0. 4894	0. 4183	1. 1750	0	0	1
east	116446	0. 6549	0. 4754	−0. 6518	1. 4249	0	1	1
hhi	116446	0. 4864	0. 4998	0. 0543	1. 0029	0	0	1
企业个数	3768							

注：数据由笔者计算整理所得，省级社融数据从 2014 年开始公布，故 *tsflocal* 存在一定缺失值。

表 4-4 汇报了本章各核心解释变量和控制变量的相关性情况，其结果表明各核心解释变量之间具有较强相关性，以 Pearson 相关性为例，*gdp* 和 *houseprice* 之间的相关性为−0.7117，*gdp* 和 *pmi* 之间的相关性为 0.5171，体现出宏观经济各维度之间存在紧密联系，也表明同时将多个宏观变量引入回归方程可能造成严重的多重共线性问题，导致估计结果有偏或不一致，这对本章模型设定具有参考意义。核心解释变量和控制变量之间与各控制变量之间相关性最强的是 *size* 和 *tobinq* 的 Spearman 相关性，达到−0.5169，其他变量之间相关性多数在±0.2 范围以内，均明显小于±0.8 的多重共线性经验判定标准。

表 4-4 相关性分析

名称	*gdp*	*pmi*	*reserve*	*houseprice*	*size*	*lev*
gdp	1	0. 4709	0. 6154	−0. 9213	−0. 1781	0. 1008
pmi	0. 5171	1	−0. 0005	−0. 3376	−0. 0765	0. 0531
reserve	0. 456	0. 0042	1	−0. 5678	−0. 0761	−0. 0079
houseprice	−0. 7117	−0. 4038	−0. 4247	1	0. 1923	−0. 1196
size	−0. 1335	−0. 0767	−0. 0733	0. 1882	1	0. 4387
lev	0. 0841	0. 0598	0. 0004	−0. 135	0. 4253	1
tangibility	0. 1164	0. 0658	0. 038	−0. 1705	0. 1409	0. 1733

名称	gdp	pmi	reserve	houseprice	size	lev
tobinq	0.0147	0.0552	0.0298	0.0015	−0.3945	−0.226
fcff	−0.0392	−0.0571	−0.0383	0.0434	0.1176	0.1625
uni	−0.0837	−0.0478	−0.0364	0.118	−0.1566	−0.1526
top1	0.0761	0.0331	0.0735	−0.0977	0.1994	0.0377
turnover	0.1354	0.0473	0.03	−0.0672	0.0617	0.1493
名称	tangibility	tobinq	fcff	uni	top1	turnover
gdp	0.1337	0.0413	−0.0336	−0.0994	0.0972	0.0911
pmi	0.0515	0.1004	−0.058	−0.0417	0.031	0.0959
reserve	0.0336	0.0367	−0.0109	−0.0328	0.0705	0.0144
houseprice	−0.1573	−0.0446	0.0257	0.1129	−0.1018	−0.0349
size	0.084	−0.5169	0.0573	−0.1633	0.1506	0.0453
lev	0.148	−0.3324	0.0907	−0.1538	0.037	0.1227
tangibility	1	−0.1346	0.0976	−0.1181	0.0992	0.0473
tobinq	−0.1257	1	−0.0374	0.1054	−0.148	−0.0262
fcff	0.1263	−0.0182	1	−0.0199	0.0234	0.0364
uni	−0.1281	0.0731	−0.0563	1	−0.0542	−0.025
top1	0.1077	−0.1221	0.0217	−0.0616	1	0.1018
turnover	−0.0147	−0.032	0.0339	−0.04	0.093	1

注：数据由笔者计算整理所得。

4.2.4 模型设定

根据本章4.1节的理论分析结论和现有文献通行做法，同时参考胡奕明等（2017）和刘贯春等（2020）从宏观视角开展企业金融化形成机理研究的模型设定，本章建立如下双向固定效应回归模型，将各维度核心宏观变量以线性形式逐个引入回归方程，单独考察各指标对中国企业金融化水平的驱动效应：

$$fa_{i,t} = \alpha Macro_t + \beta Contral_{i,t} + \mu_i + Industry_{i,t} + Quarter_t + c + \varepsilon_{i,t}$$

$$(4.14)$$

其中下角标 i 代表个体企业，下角标 t 代表时间，本章数据频率为季度。因变量 $fa_{i,t}$ 为企业持有金融资产占总资产比例，用来测度企业金融化水平。核心解释变量是多维度的宏观驱动因素，此处记为 $Macro_t$，本章所选取的部分宏观变量只与时间相关，即样本企业在同一时间面临同质性宏观环境，这也是现有文献的通行做法。$Contral_{i,t}$ 为控制变量，包括公司规模、杠杆率、有形资产比例、成长性、公司自由现金流、两职分离、第一大股东持股和资产周转率八个维度。μ_i 代表企业层面固定效应，用来捕捉不随时间变化的个体特征。$Industry_{i,t}$ 表示企业所属行业，用来控制行业间差异，由于部分企业存在主营业务变更或借壳上市等情况，企业所属行业可能随时间发生变化。鉴于上市企业变更所属行业的情况很少发生，本书参考杜勇等（2019）的做法，将行业控制变量看作固定效应引入模型。本章核心解释变量为时间序列，所以不能控制年度效应，彭俞超等（2018a）的研究指出，企业金融化可能存在季节效应，故本章在回归方程中引入 $Quarter_t$ 对季节效应进行控制。c 表示回归的常数项，$\varepsilon_{i,t}$ 表示未观测到的残差项。

本章引入的部分核心解释变量为省级宏观数据，不仅与时间有关，也取决于企业的所在地，则上述双向固定效应回归模型变为：

$$fa_{i,t} = \alpha Macro_{i,t} + \beta Contral_{i,t} + \mu_i + Industry_{i,t} + Quarter_t + c + \varepsilon_{i,t}$$

(4.15)

其中 $Macro_{i,t}$ 由企业个体和时间二者共同确定，其余部分与式（4.14）相同。

4.3 宏观因素驱动企业金融化的实证分析

4.3.1 宏观经济景气度的驱动效应

表4-5汇报了基于模型（4.14）的宏观经济景气度驱动中国企业金融化实证分析结果，选取的代理变量包括经济增速，经济周期和宏观经济景气指数。本章所有回归均对企业固定效应、季节固定效应和行业固定效应进行控制，并引入多个企业层面控制变量。列（1）结果显示经济增长速度（gdp）回归系数为0.3414，在1%的置信水平下为负，说明经济增速下降一个标准差（3.6529）会导致中国企业持有金融资产比例提高1.2471%，经济增速下行对企业金融化水平具有显著促进作用，在经济增长乏力期间实体企业会加强金融资产配置；列（2）中经济周期（$gdpcycle$）回归系数为-0.1761，且在1%置信水平下显著为负，表明经济周期指标降低一个标准差（2.1621）会造成中国企业金融化水平提高0.3807%，在经济周期收缩阶段企业更偏好金融资产投资；列（3）回归结果显示宏观经济景气指数

（macroindex）的回归系数为−0.1036，在1%置信水平下显著为负，表明宏观景气指数降低一个标准差（4.908）对中国企业金融化水平具有0.5085%的正面影响，宏观经济景气指数下行对实体企业金融化水平具有显著促进作用。

以上三组实证回归结果均表明中国宏观经济景气度下行对企业金融化水平具有显著促进作用，而宏观经济繁荣会抑制企业金融化，二者呈反向变动关系，该结论支持假设H4.1b，同时反对假设H4.1a。结合本章4.1节的理论分析结论，造成以上现象的原因在于：第一，宏观经济景气度下行会降低企业实体投资收益率，提升金融资产投资的吸引力，所以实体企业基于利润追逐动机买入金融资产，提高金融化水平；第二，宏观经济萧条周期内企业面临的宏观经济不确定性增加，经营风险上行，导致企业预防性储蓄动机增强，增持金融资产作为流动性储备。在宏观经济景气度上行时实体企业基于以上两个逻辑减持金融资产，形成H4.1b中企业金融化水平与宏观经济景气度反向变动的结论。需要特别指出的是，以上结论并不意味着表4−1中宏观经济景气度下行抑制企业金融化水平的作用渠道不存在，金融资产运作是企业基于利润追逐和预防性储蓄双重动机考虑宏观经济景气度变化对企业经营造成的影响后做出的综合决策，该分析思路对各类宏观因素驱动企业金融化水平的研究结论均适用，后文不再赘述。本节基于宏观经济景气指数的研究结论是对现有研究的补充，关于经济增速和经济周期的研究成果与黄送钦（2018）的研究结论一致，但与胡奕明等（2017）的研究结论存在一定差异，主要原因可能在于不同的样本区间、变量测度方法和模型构建方式。

表4−5中控制变量回归系数能体现微观企业层面内部因素对其金融化水平的驱动效应。更大公司规模（size）、更低资产负债率（lev）、更好成长性（tobinq）和更多公司自由现金流（fcff）均对企业金融化程度具有显著促进效果，原因在于抗风险能力较强、资产负债结构良好、发展前景广阔、现金流充沛且稳定的企业具有更强参与金融资产投资的能力；更高的有形资产比率（tangibility）代表企业侧重于主营业务发展，倾向于进行固定资产投资而较少投资金融资产；较高的资产周转率（turnover）表明公司利用资产效率较高，主营业务投资回报率高，企业会将更多资源投入主营业务而非进行金融投资；在公司治理层面，企业董事长和总经理是否为同一人（uni）对企业金融化程度影响不显著，而更低的第一大股东持股比例（top1）对实体企业金融化水平具有显著促进作用。三组回归的调整后R^2分

别为 0.5743、0.5585 和 0.5602，这表明本章引入的自变量能解释中国企业金融化水平变动的 50% 以上，模型具有较强解释能力。以上关于控制变量系数和回归方程可决系数的相关结论在本章多次回归中基本相同，后文不再赘述。

表 4-5   宏观经济景气度对企业金融化的驱动效应

因变量	(1) fa	(2) fa	(3) fa
gdp	-0.3414*** (-26.0196)		
gdpcycle		-0.1761*** (-18.2106)	
macroindex			-0.1036*** (-20.5649)
size	0.1597 (1.3193)	1.0831*** (9.0776)	0.9256*** (7.8306)
lev	-0.0336*** (-5.8488)	-0.0404*** (-6.7873)	-0.0390*** (-6.5916)
tangibility	-0.0652*** (-9.5082)	-0.0692*** (-9.8037)	-0.0698*** (-9.9203)
tobinq	0.3023*** (5.6066)	0.3923*** (7.0450)	0.3523*** (6.3694)
fcff	3.7835*** (15.2178)	4.3147*** (16.9166)	4.1382*** (16.3713)
uni	-0.1219 (-0.7821)	-0.1318 (-0.8196)	-0.1351 (-0.8434)
top1	-0.0321*** (-3.3368)	-0.0510*** (-5.2552)	-0.0494*** (-5.1042)
turnover	-1.5814*** (-7.0908)	-1.8359*** (-7.9305)	-1.8068*** (-7.8626)
Constant	7.1477** (2.3733)	-15.1037*** (-5.1217)	-1.3366 (-0.4522)
企业固定效应	是	是	是
季节固定效应	是	是	是

因变量	（1） *fa*	（2） *fa*	（3） *fa*
行业固定效应	是	是	是
观测量	116446	116446	116446
企业个数	3786	3786	3786
adj. R^2	0.5743	0.5585	0.5602

注：***、**和*分别表示在1%、5%和10%置信水平下显著，使用聚类到企业层面的稳健标准误，括号内为 *t* 统计量。

4.3.2　实体经济生产经营情况的驱动效应

表4-6汇报了实体经济生产经营情况驱动中国企业金融化的实证分析结果，选取的代理变量分别为采购经理指数，工业出厂品价格指数和工业企业景气指数。列（1）结果显示采购经理指数（*pmi*）的回归系数为－0.1385，在1%置信水平下显著，表明采购经理指数下降一个标准差（2.0276）会提高0.2808%的企业金融化水平，实体经济生产经营活动收缩对企业金融资产投资具有显著促进作用；列（2）结果中工业出厂品价格指数（*ppi*）的回归系数为－0.0471，在1%置信水平下显著为负，说明工业出厂品价格降低一个标准差（4.0687）能提高0.1916%的企业金融化水平，工业产成品价格下行对实体企业金融资产投资具有促进作用；列（3）显示工业企业景气指数（*industrialindex*）的回归系数为－0.0093，在1%置信水平下显著，表明工业企业景气程度下降一个标准差（9.3832）能提高0.0873%的企业金融化水平，工业企业景气度下行会促进实体企业金融资产投资。

以上三组回归一致表明中国实体经济生产经营活动收缩对企业金融化具有显著促进作用，二者呈反向变动关系，这支持假设H4.2b，同时反对假设H4.2a。结合本章4.1节的理论分析结论，形成以上现象的原因在于：第一，实体经济生产经营活动收缩阶段实体企业盈利能力降低，实体投资收益率下行，主营业务投资需求减少，企业出于利润追逐动机减少实体投资而增持金融资产；第二，恶化的生产经营情况会提高实体企业经营风险，持有金融资产抵御未来不确定性的需求增强，企业会基于预防性储蓄动机增持金融资产作为流动性储备。在实体经济生产经营活动扩张期间，企业基于以上两个逻辑减持金融资产，从而形成中国企业金融化水平与实体经济生产经营情况呈负相关的现象。本节关于 PMI、PPI 和工业企业景气指数的研究成果均是对现有文献的完善和补充，其中从 PPI 出发的实证分析结论与王国刚（2018）的定性分析结果一致，本节研究为实体经济生产经营活动收缩会刺激企业进行金融资产投资这一假说提供了经验证据。

表 4-6　实体经济生产经营情况对企业金融化的驱动效应

因变量	（1） fa	（2） fa	（3） fa
pmi	−0.1385 *** （−11.9180）		
ppi		−0.0471 *** （−8.6529）	
$industrialindex$			−0.0093 *** （−4.8882）
$size$	0.9596 *** （8.0433）	1.0424 *** （8.7731）	1.0542 *** （8.8655）
lev	−0.0382 *** （−6.4524）	−0.0396 *** （−6.6503）	−0.0394 *** （−6.6299）
$tangibility$	−0.0681 *** （−9.7057）	−0.0693 *** （−9.8167）	−0.0689 *** （−9.7630）
$tobinq$	0.3999 *** （7.1417）	0.3690 *** （6.6233）	0.3815 *** （6.8571）
$fcff$	4.2121 *** （16.4952）	4.2289 *** （16.6220）	4.3415 *** （16.9835）
uni	−0.1366 （−0.8511）	−0.1363 （−0.8466）	−0.1349 （−0.8379）
$top1$	−0.0499 *** （−5.1491）	−0.0519 *** （−5.3515）	−0.0514 *** （−5.2976）
$turnover$	−1.9501 *** （−8.4270）	−1.8472 *** （−7.9629）	−1.8936 *** （−8.1761）
$Constant$	−5.3042 * （−1.7366）	−9.1985 *** （−3.1032）	−13.1563 *** （−4.4822）
企业固定效应	是	是	是
季节固定效应	是	是	是

续表

因变量	（1） fa	（2） fa	（3） fa
行业固定效应	是	是	是
观测量	116446	116446	116446
企业个数	3786	3786	3786
adj. R^2	0.5573	0.5566	0.5561

注：***、**和*分别表示在1%、5%和10%置信水平下显著，使用聚类到企业层面的稳健标准误，括号内为 t 统计量。

4.3.3　货币政策环境的驱动效应

表4-7汇报了货币政策环境驱动中国企业金融化的实证分析结果，选取的代理变量包括加权金融机构存款准备金率，银行间同业拆借利率和广义货币供应量。需要特别说明的是，存款准备金率和银行间同业拆借利率提高代表货币政策紧缩，二者数值与货币环境宽松程度呈反向关系，而广义货币供应量与货币环境宽松程度成正比。列（1）回归结果显示存款准备金率的回归系数为-0.4173，在1%置信水平下显著，说明存款准备金率降低一个标准差（2.8849）会提升1.2039%的企业金融化水平，运用宽松的数量型货币工具对企业金融化具有显著促进作用；列（2）汇报的结果显示银行间同业拆借利率回归系数为-0.9472，在1%置信水平下显著，表明银行间同业拆借利率降低一个标准差（0.6740）能对企业金融化水平产生0.6384%的促进作用，宽松的价格型货币政策工具能显著刺激实体企业金融资产投资；列（3）中广义货币供给量（m_2）回归系数为2.9024，在1%置信水平下显著为正，表明市场中货币供应量增加一个标准差（0.5363）能提升1.5566%的企业金融化水平，充裕的货币供给对实体企业金融资产投资具有促进作用。

尽管列（1）、列（2）与列（3）的核心解释变量回归系数符号不一致，但都揭示出中国宽松的货币政策环境对企业金融化水平具有显著促进作用，而货币政策环境紧缩能抑制企业金融化，这支持假设H4.3a，同时反对假设H4.3b，表明企业金融化水平与货币政策环境宽松程度呈同向变动关系。结合本章4.1节的理论分析结论，形成以上现象的原因在于：第一，宽松的货币环境中无风险利率下行，金融资产价格具备上涨预期，企业出于获取资本利得的利润追逐动机增持金融资产；第二，货币环境宽松能降低实体企业融资约束，为金融资产投资提供更多可用资金，导致企业增持金融资产；第三，宽松的货币政策能提高企业融资能力，企业出于预防性储蓄动机在流动性充裕时提前增持金融资产作为流动性储备应对未来可能发生的不确定性。当处于紧缩货币政策环境时，实体企业基于以上三个逻辑减持金融资产，降低其金融化水平，从而形成中国企业金融化水平与货币政策环境宽松程度呈负相关的现象。本节关于存款准备金率和银行间同业拆借利率的研究结论是对现有文献的补充，关于广义货币供应量的研究结论与傅代国和杨昌安（2019）的研究成果一致，但与孙华妤等（2021）研究所得结论存在差异，这可能与不同研究之间变量选取和模型设定的差异有关。

表4-7　货币政策环境对企业金融化的驱动效应

因变量	（1） fa	（2） fa	（3） fa
reserve	−0.4173*** (−24.0503)		
interbank		−0.9472*** (−21.6374)	
m_2			2.9024*** (14.9817)
size	0.5966*** (5.0597)	1.0056*** (8.4727)	−0.4445*** (−2.8617)
lev	−0.0419*** (−7.1536)	−0.0424*** (−7.1399)	−0.0241*** (−4.1559)
tangibility	−0.0731*** (−10.3352)	−0.0723*** (−10.2335)	−0.0621*** (−9.2308)
tobinq	0.3823*** (6.9441)	0.3201*** (5.6938)	0.1662*** (3.0656)
fcff	3.9136*** (15.6011)	4.3956*** (17.2736)	3.7154*** (14.6937)
uni	−0.0310 (−0.2006)	−0.0903 (−0.5696)	−0.1617 (−1.0280)
top1	−0.0213** (−2.1911)	−0.0432*** (−4.4735)	−0.0291*** (−2.9957)

续表

因变量	(1) *fa*	(2) *fa*	(3) *fa*
turnover	-1.6825*** (-7.3172)	-1.6659*** (-7.1783)	-1.6056*** (-7.2044)
Constant	1.3068 (0.4417)	-11.0362*** (-3.7786)	-15.5196*** (-5.3028)
企业固定效应	是	是	是
季节固定效应	是	是	是
行业固定效应	是	是	是
观测量	116446	116446	116446
企业个数	3786	3786	3786
adj. R^2	0.5765	0.5630	0.5687

注：***、**和*分别表示在1%、5%和10%置信水平下显著，使用聚类到企业层面的稳健标准误，括号内为 *t* 统计量。

4.3.4　资本市场繁荣度的驱动效应

表4-8汇报了资本市场繁荣度驱动中国企业金融化的实证分析结果，选用的代理变量包括全国主要监控城市地价水平、沪深两市股票市场收益率和沪深两市股票市场成交量，分别从长期风险资产和短期风险资产价格以及资产交易的活跃度三个角度反映资本市场的繁荣程度。列（1）回归结果显示地价水平回归系数为7.9316，在1%置信水平下显著为正，表明主要城市地价上涨一个标准差（0.2043）会提升1.6204%的实体企业金融化程度，房地产价格上涨对企业金融投资具有显著促进作用；列（2）显示股票投资收益率回归系数为0.0067，在1%置信水平下显著，说明股票收益率提升一个标准差（12.0503）能对企业金融化水平造成0.0807%促进作用，更高的股票投资收益率对企业金融资产投资具有显著正面影响；列（3）中股票市场成交量（*volumn*）系数为1.5611，且在1%置信水平下显著，意味着沪深两市成交量上升一个标准差（0.8917）能提高1.392%的企业金融化水平，股票市场交易活跃度提升对实体企业金融化水平具有显著促进作用。

以上三组回归结果均表明繁荣的资本市场对企业金融化具有显著促进作用，这支持假设H4.4a，反对假设H4.4b，表明企业金融化水平与资本市场繁荣度呈同向变动关系。结合本章4.1节的理论分析结论，形成以上现象的原因在于：第一，资本市场繁荣能强化金融资产增值预期，企业出于获取投资收益的动机积极参与金融投资；第二，资本市场繁荣期内实体企业融资约束降低，融资渠道扩宽，用于金融资产投资的可用资金增多，加强企业投资金融资产的能力；第三，资本市场繁荣期实体企业融资能力提升，出于预防未来不确定性动机在自身现金流充裕时提前储备金融资产。当资本市场萧条时，企业基于上述三个逻辑减持金融资产，从而形成中国企业金融化水平与资本市场繁荣度呈负相关的现象。本节研究中关于股票市场收益率和成交量的研究结论是对现有文献的丰富，关于房地产价格驱动企业金融化部分的结论支持王慧等（2021）的研究成果。

表4-8　资本市场繁荣度对企业金融化的驱动效应

因变量	(1) fa	(2) fa	(3) fa
$houseprice$	7.9316*** (16.7756)		
$equityreturn$		0.0067*** (6.1253)	
$volumn$			1.5611*** (16.4273)
$size$	−0.6535*** (−4.1823)	1.0690*** (8.9695)	−0.4031*** (−2.7993)
lev	−0.0227*** (−3.9385)	−0.0398*** (−6.6789)	−0.0257*** (−4.4406)
$tangibility$	−0.0610*** (−9.0701)	−0.0689*** (−9.7694)	−0.0679*** (−9.9746)
$tobinq$	0.1723*** (3.2097)	0.3762*** (6.6388)	0.0326 (0.5623)
$fcff$	3.6043*** (14.2829)	4.3479*** (17.0160)	3.8937*** (15.4937)
uni	−0.1505 (−0.9636)	−0.1333 (−0.8287)	−0.1494 (−0.9511)
$top1$	−0.0228** (−2.3354)	−0.0515*** (−5.3120)	−0.0273*** (−2.8189)

续表

因变量	(1) fa	(2) fa	(3) fa
turnover	−1.6472***	−1.9015***	−1.4006***
	(−7.3792)	(−8.1793)	(−6.2807)
Constant	−41.9651***	−14.6333***	2.6431
	(−12.6064)	(−4.9666)	(0.8579)
企业固定效应	是	是	是
季节固定效应	是	是	是
行业固定效应	是	是	是
观测量	116446	116446	116446
企业个数	3786	3786	3786
adj. R^2	0.5724	0.5561	0.5692

注：＊＊＊、＊＊和＊分别表示在1%、5%和10%置信水平下显著，使用聚类到企业层面的稳健标准误，括号内为 t 统计量。

4.4　稳健性检验和内生性分析

前文对各维度宏观驱动因素均选取三个代理变量进行实证研究，试图缓解变量选择对实证分析结果的影响。为进一步增强本章实证结果稳健性，本节采用以下方法进行稳健性检验：（1）使用省级核心解释变量；（2）替换核心解释变量测度方法；（3）区分金融资产投资期限；（4）替换被解释变量测度方法；（5）剔除样本期内特殊阶段。

为尽量缓解模型中可能存在的内生性问题，前文通过在回归方程中控制企业个体、季节和行业固定效应，同时引入多个企业层面控制变量，避免由遗漏变量引起的内生性问题；另外，本章核心解释变量为宏观维度经济变量，被解释变量为企业维度财务数据，存在反向因果的可能性较低。为进一步缓解模型中可能潜在的内生性问题，增强研究结论可信度，本节采用以下方法进行内生性分析：（1）构建动态面板模型；（2）考虑被解释变量截尾分布；（3）使用工具变量法；（4）对解释变量进行滞后处理；（5）考虑外生政策冲击和自然实验。

4.4.1 稳健性检验

4.4.1.1 使用省级核心解释变量

本章核心研究问题是宏观因素对中国企业金融化水平的驱动效应，模型中核心解释变量为全国维度宏观变量，尽管这是经典文献中的通常做法（胡奕明等，2017；彭俞超等，2018a；刘贯春等，2020），但仍可能存在核心解释变量变异程度不足的问题。通过提升宏观解释变量颗粒度可以缓解以上问题，但出于以下两个方面原因难以实施：第一，部分宏观变量没有在省级层面进行编制和统计，以采购经理指数为例，广东省曾于2011年底发布全国首个省级PMI，但目前已经停止相关统计和发布工作，导致本章只能使用全国层面PMI作为实体经济生产经营情况的代理变量；第二，部分宏观变量对全国企业具有同质性影响，例如实体企业对股票等金融资产的投资活动不受到个体特征影响，也就无法提高解释变量颗粒度。

为克服上述潜在问题，本节将省级GDP同比增长率（$gdplocal$）、省级工业品出厂价格指数（$ppilocal$）、省级社会融资规模自然对数（$tsflocal$）和省级商品房销售额自然对数（$housinglocal$）分别作为宏观经济景气度、实体经济生产经营情况、货币政策环境和资本市场繁荣度的代理变量，对双向固定效应模型（4.15）进行估计。表4-9展示了使用省级宏观数据作为核心解释变量的估计结果，$gdplocal$、$ppilocal$、$tsflocal$和$housinglocal$的回归系数分别为-0.258、-0.0321、3.0562和1.282，均在1%置信水平下显著，表明企业所处省份的经济增速下行、工业品出厂价格降低、社会融资规模扩大和商品房销售额提升均对当地企业金融化水平具有显著促进作用。

使用省级核心解释变量从而提高宏观经济变量的颗粒度会降低各核心解释变量之间的相关性，缓解可能存在的多重共线性问题，所以本节进一步将四个宏观驱动因素同时引入回归方程进行估计。表4-9中列（5）的估计结果显示$gdplocal$、$ppilocal$、$tsflocal$和$housinglocal$的回归系数分别为-0.2319、-0.0665、1.4017和1.7943，均在1%置信水平下显著，表明企业金融化水平受到所在省份经济增速下行、工业品出厂价格降低、社会融资规模扩大和商品房销售额提升的促进作用。

以上实证结果均表明宏观经济景气度下行、实体经济生产经营活动收缩、货币政策环境宽松和资本市场繁荣度提高对中国企业金融化具有显著促进作用，该研究结论与前文一致，说明本章所得结论对核心解释变量的测度层次具有稳健性，且同时将多个宏观驱动因素引入方程进行实证分析不改变本章研究结论。

表4-9 使用省级宏观变量探究企业金融化的宏观驱动效应

因变量	（1） fa	（2） fa	（3） fa	（4） fa	（5） fa
gdplocal	−0.2580*** （−22.0492）				−0.2319*** （−19.4979）
ppilocal		−0.0321*** （−7.0981）			−0.0665*** （−8.8753）
tsflocal			3.0562*** （22.1030）		1.4017*** （12.0529）
housinglocal				1.2820*** （11.4102）	1.7943*** （13.2955）
size	0.2702** （2.2229）	1.0479*** （8.8031）	0.6978*** （3.9811）	0.2932** （2.1029）	−0.0066 （−0.0352）
lev	−0.0336*** （−5.7705）	−0.0396*** （−6.6539）	−0.0332*** （−5.1737）	−0.0314*** （−5.3228）	−0.0297*** （−4.6551）
tangibility	−0.0667*** （−9.5903）	−0.0691*** （−9.7902）	−0.0555*** （−6.5716）	−0.0654*** （−9.5417）	−0.0558*** （−6.6113）
tobinq	0.3140*** （5.7746）	0.3790*** （6.8129）	0.2962*** （5.0671）	0.2637*** （4.8282）	0.2304*** （3.9515）
fcff	3.8613*** （15.4519）	4.2753*** （16.8431）	4.1235*** （12.6300）	4.0815*** （16.1084）	3.9029*** （12.0411）
uni	−0.1214 （−0.7758）	−0.1329 （−0.8258）	−0.1691 （−0.9280）	−0.1417 （−0.8916）	−0.1426 （−0.8036）
top1	−0.0342*** （−3.5307）	−0.0516*** （−5.3215）	−0.0282** （−2.3442）	−0.0416*** （−4.2793）	−0.0079 （−0.6582）
turnover	−1.6255*** （−7.1637）	−1.8703*** （−8.0761）	−1.6049*** （−6.5832）	−1.7720*** （−7.8411）	−1.3288*** （−5.5347）
Constant	4.3217 （1.4333）	−10.8857*** （−3.6297）	−33.4420*** （−7.4971）	−5.8987* （−1.9402）	−9.3630** （−2.1065）
企业固定效应	是	是	是	是	是
季节固定效应	是	是	是	是	是

续表

因变量	（1） fa	（2） fa	（3） fa	（4） fa	（5） fa
行业固定效应	是	是	是	是	是
观测量	116446	116446	73495	116446	73495
企业个数	3786	3786	3768	3786	3768
adj. R^2	0.5699	0.5555	0.6343	0.5609	0.6461

注：（1）＊＊＊、＊＊和＊分别表示在1%、5%和10%置信水平下显著，使用聚类到企业层面的稳健标准误，括号内为 t 统计量。

（2）省级社融数据（tsflocal）于2014年首次发布，导致观测量较少。

4.4.1.2 替换核心解释变量测度方法

本节对核心解释变量的测度方法进行替换以增强研究结论的稳健性，具体而言，鉴于本章考察的样本企业以制造业为主，选取第二产业产出同比增速（gdp2）作为宏观经济景气度代理变量；选取工业企业综合生产经营景气指数（businessindex）作为实体经济生产经营情况的代理变量；考虑到货币政策传导可能存在堵点，选取中国人民银行货币政策感受指数（monetaryindex）作为货币政策环境的代理变量，以反映银行家对货币政策宽松程度的主观感受；选取国房景气指数（houseindex）以及剔除创业板和科创板的股票收益率（equityreturn2）反映资本市场繁荣度情况。表4-10展示了替换核心变量测度方法之后各宏观因素对中国企业金融化的驱动效应，结果显示 gdp2、businessindex、monetaryindex、houseindex 和 equityreturn2 的回归系数分别为 -0.2798、-0.460、0.0637、0.0831、0.0062，且均在1%的置信水平下显著，表明宏观经济景气度下行、实体经济生产经营活动收缩、货币政策环境宽松和资本市场繁荣度提高均对企业金融化水平具有显著促进作用，与前文结论保持一致，说明本章研究结论对核心解释变量不同测度方法具有稳健性。

表4-10 替换解释变量测度方法探究企业金融化的宏观驱动效应

因变量	（1） fa	（2） fa	（3） fa	（4） fa	（5） fa
gdp2	-0.2798＊＊＊ （-24.8413）				

因变量	（1） *fa*	（2） *fa*	（3） *fa*	（4） *fa*	（5） *fa*
businessindex		−0.0460 *** （−16.9075）			
monetaryindex			0.0637 *** （25.8698）		
houseindex				0.0831 *** （9.2010）	
*equityreturn*2					0.0062 *** （5.6483）
size	0.1310 （1.0786）	0.8164 *** （6.9022）	0.8799 *** （7.4767）	1.0822 *** （9.0760）	1.0692 *** （8.9707）
lev	−0.0325 *** （−5.6511）	−0.0371 *** （−6.2928）	−0.0406 *** （−6.8678）	−0.0404 *** （−6.8014）	−0.0397 *** （−6.6767）
tangibility	−0.0661 *** （−9.6372）	−0.0694 *** （−9.9011）	−0.0703 *** （−10.0021）	−0.0686 *** （−9.7043）	−0.0689 *** （−9.7663）
tobinq	0.2941 *** （5.4578）	0.3463 *** （6.2942）	0.3008 *** （5.3830）	0.4064 *** （7.3074）	0.3776 *** （6.6698）
fcff	3.7308 *** （14.9650）	4.1452 *** （16.3170）	4.2723 *** （16.8936）	4.4965 *** （17.4402）	4.3491 *** （17.0186）
uni	−0.1271 （−0.8144）	−0.1376 （−0.8599）	−0.1064 （−0.6716）	−0.1172 （−0.7317）	−0.1333 （−0.8286）
*top*1	−0.0318 *** （−3.3148）	−0.0474 *** （−4.9055）	−0.0444 *** （−4.6121）	−0.0480 *** （−4.9469）	−0.0515 *** （−5.3093）
turnover	−1.5727 *** （−7.0468）	−1.7514 *** （−7.6529）	−1.6902 *** （−7.3652）	−1.9823 *** （−8.5354）	−1.9034 *** （−8.1873）
Constant	7.3138 ** （2.4227）	−3.5252 （−1.1882）	−13.7723 *** （−4.7075）	−23.4186 *** （−7.4625）	−14.6389 *** （−4.9682）
企业固定效应	是	是	是	是	是
季节固定效应	是	是	是	是	是
行业固定效应	是	是	是	是	是
观测量	116446	116446	116446	116446	116446
企业个数	3786	3786	3786	3786	3786

因变量	(1) fa	(2) fa	(3) fa	(4) fa	(5) fa
adj. R^2	0.5721	0.5584	0.5630	0.5556	0.5550

注：***、**和*分别表示在1%、5%和10%置信水平下显著，使用聚类到企业层面的稳健标准误，括号内为 t 统计量。

4.4.1.3 区分金融资产投资期限

金融资产投资期限的差别可能导致其受到宏观因素的驱动效应存在差异，本节将交易性金融资产划为短期金融资产（$fashort$），其余划为长期金融资产（$falong$），根据投资期限差异对金融资产进行分组回归，研究宏观因素对不同期限金融资产的驱动效应是否一致。本节并不是对样本进行分组回归，而是对因变量进行替换，所以使用似无相关回归方法（Seemingly Unrelated Regressions）判断组间系数差异的显著性，并对检验的卡方统计量（$Chi2$）和 P 值进行汇报。

表4-11展示了各维度宏观驱动因素对短期和长期金融资产进行回归的参数估计结果。列（1）显示短期和长期金融资产对经济增长（gdp）的回归系数分别为-0.2131和-0.1134，均在1%置信水平下显著，表明经济增速下滑会提高企业持有的短期和长期金融资产，宏观经济景气度下行对实体企业短期和长期金融资产投资均具有显著促进作用。gdp回归系数组间差异为0.0997（长期减短期金融资产，下同），在1%置信水平下显著为正，表明宏观经济景气度对短期金融资产的驱动效应显著强于长期金融资产。

列（2）结果表明短期和长期金融资产对采购经济指数（pmi）的回归系数分别为-0.0839和-0.0455，均在1%置信水平下显著，表明采购经理指数降低会增加企业持有的短期金融资产和长期金融资产，实体经济生产经营活动收缩对企业短期和长期金融资产投资均具有显著促进作用。pmi回归系数组间差异为0.0384，在1%置信水平下显著，表明实体经济生产经营情况对短期金融资产影响显著强于长期金融资产。

列（3）显示短期和长期金融资产对银行存款准备金率（$reserve$）的回归系数分别为-0.2418和-0.1605，均在1%置信水平下显著，说明降低存款准备金率会提高实体企业持有的短期金融资产和长期金融资产，货币政策环境宽松对企业进行短期金融资产和长期金融资产投资均具有显著促进效果。*reserve* 组间回归系数差异为 0.0813，在 1%置信水平下显著，表明货币政策环境变化对短期金融资产的影响显著强于长期金融资产。

列（4）显示短期金融资产和长期金融资产对房价水平（*houseprice*）的回归系数分别为 2.8374 和 4.9139，均在 1%置信水平下显著，表明房价水平提升会增加企业持有的短期金融资产和长期金融资产，繁荣的资本市场对企业短期金融资产和长期金融资产投资均具有显著促进效果。*houseprice* 的组间回归系数差异为 2.0765，在 1%置信水平下显著为正，表明资本市场繁荣度对长期金融资产的影响显著大于短期金融资产。

以上实证分析表明企业持有短期金融资产和长期金融资产均受到宏观经济景气度下行、实体经济生产经营活动收缩、货币政策宽松和资本市场繁荣度提高的显著促进作用，与前文结论一致，说明金融资产的投资期限不影响宏观因素对金融资产投资的驱动效应。从驱动效应的组间差异来看，宏观经济景气度、实体经济生产经营情况和货币政策环境的变化对短期金融资产的影响更强，而资本市场繁荣度波动对长期金融资产的影响更强，主要原因是中国房地产市场过度繁荣对企业长期金融资产投资的刺激作用（王慧等，2021）。

表 4-11 宏观变量对企业投资短期金融资产和长期金融资产的驱动效应

项目	（1）	（2）	（3）	（4）
短期金融资产				
因变量	*fashort*	*fashort*	*fashort*	*fashort*
gdp	−0.2131*** (−26.0671)			
pmi		−0.0839*** (−16.2749)		
reserve			−0.2418*** (−25.9350)	
houseprice				2.8374*** (14.3337)
size	−0.0409 (−1.0830)	0.4603*** (12.0671)	0.2529*** (7.2129)	−0.0895 (−1.5778)
lev	−0.0086*** (−4.7943)	−0.0115*** (−6.1276)	−0.0137*** (−7.2544)	−0.0063*** (−3.4391)

续表

项目	（1）	（2）	（3）	（4）
短期金融资产				
因变量	*fashort*	*fashort*	*fashort*	*fashort*
tangibility	−0.0097 ***	−0.0116 ***	−0.0145 ***	−0.0091 ***
	（−3.9267）	（−4.5710）	（−5.6712）	（−3.7098）
tobinq	0.0617 ***	0.1225 ***	0.1120 ***	0.0381
	（2.7060）	（5.1121）	（4.8836）	（1.5476）
fcff	0.5993 ***	0.8695 ***	0.7003 ***	0.6878 ***
	（5.4300）	（7.5560）	（6.3184）	（6.0221）
uni	−0.0491	−0.0582	0.0031	−0.0623
	（−0.6830）	（−0.7750）	（0.0433）	（−0.8428）
*top*1	−0.0040	−0.0152 ***	0.0014	−0.0059 *
	（−1.2854）	（−4.7039）	（0.4163）	（−1.8206）
turnover	−0.2341 ***	−0.4637 ***	−0.3079 ***	−0.3483 ***
	（−2.6929）	（−5.0122）	（−3.4635）	（−3.9635）
Constant	4.2383 ***	−3.7039 ***	−0.1207	−19.1395 ***
	（4.6160）	（−4.0503）	（−0.1469）	（−17.6534）
企业固定效应	是	是	是	是
季节固定效应	是	是	是	是
行业固定效应	是	是	是	是
观测量	116446	116446	116446	116446
企业个数	3786	3786	3786	3786
adj. R²	0.4025	0.3731	0.4018	0.3806
长期金融资产				
因变量	*falong*	*falong*	*falong*	*falong*
gdp	−0.1134 ***			
	（−12.1191）			
pmi		−0.0455 ***		
		（−4.8590）		
reserve			−0.1605 ***	
			（−11.9877）	

续表

项目	（1）	（2）	（3）	（4）
长期金融资产				
因变量	*falong*	*falong*	*falong*	*falong*
houseprice				4.9139*** （12.2540）
size	0.2150** （2.0690）	0.4812*** （4.7647）	0.3354*** （3.3184）	−0.5501*** （−4.1682）
lev	−0.0232*** （−4.7455）	−0.0247*** （−5.0031）	−0.0261*** （−5.3060）	−0.0147*** （−3.0271）
tangibility	−0.0514*** （−8.8885）	−0.0523*** （−8.9652）	−0.0542*** （−9.2611）	−0.0477*** （−8.4523）
tobinq	0.2120*** （4.9069）	0.2444*** （5.5327）	0.2383*** （5.4282）	0.1068** （2.5347）
fcff	3.0870*** （14.9016）	3.2300*** （15.4301）	3.1071*** （14.9039）	2.8115*** （13.5134）
uni	−0.0737 （−0.5827）	−0.0786 （−0.6175）	−0.0381 （−0.3022）	−0.0881 （−0.7043）
top1	−0.0290*** （−3.4656）	−0.0349*** （−4.1794）	−0.0239*** （−2.8193）	−0.0177** （−2.0854）
turnover	−1.2726*** （−6.8093）	−1.3950*** （−7.3584）	−1.2937*** （−6.8227）	−1.2156*** （−6.5298）
Constant	2.2878 （0.8671）	−1.8848 （−0.7107）	1.1812 （0.4548）	−21.8755*** （−7.5007）
企业固定效应	是	是	是	是
季节固定效应	是	是	是	是
行业固定效应	是	是	是	是
观测量	116446	116446	116446	116446
企业个数	3786	3786	3786	3786
adj. R²	0.6156	0.6123	0.6162	0.6229

续表

项目	（1）	（2）	（3）	（4）
核心解释变量组间回归系数差异				
变量	*gdp*	*pmi*	*reserve*	*houseprice*
系数差异	0. 0997 ***	0. 0384 ***	0. 0813 ***	2. 0765 ***
Chi2 值	287. 43	29. 28	189. 55	238. 01
P 值	0. 0000	0. 0000	0. 0000	0. 0000

注：（1）***、** 和 * 分别表示在 1%、5% 和 10% 置信水平下显著，使用聚类到企业层面的稳健标准误，括号内为 *t* 统计量。

（2）系数差异为长期金融资产减短期金融资产，显著性由似无相关估计计算，同时汇报了估计的 *P* 值和 *Chi2* 值。

4.4.1.4　替换被解释变量测度方法

现有文献中对于企业金融化水平测度方式仍存在分歧，本章参考张成思和郑宁（2020）与黄贤环等（2019）的研究测度中国企业金融化水平，分别记为 *fa*2 和 *fa*3，具体测度方法可见本书 3.1.3 节。

表 4-12 报告了替换被解释变量测度方法后的固定效应模型回归结果，以 *fa*2 作为因变量时经济增长（*gdp*）、采购经理指数（*pmi*）、存款准备金率（*reserve*）和房价水平（*houseprice*）的回归系数分别为 -0.3385、-0.1406、-0.409 和 7.7493，以 *fa*3 作为因变量时四个解释变量的回归系数分别为 -0.3899、-0.1362、-0.5518 和 9.1069，均在 1% 置信水平下显著。结果表明在替换企业金融化水平测度方式之后，宏观经济景气度下行、实体经济生产经营情况收缩、货币政策宽松和资本市场繁荣均对中国企业金融化水平具有显著促进作用，与前文所得结论一致，表明本章研究结论对被解释变量的测度方式具有稳健性。

表 4-12　替换被解释变量测度方法探究企业金融化的宏观驱动效应

因变量	（1） *fa*2	（2） *fa*2	（3） *fa*2	（4） *fa*2
gdp	-0. 3385 *** （-26. 0447）			
pmi		-0. 1406 *** （-12. 2214）		

续表

因变量	(1) fa2	(2) fa2	(3) fa2	(4) fa2
reserve			-0.4090*** (-23.8679)	
houseprice				7.7493*** (16.6519)
size	0.1127 (0.9616)	0.9033*** (7.8158)	0.5514*** (4.8071)	-0.6686*** (-4.4053)
lev	-0.0336*** (-5.9801)	-0.0381*** (-6.5788)	-0.0418*** (-7.2857)	-0.0231*** (-4.0953)
tangibility	-0.0643*** (-9.5521)	-0.0672*** (-9.7576)	-0.0721*** (-10.3810)	-0.0602*** (-9.1179)
tobinq	0.2971*** (5.6553)	0.3942*** (7.2224)	0.3765*** (7.0168)	0.1713*** (3.2689)
fcff	3.5851*** (14.7585)	4.0067*** (16.0733)	3.7192*** (15.1861)	3.4183*** (13.8165)
uni	-0.1618 (-1.0686)	-0.1764 (-1.1298)	-0.0728 (-0.4849)	-0.1899 (-1.2502)
top1	-0.0307*** (-3.2880)	-0.0483*** (-5.1317)	-0.0204** (-2.1596)	-0.0219** (-2.3085)
turnover	-1.5867*** (-7.2384)	-1.9529*** (-8.5932)	-1.6897*** (-7.4812)	-1.6560*** (-7.5360)
Constant	8.3715*** (2.8932)	-3.7537 (-1.2822)	2.3952 (0.8364)	-39.9296*** (-12.3461)
企业固定效应	是	是	是	是
季节固定效应	是	是	是	是
行业固定效应	是	是	是	是
观测量	116446	116446	116446	116446
企业个数	3786	3786	3786	3786
adj. R^2	0.5715	0.5538	0.5718	0.5691
因变量	fa3	fa3	fa3	fa3
gdp	-0.3899*** (-23.9352)			

续表

因变量	（1） fa2	（2） fa2	（3） fa2	（4） fa2
pmi		−0.1362*** (−8.8268)		
reserve			−0.5518*** (−24.7695)	
houseprice				9.1069*** (14.2309)
size	−0.4098** (−2.4321)	0.5212*** (3.2013)	0.0040 (0.0249)	−1.3490*** (−6.0943)
lev	−0.0288*** (−3.4035)	−0.0342*** (−3.9688)	−0.0387*** (−4.5564)	−0.0162* (−1.9120)
tangibility	−0.1165*** (−12.2588)	−0.1198*** (−12.3748)	−0.1263*** (−13.1047)	−0.1115*** (−11.9414)
tobinq	0.3167*** (4.8135)	0.4264*** (6.2719)	0.4071*** (6.1541)	0.1670** (2.5100)
fcff	7.7554*** (22.1013)	8.2679*** (23.0690)	7.8241*** (22.2894)	7.5461*** (21.4808)
uni	−0.2588 (−1.2469)	−0.2751 (−1.2914)	−0.1366 (−0.6705)	−0.2916 (−1.4062)
top1	−0.0630*** (−4.9119)	−0.0836*** (−6.4789)	−0.0453*** (−3.5170)	−0.0522*** (−4.0073)
turnover	−2.5593*** (−8.2615)	−2.9759*** (−9.2932)	−2.6316*** (−8.3084)	−2.6328*** (−8.5429)
Constant	24.5223*** (5.6905)	8.8121** (2.0309)	20.7276*** (4.9472)	−31.7364*** (−6.9841)
企业固定效应	是	是	是	是
季节固定效应	是	是	是	是
行业固定效应	是	是	是	是
观测量	116446	116446	116446	116446
企业个数	3786	3786	3786	3786
adj. R^2	0.6668	0.6552	0.6704	0.6657

注：＊＊＊、＊＊和＊分别表示在1%、5%和10%置信水平下显著，使用聚类到企业层面的稳健标准误，括号内为 t 统计量。

4.4.1.5 剔除样本期内特殊阶段

本章数据观测期间为 2007—2020 年，时间跨度较长，观测期内发生极端经济事件可能对实证结果造成影响。本节通过剔除 2008 年国际金融危机（2007—2009 年）和 2020 年新冠肺炎疫情（2020 年）共计四年观测值对模型（4.14）重新进行估计，试图消除极端经济事件对研究结论的影响。

表 4-13 中回归结果显示经济增长（gdp）、采购经理指数（pmi）、存款准备金率（reserve）和房价水平（houseprice）的回归系数分别为 -0.4958、-0.2727、-0.5098 和 10.1626，均在 1% 置信水平下显著，表明宏观经济景气度下降、实体经济生产经营活动收缩、货币政策宽松和资本市场繁荣度提高均对中国实体企业金融化水平具有显著促进作用，支持前文所得结论，说明观测期内存在的极端经济事件不改变本章研究结论。

表 4-13   剔除样本期内特殊阶段探究企业金融化的宏观驱动效应

因变量	(1) fa	(2) fa	(3) fa	(4) fa
gdp	-0.4958^{***} (-12.1188)			
pmi		-0.2727^{***} (-11.1512)		
reserve			-0.5098^{***} (-22.6635)	
houseprice				10.1626^{***} (18.2316)
size	0.3012^{*} (1.8567)	0.8695^{***} (5.9087)	-0.1162 (-0.7697)	-0.7698^{***} (-4.2889)
lev	-0.0247^{***} (-3.9416)	-0.0311^{***} (-4.9181)	-0.0267^{***} (-4.3562)	-0.0170^{***} (-2.7627)
tangibility	-0.0520^{***} (-7.4496)	-0.0508^{***} (-7.1756)	-0.0525^{***} (-7.5415)	-0.0522^{***} (-7.5784)
tobinq	0.3117^{***} (5.9421)	0.3875^{***} (7.2037)	0.2733^{***} (5.2217)	0.2201^{***} (4.2719)
fcff	3.2332^{***} (13.8478)	3.5874^{***} (15.5081)	3.4469^{***} (15.2760)	2.8414^{***} (12.4271)

因变量	（1） fa	（2） fa	（3） fa	（4） fa
uni	−0.0548 （−0.3450）	−0.0382 （−0.2374）	0.0293 （0.1893）	−0.0383 （−0.2478）
top1	−0.0270*** （−2.6675）	−0.0358*** （−3.4921）	−0.0050 （−0.4875）	−0.0007 （−0.0661）
turnover	−1.1242*** （−4.7253）	−1.3073*** （−5.3446）	−1.1784*** （−4.9023）	−1.0734*** （−4.5683）
Constant	3.6668 （0.8386）	1.2726 （0.2907）	16.8204*** （4.0827）	−60.4590*** （−13.9109）
企业固定效应	是	是	是	是
季节固定效应	是	是	是	是
行业固定效应	是	是	是	是
观测量	88518	88518	88518	88518
企业个数	3388	3388	3388	3388
adj. R^2	0.6088	0.6048	0.6225	0.6227

注：***、**和*分别表示在1%、5%和10%置信水平下显著，使用聚类到企业层面的稳健标准误，括号内为 t 统计量。

4.4.2 内生性分析

4.4.2.1 构建动态面板模型

企业金融资产投资行为具有连续性，当期投资可能受到上一期影响。为避免模型设定偏误所产生的内生性问题，本节参考刘贯春等（2020）关于企业金融投资受经济政策不确定性影响进行研究时的做法，将企业金融化水平的滞后一期作为解释变量引入方程，基于托宾 Q 动态投资模型建立如下动态面板回归方程：

$$fa_{i,t} = \xi fa_{i,t-1} + \alpha Macro_t + \beta Contral_{i,t} + \mu_i + Industry_{i,t} + Quarter_t + c + \varepsilon_{i,t} \tag{4.16}$$

其中，各变量含义与式（4.14）一致。

使用最小二乘法对式（4.16）进行估计的结果列示于表4-14，可以发现四组回归中企业金融化水平一阶滞后项（ $L1.fa$ ）回归系数分别为

0.8228、0.8287、0.8170 和 0.8213，且均在 1% 置信水平下显著，表明实体
企业上一期金融化水平对当期具有显著正向影响，企业金融资产投资行为
具有持续性。经济增长（ gdp ）、采购经理指数（ pmi ）、存款准备金率（ $reserve$ ）和房价水平（ $houseprice$ ）四个核心宏观驱动因素的回归系数分别
为 -0.0488、-0.0315、-0.1113 和 1.7033，均在 1% 置信水平下显著，说明
经济增速下滑、实体经济活动扩张、存款准备金率下调和房地产价格上涨
都能显著促进实体企业金融资产投资。四组回归的调整后可决系数均在
0.85 以上，较静态面板模型有明显提升，表明本节引入回归方程的自变量
能解释 85% 以上的因变量变动，引入企业金融化水平滞后项能提升模型的
解释能力，构建动态面板模型具有合理性。

　　Roodman（2009）指出将被解释变量滞后项引入方程可能导致最小二乘
法估计结果有偏和不一致，所以本节在汇报最小二乘法估计结果的基础
上，参考现有研究（彭俞超等，2018a；刘贯春等，2020）将企业金融化水
平和宏观驱动因素的滞后项作为 GMM 型工具变量，将行业哑变量和季节哑
变量设定为外生变量，其余变量均视为内生变量，并使用聚类到企业层面
的稳健标准误，采用 Arellano 和 Bond 提出的（1998）两阶段系统广义矩估
计方法（GMM）对动态面板模型（4.16）进行估计。值得一提的是，本节
通过引入被解释变量滞后项作为解释变量缓解模型（4.14）的内生性问
题，而使用两阶段系统 GMM 方法的目的在于对模型（4.16）的参数进行更
准确的估计。

　　表 4-14 中两阶段系统 GMM 方法的估计结果表明四组回归中企业金融
化水平滞后项系数分别为 0.6426、0.6185、0.7912 和 0.7327，均在 1% 置信
水平下显著为正，表明中国实体企业金融投资会受到其上期投资行为的影
响，企业金融化水平具有一定持续性。 gdp 、 pmi 、 $reserve$ 和 $houseprice$ 四个核
心宏观驱动因素的回归系数分别为 -0.0997、-0.1506、-0.2884 和
37.7658，均在至少 5% 置信水平下显著，表明经济增速下滑、实体经济萎
靡、存款准备金率下调和房地产价格上涨对企业金融化具有显著促进作用。
使用 GMM 方法要求差分方程误差项存在一阶自相关而不存在二阶自相
关，同时所选取工具变量联合有效，所以本节汇报一阶至二阶扰动项差分
自相关的 P 值 [AR （1）和 AR （2）] 和 $Hansen$ 过度识别约束检验的 P 值
（ $Hansen$ ）。检验结果显示表 4-14 中四组两阶段系统 GMM 回归的 AR （1）
均小于 0.1， AR （2）均大于 0.1，且 $Hansen$ 检验 P 值均大于 0.1，表明本
节 GMM 系数估计结果有效。

以上基于最小二乘法和两阶段系统 GMM 的估计结果一致表明，中国企业金融化受到宏观经济景气度下行、实体经济生产经营情况收缩、货币政策环境宽松和资本市场繁荣度提升的显著促进作用，与前文结论保持一致，说明通过将企业金融资产投资的持续性纳入研究框架缓解模型内生性问题不改变本章研究结论。

表 4-14　构建动态面板模型探究企业金融化的宏观驱动效应

因变量	（1） fa	（2） fa	（3） fa	（4） fa
最小二乘法估计				
L1.fa	0.8228*** （122.0817）	0.8287*** （127.5905）	0.8170*** （121.2993）	0.8213*** （124.9420）
gdp	-0.0488*** （-12.5330）			
pmi		-0.0315*** （-6.4741）		
reserve			-0.1113*** （-21.4597）	
houseprice				1.7033*** （15.0428）
size	0.1051*** （3.8567）	0.2043*** （8.0199）	0.0889*** （3.3448）	-0.1351*** （-3.7610）
lev	-0.0103*** （-7.2725）	-0.0106*** （-7.5078）	-0.0117*** （-8.0756）	-0.0075*** （-5.2632）
tangibility	-0.0157*** （-9.4272）	-0.0156*** （-9.4688）	-0.0175*** （-10.1405）	-0.0146*** （-8.8490）
tobinq	0.0677*** （5.1117）	0.0798*** （5.9804）	0.0733*** （5.4280）	0.0351*** （2.6388）
fcff	0.9818*** （8.6068）	1.0027*** （8.7732）	0.9854*** （8.6219）	0.9100*** （7.9750）
uni	-0.0230 （-0.5681）	-0.0254 （-0.6269）	-0.0003 （-0.0078）	-0.0286 （-0.7066）
top1	-0.0103*** （-4.6558）	-0.0125*** （-5.7108）	-0.0051** （-2.2763）	-0.0070*** （-3.1340）

续表

因变量	（1）	（2）	（3）	（4）
	fa	fa	fa	fa
turnover	−0.2787***	−0.3243***	−0.2861***	−0.2697***
	（−4.1687）	（−4.8546）	（−4.2014）	（−4.0193）
Constant	0.0872	−0.8183	1.7776**	−8.8733***
	（0.1255）	（−1.1573）	（2.5747）	（−11.9934）
企业固定效应	是	是	是	是
季节固定效应	是	是	是	是
行业固定效应	是	是	是	是
观测量	109159	109159	109159	109159
企业个数	3439	3439	3439	3439
adj. R^2	0.8533	0.8530	0.8543	0.8537
两阶段系统 GMM 估计				
L1. fa	0.6426***	0.6185***	0.7912***	0.7327***
	（6.4729）	（5.6411）	（18.1444）	（8.3016）
gdp	−0.0997***			
	（−2.6147）			
pmi		−0.1506**		
		（−2.4337）		
reserve			−0.2884***	
			（−3.0756）	
houseprice				37.7658**
				（2.5514）
size	1.5999	3.7667**	4.0830	−5.4311
	（0.5459）	（2.1267）	（1.2849）	（−0.7756）
lev	−0.5294*	−0.6416***	0.0471	0.1866
	（−1.9590）	（−4.3720）	（0.3320）	（0.8053）
tangibility	0.3180	0.2964*	−0.0159	0.3033
	（1.2416）	（1.6618）	（−0.0923）	（1.3075）
tobinq	0.2742	0.6204**	0.0698	3.6412***
	（0.7069）	（2.4945）	（0.1230）	（2.9076）
fcff	−0.6773	−0.4262	−1.8345	−5.7976
	（−0.1501）	（−0.3208）	（−0.8856）	（−1.4034）

续表

因变量	(1) fa	(2) fa	(3) fa	(4) fa
uni	−17.3584 (−0.8099)	−11.4140 (−1.0259)	4.8404 (0.6383)	−11.5996 (−0.5292)
top1	−0.3441 (−0.5859)	−0.3354 (−0.6989)	0.6783 (1.0641)	1.7336* (1.9514)
turnover	−2.4185 (−0.3585)	−4.4919 (−1.1645)	8.7013** (2.1101)	5.9307 (0.8395)
Constant	−3.4462 (−0.0384)	−40.8357 (−0.6990)	−111.2017 (−1.2310)	−273.2658** (−2.0845)
企业固定效应	是	是	是	是
季节固定效应	是	是	是	是
行业固定效应	是	是	是	是
观测量	109159	109159	109159	109159
企业个数	3439	3439	3439	3439
AR (1)	0.0000	0.0000	0.0000	0.0000
AR (2)	0.1811	0.9575	0.2323	0.1095
Hansen	0.2603	0.1951	0.1331	0.9807

注：＊＊＊、＊＊和＊分别表示在1%、5%和10%置信水平下显著，使用聚类到企业层面的稳健标准误，括号内为 t 统计量。

4.4.2.2 考虑被解释变量截尾分布

本章描述性统计结果显示企业金融化作为被解释变量存在大量零观测值，具有明显非对称性，表明中国企业金融化水平可能存在截尾分布，从而导致模型设定偏误产生内生性问题。本章使用固定效应 Tobit 模型考虑因变量观测值的截尾分布对估计结果的影响，具体模型设置如下：

$$\begin{cases} fa_{i,t}^* = \alpha Macro_t + \beta \sum Contral_{i,t} + \mu_i + Industry_{i,t} + Quarter_t + c + \varepsilon_{i,t} \\ fa_{i,t} = \max\{0, fa_{i,t}^*\} \end{cases}$$

$$(4.17)$$

其中，$fa_{i,t}^*$ 为企业期望持有金融资产的真实值，$fa_{i,t}$ 为企业持有金融资产在资产负债表中的观测值，其余设置与模型（4.14）相同。本章使用 Honoré（1992）提出的方法对模型进行半参数估计，从而解决传统估计方法在固定效应 Tobit 模型估计中有偏和不一致的问题。表 4-15 中回归结果显示经济增长（*gdp*）、采购经理指数（*pmi*）、银行存款准备金率（*reserve*）和房价水平（*houseprice*）的回归系数分别为 - 0.0722、- 0.0358、- 0.0959 和 2.2258，均在 1% 置信水平下显著，表明萧条的宏观经济、收缩的实体经济生产经营活动、宽松的货币政策环境和繁荣的资本市场对中国企业金融化水平均具有显著促进作用，与前文结论一致，说明将因变量可能存在的截尾分布纳入实证分析研究缓解内生性问题不会改变本章研究结论。

表 4-15　考虑因变量截尾分布探究企业金融化的宏观驱动效应

因变量	(1) *fa*	(2) *fa*	(3) *fa*	(4) *fa*
gdp	-0.0722 *** (-66.4061)			
pmi		-0.0358 *** (-22.4679)		
reserve			-0.0959 *** (-80.6936)	
houseprice				2.2258 *** (89.1441)
size	0.4148 *** (67.5116)	0.5758 *** (94.6323)	0.4894 *** (85.4064)	0.1303 *** (18.3344)
lev	-0.0012 *** (-4.1984)	-0.0023 *** (-7.6496)	-0.0029 *** (-10.2596)	0.0024 *** (8.4519)
tangibility	-0.0045 *** (-11.7409)	-0.0050 *** (-12.8619)	-0.0062 *** (-16.4848)	-0.0031 *** (-8.2382)
tobinq	0.1093 *** (32.7104)	0.1315 *** (38.2789)	0.1278 *** (38.7122)	0.0647 *** (19.8096)
fcff	0.6808 *** (27.3270)	0.7630 *** (29.7734)	0.6944 *** (28.2539)	0.5805 *** (23.8786)
uni	-0.0344 *** (-3.1993)	-0.0303 *** (-2.7448)	-0.0171 (-1.6036)	-0.0490 *** (-4.6555)
*top*1	-0.0163 *** (-33.9396)	-0.0205 *** (-41.6444)	-0.0136 *** (-28.4830)	-0.0112 *** (-23.6529)

因变量	(1) *fa*	(2) *fa*	(3) *fa*	(4) *fa*
turnover	−0.0934 *** (−5.4019)	−0.1708 *** (−9.6367)	−0.1246 *** (−7.3241)	−0.0697 *** (−4.1261)
Constant	−7.3305 *** (−45.5196)	−9.3434 *** (−49.7070)	−8.1077 *** (−52.9442)	−19.9350 *** (−107.8743)
企业固定效应	是	是	是	是
季节固定效应	是	是	是	是
行业固定效应	是	是	是	是
观测量	116446	116446	116446	116446
企业个数	3786	3786	3786	3786
Log likelihood	−85381.945	−87521.988	−84304.31	−83400.346

注：***、**和*分别表示在1%、5%和10%置信水平下显著，使用聚类到企业层面的稳健标准误，括号内为 *t* 统计量。由于 Tobit 模型的 R^2 无意义，此处汇报了估计的 *Log likelihood* 值。

4.4.2.3　工具变量法

参考刘贯春等（2020）关于企业金融化宏观驱动因素的研究中使用美国宏观数据作为工具变量的方法，本节选取美国季度 GDP 同比增速、PMI 指数、广义货币 M_2 供应量和房地产价格指数分别作为中国经济增速、PMI 指数、存款准备金率和房地产价格的工具变量，使用两阶段最小二乘法（2SLS）对模型进行估计，其中美国宏观经济数据来自 Wind 数据终端。选取美国宏观数据作为工具变量的原因在于：第一，文献普遍指出中美两国宏观经济各维度密切相关（彭斯达和陈继勇，2009；邓创和席旭文，2013），符合工具变量与核心解释变量之间的相关性要求；第二，美国宏观经济波动对中国企业金融投资产生的直接影响较弱，而主要通过影响中国宏观经济形势间接驱动中国实体企业金融化水平，故满足工具变量的外生性要求。表 4-16 中使用美国宏观数据作为工具变量的 2SLS 估计结果显示经济增长（*gdp*）、采购经理指数（*pmi*）、存款准备金率（*reserve*）和房价水平（*houseprice*）四个核心宏观驱动因素的回归系数分别为 −0.4075、−0.1876、−1.2469 和 16.7885，均在 1% 置信水平下显著，表明经济增速下滑、PMI 指数降低、存款准备金率下调和房地产价格上涨对中国实体企业金融投资具有显著促进作用。

为了避免工具变量选取方式对研究结论的影响，本节参考黄贤环等（2018）对实体企业"脱实向虚"研究中使用的方法，选取核心解释变量的一阶和两阶滞后项作为工具变量，运用 2SLS 进行参数估计。表 4-16 中实证结果显示使用宏观驱动因素的滞后项作为工具变量时，gdp、pmi、$reserve$ 和 $houseprice$ 的回归系数分别 -0.4489、-0.2447、-0.4818 和 8.3631，均在 1% 置信水平下显著，同样表明经济增速下滑、PMI 指数降低、存款准备金率下调和房地产价格上涨对中国企业金融化水平具有显著促进作用。

为保证工具变量的有效性，本书参考由 Cragg 和 Donald（1993）、Kleibergen 和 Paap（2006）和 Anderson 和 Rubin（1949）的研究分别对每一组工具变量回归进行不可识别检验（Underidentification Test）、弱工具变量检验（Weak Identification Test）和稳健弱识别推断（Weak-Instrument-Robust Inference），分别汇报了 $Kleibergen - Paap$ 似然比统计量的 P 值、$Cragg-Donald$ Wald 检验的 F 统计量和 $Anderson-Rubin$ Wald 检验的 P 值。三组检验统计量表明美国宏观数据和核心解释变量滞后项均是合格的工具变量，表 4-16 中由 2SLS 给出的参数估计结果有效。

以上实证分析均表明中国企业金融化水平受到宏观经济景气度下行、实体经济生产经营情况收缩、货币政策环境宽松和资本市场繁荣度提升的显著促进作用，与前文分析结果一致，说明使用工具变量法缓解内生性问题不改变本章研究结论。

表 4-16 使用工具变量法探究企业金融化的宏观驱动效应

因变量	(1) fa	(2) fa	(3) fa	(4) fa
使用美国宏观数据作为工具变量				
gdp	-0.4075 *** (-24.1861)			
pmi		-0.1876 *** (-9.4533)		
$reserve$			-1.2469 *** (-20.1173)	
$houseprice$				16.7885 *** (23.6678)

续表

因变量	(1) *fa*	(2) *fa*	(3) *fa*	(4) *fa*
size	−0.0163 (−0.1347)	0.9207*** (7.8620)	−0.3432** (−2.3327)	−2.5774*** (−13.2863)
lev	−0.0325*** (−5.6641)	−0.0377*** (−6.3741)	−0.0464*** (−7.4488)	−0.0038 (−0.6410)
tangibility	−0.0646*** (−9.3908)	−0.0679*** (−9.6615)	−0.0819*** (−10.2296)	−0.0523*** (−7.4491)
tobinq	0.2857*** (5.2583)	0.4041*** (7.2476)	0.3709*** (6.4675)	−0.0686 (−1.2264)
fcff	3.6727*** (14.8258)	4.1610*** (16.3283)	3.0334*** (11.1695)	2.7645*** (10.6593)
uni	−0.1197 (−0.7705)	−0.1378 (−0.8589)	0.1724 (1.0408)	−0.1697 (−1.0528)
top1	−0.0283*** (−2.9339)	−0.0493*** (−5.0901)	0.0386*** (3.4850)	0.0091 (0.8750)
turnover	−1.5156*** (−6.7443)	−1.9601*** (−8.5126)	−1.2069*** (−4.8418)	−1.3407*** (−5.6270)
Constant	11.3676*** (3.7740)	−1.9896 (−0.6565)	33.0458*** (8.0475)	−72.4548*** (−18.0397)
企业固定效应	是	是	是	是
季节固定效应	是	是	是	是
行业固定效应	是	是	是	是
观测量	116446	116446	116446	116446
企业个数	3786	3786	3786	3786
adj. R^2	0.5643	0.5568	0.5792	0.5850
Kleibergen−Paap	0.0000	0.0000	0.0000	0.0000
Cragg−Donald	52943.86	67052.90	16299.73	73270.67
Anderson−Rubin test	0.0000	0.0000	0.0000	0.0000
使用核心解释变量滞后项作为工具变量				
gdp	−0.4489*** (−24.6854)			

续表

因变量	(1) fa	(2) fa	(3) fa	(4) fa
pmi		-0.2447*** (-13.8682)		
reserve			-0.4818*** (-24.9453)	
houseprice				8.3631*** (17.0182)
size	-0.0584 (-0.4562)	0.9375*** (7.5814)	0.3600*** (2.9173)	-0.7153*** (-4.4218)
lev	-0.0298*** (-5.0327)	-0.0347*** (-5.6517)	-0.0379*** (-6.2994)	-0.0190*** (-3.1814)
tangibility	-0.0643*** (-8.9412)	-0.0674*** (-9.1240)	-0.0711*** (-9.6186)	-0.0598*** (-8.4571)
tobinq	0.2699*** (4.9861)	0.3868*** (6.8348)	0.3061*** (5.6005)	0.1493*** (2.7357)
fcff	2.7049*** (8.7286)	3.0454*** (9.6153)	2.9846*** (9.5640)	2.5498*** (8.1641)
uni	-0.0728 (-0.4413)	-0.1024 (-0.5981)	0.0066 (0.0403)	-0.1128 (-0.6779)
top1	-0.0278*** (-2.8528)	-0.0524*** (-5.3328)	-0.0186* (-1.8967)	-0.0239** (-2.4150)
turnover	-1.4104*** (-6.1310)	-1.9422*** (-8.1316)	-1.6496*** (-7.0262)	-1.5817*** (-6.8395)
Constant	12.5918*** (3.8641)	0.6747 (0.2053)	7.8190** (2.4623)	-43.9651*** (-12.4802)
企业固定效应	是	是	是	是
季节固定效应	是	是	是	是
行业固定效应	是	是	是	是
观测量	116446	116446	116446	116446
企业个数	3786	3786	3786	3786
adj. R^2	0.5829	0.5691	0.5918	0.5855
Kleibergen-Paap	0.0000	0.0000	0.0000	0.0000

续表

因变量	（1） fa	（2） fa	（3） fa	（4） fa
Cragg-Donald	43300.37	20780.74	1.5e+06	1.8e+07
Anderson-Rubin test	0.0000	0.0000	0.0000	0.0000

注：＊＊＊、＊＊和＊分别表示在1%、5%和10%置信水平下显著，使用聚类到企业层面的稳健标准误，括号内为 t 统计量。

4.4.2.4 对解释变量进行滞后处理

实证分析中可能存在的反向因果关系是内生性问题重要来源之一，本节对所有解释变量进行滞后一阶和两阶处理，强化解释变量和被解释变量之间的因果关系，试图缓解模型中可能存在的反向因果问题。

表4-17汇报了对所有解释变量进行一阶和两阶滞后处理后的固定效应估计结果，经济增长（gdp）、采购经理指数（pmi）、存款准备金率（reserve）和房价水平（houseprice）四个宏观驱动因素核心代理变量在滞后一期时的估计系数分别为-0.2968、-0.1832、-0.4263和8.0351，滞后两阶时的估计系数分别为-0.2590、-0.2037、-0.4253和8.2690，均在1%置信水平下显著。以上结果表明宏观经济景气度下行、实体经济生产经营活动收缩、货币政策环境宽松和资本市场繁荣度提升对中国企业金融资产投资具有显著促进作用，与前文所得实证结果一致，说明通过对解释变量进行滞后处理缓解内生性问题不改变本章研究结论。

表4-17 对解释变量进行滞后处理探究企业金融化宏观驱动效应

因变量	（1） fa	（2） fa	（3） fa	（4） fa
滞后一期				
L1. gdp	-0.2968＊＊＊ （-24.3868）			
L1. pmi		-0.1832＊＊＊ （-23.3655）		
L1. reserve			-0.4263＊＊＊ （-23.9301）	

续表

因变量	（1） *fa*	（2） *fa*	（3） *fa*	（4） *fa*
L1. *houseprice*				8.0351*** （16.7421）
L1. *size*	0.3206*** （2.6655）	0.9435*** （32.4236）	0.6600*** （5.5779）	−0.6720*** （−4.3070）
L1. *lev*	−0.0352*** （−5.9627）	−0.0388*** （−25.6065）	−0.0429*** （−7.1764）	−0.0226*** （−3.8279）
L1. *tangibility*	−0.0593*** （−8.5720）	−0.0612*** （−30.2402）	−0.0678*** （−9.5452）	−0.0543*** （−8.0468）
L1. *tobinq*	0.2376*** （4.5619）	0.3257*** （19.3319）	0.3114*** （5.8794）	0.0846 （1.6300）
L1. *fcff*	3.5699*** （13.2605）	3.8903*** （30.0621）	3.6173*** （13.3918）	3.3217*** （12.1980）
L1. *uni*	−0.0777 （−0.4834）	−0.0880 （−1.5738）	0.0166 （0.1044）	−0.1054 （−0.6590）
L1. *top*1	−0.0371*** （−3.7933）	−0.0505*** （−20.0471）	−0.0232** （−2.3513）	−0.0248** （−2.5006）
L1. *turnover*	−1.4253*** （−6.4509）	−1.7447*** （−19.4314）	−1.5082*** （−6.6315）	−1.4478*** （−6.5777）
Constant	4.8252 （1.5699）	−1.5913* （−1.6508）	1.1493 （0.3777）	−41.4748*** （−12.1210）
企业固定效应	是	是	是	是
季节固定效应	是	是	是	是
行业固定效应	是	是	是	是
观测量	109159	109159	109159	109159
企业个数	3439	3439	3439	3439
adj. R^2	0.5735	0.5614	0.5791	0.5763
滞后二期				
L2. *gdp*	−0.2590*** （−22.8562）			
L2. *pmi*		−0.2037*** （−26.1661）		

续表

因变量	(1) fa	(2) fa	(3) fa	(4) fa
L2. reserve			−0.4253*** (−23.7382)	
L2. houseprice				8.2690*** (17.1503)
L2. size	0.4750*** (3.9978)	0.9320*** (31.4028)	0.7438*** (6.3208)	−0.7138*** (−4.6391)
L2. lev	−0.0365*** (−6.1826)	−0.0393*** (−25.4684)	−0.0436*** (−7.2965)	−0.0227*** (−3.8640)
L2. tangibility	−0.0539*** (−7.8330)	−0.0554*** (−26.9477)	−0.0622*** (−8.8335)	−0.0485*** (−7.2732)
L2. tobinq	0.1840*** (3.5929)	0.2541*** (14.8184)	0.2528*** (4.8803)	0.0009 (0.0180)
L2. fcff	3.9582*** (15.1776)	4.1626*** (32.8513)	3.9716*** (15.2549)	3.5908*** (13.6324)
L2. uni	−0.0441 (−0.2691)	−0.0475 (−0.8395)	0.0558 (0.3448)	−0.0702 (−0.4336)
L2. top1	−0.0414*** (−4.1598)	−0.0507*** (−19.7117)	−0.0260*** (−2.5910)	−0.0254** (−2.5195)
L2. turnover	−1.2479*** (−5.7788)	−1.5018*** (−16.4699)	−1.2998*** (−5.8710)	−1.2257*** (−5.7351)
Constant	1.1790 (0.3839)	−0.3114 (−0.3174)	−0.6842 (−0.2234)	−42.4382*** (−12.2612)
企业固定效应	是	是	是	是
季节固定效应	是	是	是	是
行业固定效应	是	是	是	是
观测量	106177	106177	106177	106177
企业个数	3435	3435	3435	3435
adj. R^2	0.5732	0.5658	0.5817	0.5808

注: ***、**和*分别表示在1%、5%和10%置信水平下显著, 使用聚类到企业层面的稳健标准误, 括号内为 t 统计量。

4.4.2.5 考虑外生政策冲击和自然实验

宏观经济形势对企业金融资产投资行为的驱动效应可能受到外生政策冲击和其他自然实验的显著影响，现有模型的自变量中不包括重要外生政策冲击和其他自然实验的代理变量，可能造成回归方程的遗漏变量问题，从而导致模型存在内生性。为缓解上述内生性问题，本节通过生成哑变量将样本期内对企业金融化水平可能具有显著影响的外生政策冲击和自然实验引入模型。

本书 3.2.1 节的统计分析表明，样本期内中国企业金融化水平可能受到《上市公司募集资金管理和使用的监管要求》发布和供给侧结构性改革实施的政策影响，且在 2008 年国际金融危机和 2020 年新冠肺炎疫情暴发期间具有阶段性特征，本节基于上述两个外生政策冲击和两个自然实验生成哑变量引入模型，从而缓解内生性问题。具体而言，考虑中国证监会于 2012 年 12 月发布《上市公司募集资金管理和使用的监管要求》明确允许上市公司投资理财产品作为外生政策冲击，引入哑变量 $supervision$，在 2013 年第一季度及之后取 1，其余时间取 0；考虑 2015 年 11 月首次提出供给侧结构性改革作为外生政策冲击，引入哑变量 $reform$，在 2016 年第一季度及之后取 1，其余时间取 0；考虑 2008 年国际金融危机作为自然实验，引入哑变量 $crisis$，在 2007—2009 年取 1，其余时间取 0；考虑 2020 年新冠肺炎疫情作为自然实验，引入哑变量 $covid$，在 2020 年取 1，其余时间取 0。通过将上述四个哑变量引入回归方程，本节实现了对样本期内重要外生政策冲击和自然实验的控制，从而缓解了由遗漏变量带来的潜在内生性问题。

表 4-18 汇报了控制样本期内重要外生政策冲击和自然实验后的固定效应估计结果，经济增长（gdp）、采购经理指数（pmi）、存款准备金率（$reserve$）和房价水平（$houseprice$）四个宏观驱动因素核心代理变量的估计系数分别为 -0.0761、-0.0692、-0.3083、10.6324，均在 1% 置信水平下显著。上述结果表明，在考虑到样本期内存在的重要外生政策冲击和自然实验后，宏观经济景气度下行、实体经济生产经营活动收缩、货币政策环境宽松和资本市场繁荣度提升均对中国企业金融资产投资水平具有显著促进作用，与前文所得实证结果一致，说明通过在模型中控制外生政策冲击和自然实验的发生从而缓解内生性问题不改变本章研究结论。

表 4-18　考虑外生政策冲击和自然实验探究企业金融化的宏观驱动效应

因变量	(1) fa	(2) fa	(3) fa	(4) fa
gdp	−0.0761*** (−6.7115)			
pmi		−0.0692*** (−8.3168)		
reserve			−0.3083*** (−18.6292)	
houseprice				10.6324*** (18.2405)
size	−0.4163*** (−2.7599)	−0.4005*** (−2.6708)	−0.4584*** (−3.0539)	−0.6470*** (−4.1335)
lev	−0.0301*** (−5.2148)	−0.0302*** (−5.2442)	−0.0319*** (−5.5273)	−0.0288*** (−5.0159)
tangibility	−0.0656*** (−9.6470)	−0.0657*** (−9.6572)	−0.0673*** (−9.8501)	−0.0630*** (−9.2853)
tobinq	0.2299*** (4.2409)	0.2377*** (4.3416)	0.2030*** (3.7660)	0.2550*** (4.7121)
fcff	3.7090*** (14.7850)	3.7030*** (14.7394)	3.6397*** (14.6425)	3.3897*** (13.5137)
uni	−0.0813 (−0.5308)	−0.0791 (−0.5162)	−0.0562 (−0.3689)	−0.0717 (−0.4701)
top1	−0.0114 (−1.1675)	−0.0112 (−1.1500)	−0.0071 (−0.7254)	−0.0058 (−0.5903)
turnover	−1.4761*** (−6.6442)	−1.5151*** (−6.7944)	−1.4437*** (−6.4672)	−1.5435*** (−6.9137)
supervision	0.4169*** (4.4427)	0.4752*** (4.9306)	0.5802*** (5.8881)	−0.8543*** (−7.9589)
reform	1.8097*** (15.7236)	1.8723*** (15.9949)	0.7307*** (6.8574)	0.0957 (1.0096)
crisis	0.1458 (1.1938)	0.1169 (0.9272)	−1.2550*** (−9.5675)	2.1432*** (14.4753)

因变量	(1) *fa*	(2) *fa*	(3) *fa*	(4) *fa*
covid	2.5240***	3.0765***	2.1089***	2.2748***
	(18.7533)	(26.7477)	(21.1468)	(22.0359)
Constant	15.9645***	18.4737***	21.8832***	−64.8581***
	(4.4492)	(5.0776)	(6.1421)	(−14.6695)
企业固定效应	是	是	是	是
季节固定效应	是	是	是	是
行业固定效应	是	是	是	是
观测量	116446	116446	116446	116446
企业个数	3786	3786	3786	3786
adj. R^2	0.5833	0.5870	0.5866	0.5881

注：***、**和*分别表示在1%、5%和10%置信水平下显著，使用聚类到企业层面的稳健标准误，括号内为 *t* 统计量。

4.5 宏观因素驱动企业金融化的异质性分析

本节根据企业的所有制、地域和行业差异对样本企业进行分组，分别引入宏观经济景气度、实体经济生产经营情况、货币政策环境和资本市场繁荣度四个宏观维度的核心代理变量对模型（4.14）进行分组回归，并采用连玉君等（2010）的方法对核心解释变量回归系数组间差异进行显著性检验，使用 Bootstrap 法重抽样 100 次计算系数差异的经验 *P* 值，基于宏观视角探究企业金融化形成机理的所有制、地域和行业异质性特征。

4.5.1 宏观驱动效应的所有制差异

表 4-19 中四列分别汇报了国有企业和非国有企业金融化水平受到不同宏观驱动因素影响的分组回归结果，并对核心解释变量回归系数的组间差异进行显著性检验。列（1）结果显示经济增长（*gdp*）在国有企业组中回归系数为−0.1987，在非国有企业组中回归系数为−0.4322，二者均在1%置信水平下显著，表明经济增速下滑能提高国有企业和非国有企业金融资产占比，宏观经济景气度下行对国有企业和非国有企业金融化水平均具有显著促进作用。从系数差异来看，*gdp* 回归系数组间差异为−0.2335（非国有

企业减国有企业，下同），且经验 P 值小于 0.01，表明系数差异在 1% 置信水平下显著存在，说明宏观经济景气度对非国有企业金融化的驱动效应显著强于国有企业。

列（2）回归结果显示采购经理指数（pmi）在国有企业组和非国有企业组中回归系数分别为 -0.0564 和 -0.2405，均在 1% 置信水平下显著，表明采购经理指数下降能提高国有企业和非国有企业金融资产占比，实体经济生产经营活动收缩对国有企业和非国有企业金融化水平均具有显著促进作用。两组回归中 pmi 系数组间差异为 -0.1841，在 1% 置信水平下显著存在，表明实体经济生产经营活动情况对非国有企业金融化的驱动效应显著强于国有企业。

列（3）中存款准备金率（$reserve$）的回归系数在国有企业组和非国有企业组中分别为 -0.2052 和 -0.5974，均在 1% 置信水平下显著，说明存款准备金率降低对国有企业和非国有企业金融资产投资具有正面影响，宽松的货币政策环境对国有企业和非国有企业金融化水平均具有显著促进作用。$reserve$ 回归系数的组间差异为 -0.3922，在 1% 置信水平下显著存在，表明货币政策环境对非国有企业金融化的驱动效应显著强于国有企业。

列（4）结果显示房地产价格（$houseprice$）在国有企业和非国有企业组中的回归系数分别为 4.954 和 12.8911，均在 1% 置信水平下显著，说明房地产价格上涨会刺激国有企业和非国有企业参与金融投资，资本市场繁荣度提升对国有企业和非国有企业金融化水平具有显著促进作用。$houseprice$ 回归系数组间差异为 7.9371，经验 P 值显示该差异在 1% 置信水平下显著存在，说明资本市场繁荣度对非国有企业金融化水平的驱动效应显著强于国有企业。

根据以上分析，表 4-19 列示的实证结果表明对国有企业和非国有企业进行分组回归不改变核心解释变量回归系数的正负性和显著性，前文对研究假设的判断结论不受企业所有制差异影响。从回归系数组间差异来看，四次分组回归中非国有企业组别核心解释变量回归系数的绝对值均在 1% 置信水平下显著大于国有企业，表明非国有企业金融化水平受到各维度宏观因素的驱动效应均显著强于国有企业。造成以上现象的主要原因在于：第一，国有企业普遍规模较大，市场地位稳固，企业经营受宏观经济形势变化的影响较小，资产配置结构的波动更弱；第二，国有企业普遍存在预算软约束，财务风险偏低，陷入财务困境的概率较小（林毅夫和李志赟，2004），通过买卖金融资产进行预防性储蓄的动机更弱；第三，国有企业逐利动机不强，业绩压力小于非国有企业（杨松令等，2019），投资金融资产获取收益的利润追逐动机较弱。

表 4-19 宏观因素驱动企业金融化的所有制差异

因变量	(1) fa	(2) fa	(3) fa	(4) fa
国有企业				
gdp	−0.1987*** (−10.8263)			
pmi		−0.0564*** (−3.9196)		
reserve			−0.2052*** (−9.8481)	
houseprice				4.9540*** (8.4584)
size	−0.1473 (−1.0382)	0.4208*** (3.0940)	0.3617*** (2.6825)	−0.8293*** (−4.2166)
lev	−0.0473*** (−5.9263)	−0.0533*** (−6.5294)	−0.0471*** (−5.7620)	−0.0399*** (−4.9477)
tangibility	−0.0650*** (−6.6710)	−0.0689*** (−6.9825)	−0.0699*** (−7.0732)	−0.0629*** (−6.5552)
tobinq	0.2006** (2.0316)	0.2416** (2.3542)	0.2543** (2.5239)	0.0582 (0.6040)
fcff	2.8944*** (7.2621)	3.1231*** (7.7893)	2.9634*** (7.4901)	2.8476*** (7.0601)
uni	0.0150 (0.0590)	0.0126 (0.0484)	0.0580 (0.2298)	−0.0147 (−0.0571)
top1	−0.0113 (−0.9574)	−0.0185 (−1.5576)	−0.0138 (−1.1625)	−0.0017 (−0.1415)
turnover	−1.3438*** (−5.0194)	−1.5423*** (−5.6370)	−1.3225*** (−4.8671)	−1.3247*** (−4.9114)
Constant	14.6204*** (3.9639)	3.5456 (0.9767)	4.4282 (1.2479)	−11.6984*** (−3.0251)
企业固定效应	是	是	是	是
季节固定效应	是	是	是	是

续表

因变量	（1） fa	（2） fa	（3） fa	（4） fa
行业固定效应	是	是	是	是
观测量	46304	46304	46304	46304
企业个数	1199	1199	1199	1199
adj. R^2	0.6787	0.6722	0.6783	0.6810
非国有企业				
gdp	-0.4322*** (-24.1835)			
pmi		-0.2405*** (-12.9379)		
reserve			-0.5974*** (-21.2978)	
houseprice				12.8911*** (15.7835)
size	0.4743** (2.4694)	1.3239*** (6.8165)	0.5975*** (3.0559)	-0.9701*** (-4.0914)
lev	-0.0297*** (-3.7208)	-0.0297*** (-3.6053)	-0.0463*** (-5.6025)	-0.0137* (-1.7414)
tangibility	-0.0740*** (-7.4008)	-0.0725*** (-7.0254)	-0.0823*** (-7.9314)	-0.0678*** (-7.0028)
tobinq	0.3207*** (5.3433)	0.4367*** (6.9550)	0.4082*** (6.7460)	0.1595*** (2.6310)
fcff	3.7888*** (12.5960)	4.2222*** (13.4258)	4.0863*** (13.3139)	3.1824*** (10.6313)
uni	-0.2087 (-1.1467)	-0.1916 (-1.0163)	-0.0574 (-0.3179)	-0.2571 (-1.4107)
top1	-0.0303* (-1.9468)	-0.0595*** (-3.7611)	-0.0088 (-0.5591)	-0.0059 (-0.3697)
turnover	-1.6690*** (-4.8877)	-2.1484*** (-6.0543)	-1.9085*** (-5.4055)	-1.9215*** (-5.6315)
Constant	-2.3862 (-0.4980)	-10.6814** (-2.1550)	2.4272 (0.4893)	-80.0372*** (-13.2852)

续表

因变量	（1） *fa*	（2） *fa*	（3） *fa*	（4） *fa*
企业固定效应	是	是	是	是
季节固定效应	是	是	是	是
行业固定效应	是	是	是	是
观测量	70142	70142	70142	70142
企业个数	2903	2903	2903	2903
adj. R²	0.5482	0.5237	0.5510	0.5494
核心解释变量组间回归系数差异				
核心解释变量	*gdp*	*pmi*	*reserve*	*houseprice*
系数差异	-0.2335***	-0.1841***	-0.3922***	7.9371***
经验 *P* 值	0.0000	0.0000	0.0000	0.0000

注：（1）***、**和*分别表示在1%、5%和10%置信水平下显著，使用聚类到企业层面的稳健标准误，括号内为 *t* 统计量。

（2）系数差异为非国有企业减国有企业，经验 *P* 值由 Bootstrap 法重抽样 100 次计算。

4.5.2　宏观驱动效应的地域差异

表 4-20 四列分别汇报了东部地区和非东部地区企业金融化水平受到不同宏观因素驱动的分组回归结果，并对核心解释变量回归系数的组间差异进行显著性检验。列（1）结果显示经济增长（*gdp*）在东部和非东部企业组别中回归系数分别为 -0.3936 和 -0.2377，均在 1% 置信水平下显著，表明经济增速下滑会提高东部和非东部企业的金融资产占比，宏观经济景气度下行对东部和非东部企业金融化水平均具有显著促进作用。从系数差异来看，*gdp* 的回归系数组间差异为 0.1559（非东部地区减东部地区，下同），在 1% 置信水平下显著，表明宏观经济景气度对东部企业金融化水平的驱动作用显著强于非东部企业。

列（2）实证结果显示采购经理指数（*pmi*）在东部和非东部企业组别中回归系数分别为 -0.1634 和 -0.0954，均在 1% 置信水平下显著，表明采购经理指数下降能提升东部和非东部企业的金融资产占比，实体经济生产经营活动收缩对东部和非东部企业金融化水平均具有显著促进作用。核心解释变量 *pmi* 的回归系数组间差异为 0.0680，显著性检验的经验 *P* 值为 0.0200，说明实体经济生产经营情况对东部地区企业金融化水平的驱动效应在5%置信水平下显著强于非东部地区企业。

列（3）实证结果表示存款准备金率（reserve）在东部和非东部企业组别中回归系数分别为-0.513和-0.2618，均在1%置信水平下显著，说明更低的存款准备金率对东部和非东部企业金融资产投资存在积极影响，宽松的货币政策环境对东部和非东部企业金融化水平均具有显著促进作用。核心解释变量reserve的回归系数组间差异为0.2512，且在1%置信水平下显著，表明货币政策环境对东部地区企业金融化水平的驱动效应显著强于非东部地区企业。

列（4）结果表示房价水平（houseprice）在东部和非东部企业组别中回归系数分别为9.8813和5.1814，均在1%置信水平下显著，说明房价上涨会促进东部和非东部企业加强金融投资，资本市场繁荣度提升对东部和非东部企业金融化水平均具有显著促进作用。核心解释变量houseprice的回归系数组间差异为-4.7099，且在1%置信水平下显著存在，说明资本市场繁荣度对东部地区企业金融化的驱动效应显著强于非东部企业。

基于表4-20实证结果的分析表明，对东部和非东部企业进行分组回归不改变核心解释变量回归系数的正负性和显著性，前文对研究假设的判断结论不受企业地域差异影响。从回归系数组间差异来看，东部企业金融化水平受到各维度宏观因素的驱动效应均强于非东部企业，且在至少5%置信水平下显著。造成以上现象的原因在于：第一，东部地区金融资源丰富，投资渠道多（黄凌云等，2021），且东部企业平均持有金融资产多于非东部企业（东部和非东部地区金融资产平均占比分别为4.3249%和2.6792%，详见表3-6），所以东部企业金融化水平受到宏观经济形势波动影响更强；第二，东部地区企业要素禀赋普遍好于非东部企业，财务状况更稳健，进行金融资产投资的能力更强。

表4-20 宏观因素驱动企业金融化的地域差异

因变量	(1) fa	(2) fa	(3) fa	(4) fa
东部地区企业				
gdp	-0.3936*** (-22.8447)			
pmi		-0.1634*** (-10.2405)		

因变量	(1) fa	(2) fa	(3) fa	(4) fa
reserve			−0.5130*** (−20.8171)	
houseprice				9.8813*** (14.2127)
size	0.1862 (1.1424)	1.1114*** (6.8636)	0.5602*** (3.4460)	−0.8957*** (−4.1724)
lev	−0.0396*** (−4.9174)	−0.0439*** (−5.2455)	−0.0515*** (−6.3100)	−0.0248*** (−3.0876)
tangibility	−0.0652*** (−6.8878)	−0.0672*** (−6.8971)	−0.0766*** (−7.9969)	−0.0590*** (−6.3300)
tobinq	0.3529*** (5.4315)	0.4531*** (6.6889)	0.4413*** (6.6733)	0.2188*** (3.3968)
fcff	4.0173*** (13.1320)	4.5757*** (14.3863)	4.2554*** (13.9806)	3.7120*** (11.8295)
uni	0.0846 (0.4223)	0.0596 (0.2885)	0.1383 (0.6985)	0.0429 (0.2140)
top1	−0.0401*** (−3.0353)	−0.0615*** (−4.6030)	−0.0203 (−1.5157)	−0.0267** (−1.9835)
turnover	−1.6161*** (−5.6545)	−2.0995*** (−7.0724)	−1.7770*** (−6.0783)	−1.6714*** (−5.8409)
Constant	9.9140** (2.4326)	−4.3148 (−1.0556)	6.5901 (1.5823)	−49.8541*** (−10.5277)
企业固定效应	是	是	是	是
季节固定效应	是	是	是	是
行业固定效应	是	是	是	是
观测量	76265	76265	76265	76265
企业个数	2677	2677	2677	2677
adj. R^2	0.5769	0.5571	0.5789	0.5754
非东部地区企业				
gdp	−0.2377*** (−12.6255)			

续表

因变量	(1) fa	(2) fa	(3) fa	(4) fa
pmi		-0.0954*** (-5.7533)		
reserve			-0.2618*** (-12.1698)	
houseprice				5.1814*** (9.0946)
size	0.1565 (0.9283)	0.7137*** (4.3878)	0.5741*** (3.6688)	-0.3557* (-1.6793)
lev	-0.0267*** (-3.6465)	-0.0308*** (-4.1595)	-0.0299*** (-4.0120)	-0.0203*** (-2.7526)
tangibility	-0.0626*** (-6.2195)	-0.0652*** (-6.3943)	-0.0667*** (-6.4121)	-0.0607*** (-6.1515)
tobinq	0.1780* (1.8927)	0.2583*** (2.6522)	0.2430** (2.5314)	0.0634 (0.6719)
fcff	3.2467*** (7.7567)	3.4576*** (8.1722)	3.2507*** (7.6016)	3.1540*** (7.5520)
uni	-0.5557** (-2.4588)	-0.5586** (-2.3999)	-0.4367* (-1.9276)	-0.5639** (-2.4859)
top1	-0.0137 (-1.0361)	-0.0246* (-1.8576)	-0.0129 (-0.9703)	-0.0085 (-0.6314)
turnover	-1.5082*** (-4.4472)	-1.7120*** (-4.8811)	-1.5165*** (-4.2946)	-1.5505*** (-4.5922)
Constant	3.0576 (0.7506)	-5.7380 (-1.3660)	-3.9726 (-1.0601)	-29.3166*** (-7.1937)
企业固定效应	是	是	是	是
季节固定效应	是	是	是	是
行业固定效应	是	是	是	是
观测量	40181	40181	40181	40181
企业个数	1109	1109	1109	1109
adj. R^2	0.5556	0.5425	0.5551	0.5550

续表

因变量	(1) fa	(2) fa	(3) fa	(4) fa
核心解释变量组间回归系数差异				
变量	gdp	pmi	reserve	houseprice
系数差异	0.1559***	·0.0680**	0.2512***	−4.7099***
经验 P 值	0.0000	0.0200	0.0000	0.0000

注：(1) ***、** 和 * 分别表示在 1%、5% 和 10% 置信水平下显著，使用聚类到企业层面的稳健标准误，括号内为 t 统计量。

(2) 系数差异为非东部地区企业减东部地区企业，经验 P 值由 Bootstrap 法重抽样 100 次计算。

4.5.3　宏观驱动效应的行业差异

表 4-21 四列分别汇报了处于高、低集中度行业的企业金融化水平受到不同宏观因素驱动的分组回归结果，并对核心解释变量回归系数的组间差异进行显著性检验。列 (1) 实证结果显示经济增长 (gdp) 在高、低集中度行业组别中回归系数分别为 −0.3081 和 −0.3365，均在 1% 置信水平下显著，表明经济增速下滑能提升处于高、低集中度行业企业的金融资产占比，宏观经济景气度下行对高、低集中度行业企业的金融化水平均具有显著促进作用。从系数差异来看，gdp 的回归系数组间差异为 −0.0284（低集中度行业减高集中度行业，下同），该差异在 1% 置信水平下显著存在，表明宏观经济景气度对低集中度行业企业的金融化水平驱动效应显著更强。

列 (2) 结果表示采购经理指数 (pmi) 在高、低集中度行业组别中回归系数分别为 −0.0970 和 −0.1270，均在 1% 置信水平下显著，表明采购经理指数下降会造成高、低集中度行业企业积极参与金融资产投资，实体经济生产经营活动收缩对处于高、低集中度行业企业的金融化水平均具有显著促进作用。核心解释变量 pmi 的回归系数组间差异为 −0.03，在 1% 置信水平下显著存在，表明实体经济生产经营情况对低集中度行业企业金融化水平的驱动效应显著强于高集中度行业。

列 (3) 实证结果表明存款准备金率 (reserve) 在高、低集中度行业组别中回归系数分别为 −0.399 和 −0.4214，均在 1% 置信水平下显著，说明更低的存款准备金率对高、低集中度行业企业金融资产投资存在积极影响，宽松的货币政策环境对高、低集中度行业企业金融化水平均具有显著促进作用。核心解释变量 reserve 的回归系数组间差异为 −0.0224，且在 1%

置信水平下显著存在，表明货币政策环境对低集中度行业企业金融化水平的驱动效应显著强于高集中度行业。

列（4）中结果表明房价水平（*houseprice*）在高、低集中度行业组别中回归系数分别为 7.7031 和 7.8171，均在 1% 置信水平下显著，表明说明房价上涨会促使高、低集中度行业企业加强金融投资，资本市场繁荣度提升对高、低集中度行业企业金融化水平均具有显著促进作用。核心解释变量 *houseprice* 的回归系数组间差异为 0.1140，经验 P 值为 0.1500，说明资本市场繁荣度对低集中度行业企业金融化水平的驱动效应更强，但在统计学意义上并不显著。

基于以上分析，表 4-21 列示的实证结果显示根据企业所在行业的集中度高低进行分组回归不改变核心解释变量回归系数的正负性和显著性，前文对研究假设的判断结论不受企业所处行业差异的影响。从回归系数组间差异来看，低集中度行业企业的金融化水平受到各维度宏观因素的驱动效应均强于高集中度行业的企业，且除资本市场繁荣度外的回归系数组间差异均在 1% 置信水平下显著。造成上述差异的原因在于：第一，低集中度行业进入壁垒偏低，企业主营业务竞争激烈，盈利能力较差，通过金融资产获取投资收益改善经营业绩的动机更强，企业需要随宏观经济形势变化频繁运作金融资产获取资本利得；第二，低集中度行业中企业经营壁垒较低，经营风险大，通过买卖金融资产平滑流动性跨期需求的预防性储蓄动机更强。

表 4-21 宏观因素驱动企业金融化的行业差异

因变量	(1) *fa*	(2) *fa*	(3) *fa*	(4) *fa*
高集中度行业				
gdp	−0.3081 *** (−17.0710)			
pmi		−0.0970 *** (−6.3388)		
reserve			−0.3990 *** (−17.0151)	
houseprice				7.7031 *** (11.8735)
size	0.0977 (0.5129)	0.8331 *** (4.4399)	0.4957 *** (2.7116)	−0.7504 *** (−3.1428)

续表

因变量	（1）fa	（2）fa	（3）fa	（4）fa
lev	−0.0432 *** (−5.0967)	−0.0478 *** (−5.4676)	−0.0475 *** (−5.5840)	−0.0326 *** (−3.7992)
tangibility	−0.0607 *** (−6.8418)	−0.0645 *** (−7.1633)	−0.0676 *** (−7.4670)	−0.0571 *** (−6.5189)
tobinq	0.3916 *** (4.4487)	0.4615 *** (5.0876)	0.4556 *** (5.1562)	0.2323 *** (2.6405)
fcff	3.7155 *** (10.7261)	4.1966 *** (11.7519)	3.8443 *** (11.1045)	3.5249 *** (10.1405)
uni	0.1049 (0.4512)	0.0998 (0.4181)	0.1641 (0.7218)	0.0369 (0.1585)
top1	−0.0199 (−1.5358)	−0.0366 *** (−2.8109)	−0.0091 (−0.6968)	−0.0103 (−0.7743)
turnover	−1.1301 *** (−4.7647)	−1.4486 *** (−5.8601)	−1.1625 *** (−4.6622)	−1.2539 *** (−5.2228)
Constant	7.5733 * (1.7124)	−5.4719 (−1.2220)	2.1756 (0.5157)	−38.4656 *** (−8.1795)
企业固定效应	是	是	是	是
季节固定效应	是	是	是	是
行业固定效应	是	是	是	是
观测量	56644	56644	56644	56644
企业个数	2346	2346	2346	2346
adj. R^2	0.6308	0.6167	0.6335	0.6308
低集中度行业				
gdp	−0.3365 *** (−19.0147)			
pmi		−0.1270 *** (−8.6972)		
reserve			−0.4214 *** (−17.1316)	
houseprice				7.8171 *** (11.8532)

续表

因变量	（1） *fa*	（2） *fa*	（3） *fa*	（4） *fa*
size	0.0959 （0.6846）	0.8919*** （6.4299）	0.4322*** （3.0758）	−0.6647*** （−3.4844）
lev	−0.0157*** （−2.6363）	−0.0186*** （−3.0650）	−0.0259*** （−4.3097）	−0.0066 （−1.0932）
tangibility	−0.0654*** （−6.5306）	−0.0658*** （−6.3792）	−0.0742*** （−7.1273）	−0.0622*** （−6.3196）
tobinq	0.2157*** （3.8195）	0.3058*** （5.2162）	0.2846*** （5.0000）	0.1257** （2.1792）
fcff	3.2209*** （10.1632）	3.5249*** （10.8813）	3.4001*** （10.4849）	3.0362*** （9.4303）
uni	−0.3580* （−1.8442）	−0.3817* （−1.8972）	−0.2480 （−1.2892）	−0.3591* （−1.8354）
*top*1	−0.0578*** （−4.4413）	−0.0789*** （−5.9441）	−0.0454*** （−3.4975）	−0.0486*** （−3.6752）
turnover	−1.8084*** （−5.7750）	−2.0185*** （−6.2009）	−1.8136*** （−5.7295）	−1.8921*** （−6.0736）
Constant	7.4901** （2.2439）	−4.8544 （−1.4458）	4.7556 （1.4044）	−42.3333*** （−10.3443）
企业固定效应	是	是	是	是
季节固定效应	是	是	是	是
行业固定效应	是	是	是	是
观测量	59802	59802	59802	59802
企业个数	2675	2675	2675	2675
adj. R²	0.6026	0.5866	0.6033	0.5980
核心解释变量组间回归系数差异				
变量	*gdp*	*pmi*	*reserve*	*houseprice*
系数差异	−0.0284**	−0.0300***	−0.0224***	0.1140
经验 *P* 值	0.0200	0.0000	0.0000	0.1500

注：（1）***、**和*分别表示在1%、5%和10%置信水平下显著，使用聚类到企业层面的稳健标准误，括号内为 *t* 统计量。

（2）系数差异为低集中度行业企业减高集中度行业企业，经验 *P* 值由 Bootstrap 法重抽样 100 次计算。

4.6　宏观因素驱动企业金融化的机制分析

宏观经济因素在微观层面驱动企业金融化的宏微观传导作用机制一直是企业金融化形成机理领域学术研究中的重点和难点。结合本章 4.1 节的理论分析和 4.3 节中的实证分析结论，不难发现宏观经济景气度下行和实体经济生产经营情况收缩对企业金融化的促进作用可能通过降低企业主营业务盈利能力和提高经营风险两种机制实现，货币政策环境宽松和资本市场繁荣对企业金融化水平的促进作用可能通过提升企业金融投资获利能力和降低企业融资约束两种机制实现。故本节选取适当代理变量，对以上机制进行检验。

机制检验方法对研究结论可能造成影响，为确保本节所检验的作用机制确实存在而非统计巧合，在理论分析的基础上本节使用三种方法进行机制检验。第一，逐步回归系数检验法。参考温忠麟和叶宝娟（2014）的研究，本章采用现有文献中最常见的"三步法"进行机制检验，在企业金融化形成机理研究领域内，马勇和陈点点（2020）利用该方法发现银行信贷在宏观审慎政策影响实体企业金融化的过程中具有部分中介效应。第二，系数乘积检验法。Sobel（1987）将被解释变量对中介变量和中介变量对核心解释变量回归系数之乘积定义为间接效应，提出通过考察系数乘积的显著性检验作用机制是否存在，目前该方法的应用较为广泛（严若森等，2020）。Sobel 检验系数乘积的统计量假设各系数服从正态分布，是比较强的前置假设条件，为确保结论稳健性，本节放松上述假设条件，使用检验效力更高和适用性更强的 Bootstrap 法对间接效应显著性再次进行检验（Preacher 等，2007；Preacher 和 Hash，2008）。第三，由于经典"三步法"框架内第三步中将核心解释变量和机制变量同时引入回归方程时可能存在的内生性问题会导致估计结果有偏和不一致（江艇，2022），原来较多的权威文献仅考察核心解释变量对机制变量的影响，并根据经典文献判定机制变量对被解释变量的影响，避免实证分析中可能存在的内生性问题（刘金科和肖翊阳，2021）。参考戴鹏毅等（2021）和李青原等（2022）的研究，本节首先通过考察核心解释变量对机制变量的影响，其次根据权威文献确定机制变量对被解释变量的影响，完成机制检验。

4.6.1 宏观经济景气度驱动企业金融化的机制检验

表 4-22 列示了宏观经济景气度通过影响企业主营业务盈利能力或经营风险驱动企业金融化水平的作用机制检验结果。列（1）中企业主营业务总资产收益率（roa）对经济增速（gdp）的回归系数为 0.1108，在 1% 置信水平下显著，表明经济增速下滑对企业主营业务盈利能力具有显著抑制作用；列（2）中将核心解释变量和中介变量同时引入回归方程的估计结果表示 gdp 和 roa 的回归系数分别为 -0.3326 和 -0.0792，均在 1% 置信水平下显著，说明宏观经济景气度下行和企业盈利能力下降均对企业金融化水平具有显著促进作用。以上实证结果表明企业主营业务盈利能力在宏观经济景气度驱动企业金融化过程中具有部分中介效应。表 4-22 中汇报 Sobel 检验和 Bootstrap 检验的 P 值均小于 0.0100，表明在 1% 置信水平下企业主营业务盈利能力是宏观经济景气度驱动企业金融化的作用机制。考虑到表 4-22 列（2）回归中可能存在内生性问题，本节根据张建伟（2020）与柳永明和罗云峰（2019）的研究，同样可以判定企业主营业务盈利能力下降对其金融化水平具有显著促进作用。根据以上实证分析，三种机制检验方法均一致表明经济增速下滑能通过降低主营业务总资产收益率促进企业金融资产投资行为，企业主营业务盈利能力是宏观经济景气度驱动中国企业金融化的重要作用机制。

列（3）中经营风险（risk）对 gdp 的回归系数为 -0.0034，在统计学意义上不显著，表明经济增速下滑对企业经营风险具有不显著的提升作用。表 4-22 中汇报 Sobel 检验和 Bootstrap 检验的 P 值分别为 0.2083 和 0.2060，均大于 0.1。以上实证结果均表明企业经营风险不是宏观经济景气度驱动企业金融化的作用机制。

表 4-22　宏观经济景气度驱动企业金融化的机制检验

因变量	（1） roa	（2） fa	（3） risk	（4） fa
gdp	0.1108 *** (24.4424)	-0.3326 *** (-25.3266)	-0.0034 (-1.3677)	-0.3237 *** (-24.5613)
roa		-0.0792 *** (-6.1471)		

续表

因变量	（1） roa	（2） fa	（3） risk	（4） fa
risk				0.1735*** （4.7668）
size	0.5014*** （10.3037）	0.1994* （1.6517）	-0.3360*** （-17.4012）	0.1432 （1.1362）
lev	-0.0739*** （-29.1504）	-0.0395*** （-6.5664）	0.0758*** （73.2342）	-0.0480*** （-7.5092）·
tangibility	-0.0373*** （-12.9121）	-0.0682*** （-9.8456）	0.0068*** （5.7827）	-0.0700*** （-9.6886）
tobinq	0.3214*** （12.6833）	0.3277*** （6.1067）	-0.1278*** （-11.4691）	0.2682*** （4.7765）
fcff	1.2627*** （10.8428）	3.8835*** （15.4890）	-0.1940*** （-2.7985）	3.0697*** （9.5348）
uni	0.0476 （0.7295）	-0.1182 （-0.7596）	-0.0257 （-0.7893）	-0.0615 （-0.3751）
top1	0.0372*** （9.5300）	-0.0291*** （-3.0519）	-0.0101*** （-5.9529）	-0.0312*** （-3.1998）
turnover	3.3628*** （20.6194）	-1.3152*** （-5.9062）	-0.4313*** （-9.5960）	-1.6198*** （-7.0638）
Constant	-9.2743*** （-8.1670）	6.4134** （2.1378）	-3.7744*** （-7.8931）	9.5764*** （3.0180）
企业固定效应	是	是	是	是
季节固定效应	是	是	是	是
行业固定效应	是	是	是	是
观测量	116446	116446	116446	116446
企业个数	3786	3786	3786	3786
adj. R^2	0.5178	0.5751	0.7661	0.5836
Sobel 检验的 P 值	0.0000		0.2083	
Bootstrap 检验的 P 值	0.0000		0.2060	

注：***、**和*分别表示在1%、5%和10%置信水平下显著，使用聚类到企业层面的稳健标准误，括号内为 t 统计量。Bootstrap 法通过对样本重抽样 500 次计算得到统计结果。

4.6.2　实体经济生产经营情况驱动企业金融化的机制检验

表4-23列示了实体经济生产经营情况通过影响企业主营业务盈利能力或经营风险驱动金融化水平的作用机制检验结果。列（1）回归中主营业务总资产收益率（roa）对采购经理指数（pmi）的回归系数为0.1262，在1%置信水平下显著，表明实体经济生产经营活动收缩对企业主营业务盈利能力具有显著抑制作用；列（2）回归中估计结果表示pmi和roa的回归系数分别为-0.124和-0.115，均在1%置信水平下显著，说明实体经济生产经营情况恶化和企业主营业务盈利能力下降均对金融化水平具有显著促进作用。以上实证结果表明企业主营业务盈利能力在实体经济生产经营情况驱动金融化水平的过程中具有部分中介效应。表4-23汇报了Sobel检验和Bootstrap检验的P值均小于0.0100，表明企业主营业务盈利能力是实体经济生产经营情况驱动企业金融化的作用渠道。考虑到表4-23列（2）回归中可能存在内生性问题，本节还可以参考张建伟（2020）与柳永明和罗云峰（2019）的研究，判定企业主营业务盈利能力降低对其金融化水平具有显著促进作用。以上三种机制检验方法的实证结论均一致表明采购经理指数下降能通过降低企业主营业务总资产收益率促进其金融资产投资行为，说明企业主营业务盈利能力是实体经济生产经营情况驱动企业金融化的重要作用机制。

列（3）回归中企业经营风险（risk）对pmi的回归系数为-0.0087，在1%置信水平下显著，表明实体经济生产经营活动收缩对企业经营风险具有显著促进作用；列（4）回归中估计结果表示pmi和risk的回归系数分别为-0.1285和0.1783，均在1%置信水平下显著，说明实体经济生产经营情况收缩和经营风险提高均对金融化水平具有显著促进作用。以上实证结果表明企业经营风险在实体经济生产经营情况驱动金融化过程中具有部分中介效应。表4-23汇报了Sobel检验和Bootstrap检验的P值均小于0.0100，进一步表明在1%置信水平下企业经营风险是实体经济生产经营情况驱动企业金融化的作用渠道。考虑到表4-23列（4）回归中可能存在的内生性问题，本节参考李承璋和匡晓璐（2021）与刘贯春等（2020）的研究成果，同样可以判定企业经营风险提升对其金融化水平具有显著促进作用。以上三种机制检验方法的实证结论均表明采购经理指数降低能通过提升企业经营风险促进金融资产投资，说明企业经营风险是实体经济生产经营情况驱动企业金融化的重要作用机制。

表 4-23 实体经济生产经营情况驱动企业金融化的机制检验

因变量	(1) roa	(2) fa	(3) risk	(4) fa
pmi	0.1262*** (21.5269)	-0.1240*** (-10.6437)	-0.0087*** (-4.1141)	-0.1285*** (-10.4262)
roa		-0.1150*** (-8.7005)		
risk				0.1783*** (4.7536)
size	0.3062*** (6.5199)	0.9949*** (8.4015)	-0.3341*** (-18.7825)	0.9019*** (7.2551)
lev	-0.0733*** (-28.6214)	-0.0466*** (-7.5591)	0.0759*** (73.4139)	-0.0531*** (-8.0605)
tangibility	-0.0367*** (-12.5716)	-0.0723*** (-10.2136)	0.0068*** (5.7882)	-0.0736*** (-9.9826)
tobinq	0.2828*** (11.0042)	0.4325*** (7.7791)	-0.1263*** (-11.2671)	0.3557*** (6.1171)
fcff	1.2082*** (10.3025)	4.3511*** (16.8848)	-0.1970*** (-2.8364)	3.3059*** (10.1025)
uni	0.0543 (0.8234)	-0.1304 (-0.8160)	-0.0261 (-0.8003)	-0.0689 (-0.4084)
top1	0.0421*** (10.7034)	-0.0450*** (-4.7006)	-0.0102*** (-6.0272)	-0.0484*** (-4.9284)
turnover	3.4990*** (21.2855)	-1.5475*** (-6.7260)	-0.4360*** (-9.6712)	-1.9670*** (-8.2866)
Constant	-10.7187*** (-8.8845)	-6.5372** (-2.1541)	-3.3983*** (-7.3258)	-2.3555 (-0.7299)
企业固定效应	是	是	是	是
季节固定效应	是	是	是	是
行业固定效应	是	是	是	是
观测量	116446	116446	116446	116446
企业个数	3786	3786	3786	3786
adj. R^2	0.5146	0.5590	0.7662	0.5676

因变量	(1) roa	(2) fa	(3) risk	(4) fa
Sobel 检验的 P 值	0.0000		0.0000	
Bootstrap 检验的 P 值	0.0000		0.0000	

注：＊＊＊、＊＊和＊分别表示在1%、5%和10%置信水平下显著，使用聚类到企业层面的稳健标准误，括号内为 t 统计量。Bootstrap 法通过对样本重抽样500次计算得到统计结果。

4.6.3 货币政策环境驱动企业金融化的机制检验

表4-24列示了货币政策环境通过影响企业融资约束或金融投资获利能力驱动金融化水平的作用机制检验结果。列（1）中融资约束（sa）对存款准备金率（reserve）的回归系数为0.0104，在1%置信水平下显著，表明货币政策宽松会显著缓解企业的融资约束；列（2）中估计结果显示 reserve 和 sa 的回归系数分别为-0.3416和-7.2655，均在1%置信水平下显著，说明货币政策宽松和企业融资约束缓解均对实体企业金融化水平具有显著促进作用。以上实证结果表明，企业融资约束在货币政策环境驱动企业金融化过程中具有部分中介效应。表4-24汇报了 Sobel 检验和 Bootstrap 检验的 P 值均小于0.0100，表明企业融资约束是货币政策环境驱动企业金融化的作用机制。为避免表4-24列（2）回归中可能存在的内生性问题，本节参考栾天虹和袁亚冬（2019）与马勇和陈点点（2020）的研究，同样能判定企业融资约束降低对其金融化水平具有显著促进作用。以上实证分析中，三种机制检验方法均一致表明存款准备金率下调能通过缓解实体企业融资约束促进其金融资产投资，这说明企业融资约束是货币政策环境驱动企业金融化的重要作用机制。

列（3）中企业金融资产投资收益（frevenue）对 reserve 的回归系数为-0.6008，在1%置信水平下显著，表明货币政策宽松会显著提升企业金融资产投资收益；列（4）中估计结果显示 reserve 和 frevenue 的回归系数分别为-0.4152和0.0035，均在1%置信水平下显著，说明货币政策宽松和金融投资获利能力提升均对实体企业金融化水平具有显著促进作用。以上实证结果表明，企业金融投资获利能力在货币政策环境驱动企业金融化过程中具有部分中介效应。Sobel 检验和 Bootstrap 检验的 P 值均小于0.0100，进一步表明企业金融投资获利能力是货币政策环境驱动企业金融化的作用机制。为避免表 4-24 列（4）回归中可能存在的内生性问题，本节参考张成思和张步昙（2015）与傅代国和杨昌安（2019）的研究成果，也可以判定企业金融投资获利能力提高对其金融化水平具有显著促进作用。以上实证分析中，三种机制检验方法均一致表明存款准备金率降低能通过提高企业金融投资收益促进其金融资产投资，这说明金融投资获利能力是货币政策环境驱动企业金融化的重要作用机制。

表 4-24　货币政策环境驱动企业金融化的机制检验

因变量	(1) sa	(2) fa	(3) frevenue	(4) fa
reserve	0. 0104***	−0. 3416***	−0. 6008***	−0. 4152***
	(31. 4132)	(−19. 8480)	(−6. 0803)	(−24. 0124)
sa		−7. 2655***		
		(−11. 6418)		
frevenue				0. 0035***
				(6. 6284)
size	−0. 1716***	−0. 6501***	1. 0578*	0. 5929***
	(−39. 4050)	(−4. 5469)	(1. 9467)	(5. 0455)
lev	0. 0017***	−0. 0298***	−0. 0657**	−0. 0417***
	(11. 6017)	(−5. 1910)	(−2. 2931)	(−7. 1298)
tangibility	0. 0008***	−0. 0673***	−0. 2032***	−0. 0724***
	(3. 9569)	(−9. 7295)	(−5. 4344)	(−10. 2962)
tobinq	−0. 0136***	0. 2838***	0. 1487	0. 3818***
	(−11. 4336)	(4. 8748)	(0. 5401)	(6. 9474)
fcff	−0. 0856***	3. 2917***	9. 1318***	3. 8814***
	(−15. 7473)	(13. 1407)	(5. 3317)	(15. 5218)
uni	0. 0021	−0. 0157	0. 7529	−0. 0337
	(0. 4817)	(−0. 1025)	(0. 8805)	(−0. 2182)
top1	0. 0024***	−0. 0035	−0. 1397***	−0. 0208**
	(9. 6327)	(−0. 3568)	(−3. 2963)	(−2. 1426)
turnover	0. 0115	−1. 5992***	−8. 9456***	−1. 6509***
	(1. 5204)	(−6. 9772)	(−5. 8650)	(−7. 2279)
Constant	0. 0700	1. 8153	4. 1909	1. 2920
	(0. 6661)	(0. 6131)	(0. 2420)	(0. 4361)

续表

因变量	（1） *sa*	（2） *fa*	（3） *frevenue*	（4） *fa*
企业固定效应	是	是	是	是
季节固定效应	是	是	是	是
行业固定效应	是	是	是	是
观测量	116446	116446	116446	116446
企业个数	3786	3786	3786	3786
adj. R^2	0.8872	0.5857	0.1358	0.5772
Sobel 检验的 P 值	0.0000		0.0000	
Bootstrap 检验的 P 值	0.0000		0.0000	

注：***、**和*分别表示在1%、5%和10%置信水平下显著，使用聚类到企业层面的稳健标准误，括号内为 t 统计量。Bootstrap法通过对样本重抽样500次计算得到统计结果。

4.6.4 资本市场繁荣度驱动企业金融化的机制检验

表4-25中列示资本市场繁荣度通过影响企业融资约束或金融投资获利能力驱动企业金融化水平的作用机制检验结果。列（1）中融资约束（*sa*）对房价水平（*houseprice*）的回归系数为－0.6875，在1%置信水平下显著，表明资本市场繁荣会显著降低企业融资约束；列（2）估计结果显示*houseprice*和*sa*的回归系数分别为4.0970和－5.578，均在1%置信水平下显著，说明资本市场繁荣度提升和融资约束缓解均对实体企业金融化水平具有促进作用。以上实证结果表明，企业融资约束在资本市场繁荣度驱动企业金融化过程中具有部分中介效应。表4-25中汇报了Sobel检验和Bootstrap检验的 P 值均小于0.0100，表明企业融资约束是资本市场繁荣度驱动企业金融化的作用机制。为避免表4-25列（2）回归中可能存在的内生性问题，本节可以参考栾天虹和袁亚冬（2019）与马勇和陈点点（2020）的研究，判定企业融资约束缓解对其金融化水平具有显著促进作用。以上实证分析中，三种机制检验方法一致表明房地产价格水平上涨能通过缓解实体企业融资约束促进金融资产投资，说明企业融资约束是资本市场繁荣度驱动企业金融化的重要作用机制。

列（3）中企业金融投资收益（*frevenue*）对 *houseprice* 的回归系数为10.2216，在1%置信水平下显著，表明资本市场繁荣会显著提高企业金融投资获利能力；列（4）估计结果显示 *houseprice* 和 *frevenue* 的回归系数分别为 7.8940 和 0.0037，均在 1% 置信水平下显著，说明资本市场繁荣和企业金融投资收益提升均对金融化水平具有促进作用。以上实证结果表明，企业金融投资获利能力在资本市场繁荣度驱动企业金融化过程中具有部分中介效应。表 4-25 汇报了 Sobel 检验和 Bootstrap 检验的 P 值均小于 0.0100，表明企业金融投资获利能力是资本市场繁荣度驱动企业金融化的作用机制。为避免表 4-25 列（4）回归中可能存在的内生性问题，本节参考张成思和张步昙（2015）与傅代国和杨昌安（2019）的研究，也可以判定企业金融投资获利能力提高对其金融化水平具有显著促进作用。以上实证分析中，三种机制检验方法均一致表明房地产价格水平上涨能通过提高企业金融投资收益促进金融资产投资，说明企业金融投资获利能力是资本市场繁荣度驱动企业金融化的重要作用机制。

表 4-25　资本市场繁荣度驱动企业金融化的机制检验

因变量	（1） *sa*	（2） *fa*	（3） *frevenue*	（4） *fa*
houseprice	−0.6875 *** (−81.1121)	4.0970 *** (4.1529)	10.2216 *** (3.8346)	7.8940 *** (16.7577)
sa		−5.5780 *** (−4.4728)		
frevenue				0.0037 *** (7.0832)
size	−0.0341 *** (−7.8134)	−0.8436 *** (−5.6231)	−0.4819 (−0.6139)	−0.6517 *** (−4.1877)
lev	0.0001 (1.4335)	−0.0219 *** (−3.8031)	−0.0406 (−1.3753)	−0.0226 *** (−3.9228)
tangibility	0.0000 (0.1729)	−0.0608 *** (−9.0075)	−0.1869 *** (−4.9870)	−0.0603 *** (−9.0224)
tobinq	0.0050 *** (4.5986)	0.2002 *** (3.8464)	−0.1211 (−0.4390)	0.1728 *** (3.2256)
fcff	−0.0315 *** (−8.8982)	3.4287 *** (13.5330)	8.8001 *** (5.0560)	3.5719 *** (14.2014)
uni	0.0062 ** (2.1466)	−0.1162 (−0.7430)	0.5835 (0.6841)	−0.1527 (−0.9793)

续表

因变量	（1） sa	（2） fa	（3） frevenue	（4） fa
top1	0.0007 *** (4.0793)	−0.0188 * (−1.9153)	−0.1462 *** (−3.3622)	−0.0222 ** (−2.2830)
turnover	−0.0064 (−1.3180)	−1.6827 *** (−7.5446)	−8.9363 *** (−5.9563)	−1.6143 *** (−7.2764)
Constant	2.8355 *** (42.1826)	−26.1486 *** (−6.1964)	−53.9846 *** (−2.8090)	−41.7664 *** (−12.5413)
企业固定效应	是	是	是	是
季节固定效应	是	是	是	是
行业固定效应	是	是	是	是
观测量	116446	116446	116446	116446
企业个数	3786	3786	3786	3786
adj. R^2	0.9589	0.5744	0.1355	0.5732
Sobel 检验的 P 值	0.0000		0.0000	
Bootstrap 检验的 P 值	0.0000		0.0000	

注：＊＊＊、＊＊和＊分别表示在1%、5%和10%置信水平下显著，使用聚类到企业层面的稳健标准误，括号内为 t 统计量。Bootstrap 法通过对样本重抽样 500 次计算得到统计结果。

第5章　宏观因素驱动企业金融化
的时变特征研究

本书第4章的理论分析和实证研究表明样本期内宏观经济各维度均能通过不同作用机制对企业金融化水平产生显著驱动效应，但受制于面板数据多元回归模型的局限性，前文研究和现有文献仍有以下不足之处：第一，由于宏观指标间相关性较强，在线性回归模型中同时引入多个宏观变量会导致多重共线性问题，尽管将宏观驱动因素逐个引入回归方程已经成为企业金融化宏观形成机理研究的标准范式，但构建同时包含多个宏观变量的系统模型能进一步提升结论的可信度；第二，传统多元回归模型难以发掘宏观因素驱动企业金融化的时变特征，事实上，在较长时间跨度内宏观因素对企业金融化水平的驱动效应及其强度可能存在结构性变化；第三，现有企业金融化形成机理领域研究成果主要集中于因果推断，所得相关定量结论较为有限，针对企业金融化宏观驱动效应进行量化测度的研究成果仍有待补充。

为进一步推进和深化宏观视角下中国企业金融化形成机理研究，本章基于数理模型的理论分析结论，在现有文献基础上进行扩展，建立四变量时变参数随机波动率向量自回归（TVP-VAR）模型，通过观察脉冲响应函数探究经济政策不确定性、货币政策环境和宏观经济景气度的外生冲击对企业金融化水平的潜在驱动效应，揭示宏观经济形势驱动企业金融资产投资行为的时变特征。本章还运用前沿的连通性方法基于上述 TVP-VAR 模型计算系统内静态和动态溢出效应，通过多维度定量分析对企业金融化宏观驱动效应的强度进行量化测度。最后，本章通过多种方法对所得研究结论的稳健性进行验证。

本章的边际贡献主要在于通过运用新的模型探究企业金融化宏观形成机理的时变特征，并引入静态和动态溢出效应对实体企业金融化的宏观驱动效应强度进行量化测度，为相关领域学术扩展了研究思路，所得结论对不同时期引导企业回归实体和促进实体经济高质量发展的政策制定具有一定参考价值。

5.1 理论分析与研究问题

5.1.1 理论分析

中国企业金融化趋势形成和发展的宏观背景复杂多变，对宏观经济形势变化的深刻认识是基于宏观视角研究中国实体企业金融化形成机理的重要基础。图 5-1 展示了 2007—2020 年经济政策不确定性（EPU）、广义货币供应量 M_2 同比增长率和 GDP 同比增长率的变化情况，分别从经济政策、货币政策环境和宏观经济景气度三个维度描绘了样本期内中国宏观经济形势的发展趋势。中国 EPU 在样本期内整体呈上升趋势，但在极端事件期间存在明显阶段性波动。

中国广义货币供应量 M_2 同比增速在样本期内总体呈缓慢下降趋势，但期间仍伴有明显波动。受到国际金融危机和经济刺激政策影响，中国广义货币供应量 M_2 增速在 2009—2011 年处于高位，于 2009 年第三季度达到样本期内最高的 29.3%；2012—2015 年中国货币供应量增长较为平稳，保持在 12%~15% 波动；随着供给侧结构性改革逐步推进，去杠杆效果有所显现，2016—2019 年货币供应量增速下降至 8%~10% 的较低水平；在新冠肺炎疫情期间，中国人民银行采取多种手段支持实体经济发展，货币供应增速略有回升，在 2020 年第二季度达到 11.2% 的阶段性高点。

样本期内中国经济增速总体呈缓慢下行趋势，但在极端事件期间内具有较高波动。2008 年国际金融危机期间中国出口主导的经济发展模式受到明显冲击，经济增速从 2007 年底的 14.2% 逐步下探至 2009 年初的 6.2%，之后逐渐回升至中枢水平；2011—2019 年中国经济进入从高速增长向高质量增长的"换挡期"，经济增速从 2011 年初的 10.2% 缓慢下降至 2019 年底的 6.1%；2020 年新冠肺炎疫情暴发导致经济增长受到明显扰动，2020 年第四个季度产出的同比增长分别为 -6.8%、-1.6%、0.7%、2.3%。

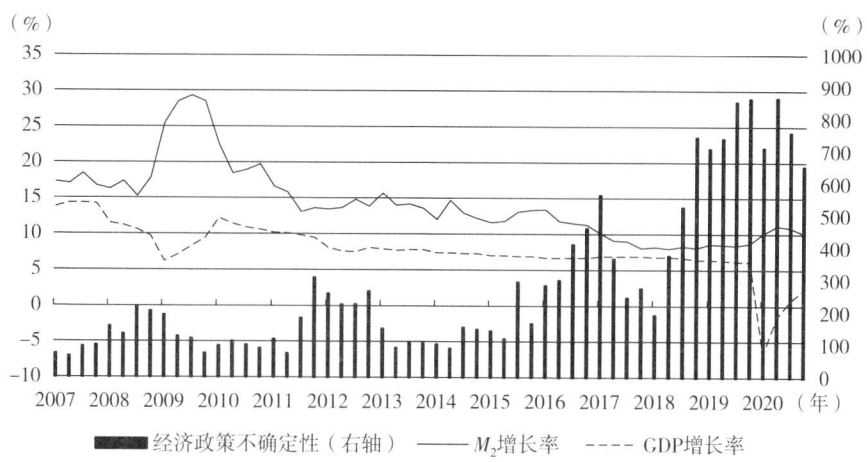

图 5-1　中国宏观经济形势的阶段性特征

注：由笔者计算并绘制。

　　本书 2.2 节的文献综述指出现有文献关于 EPU、货币政策环境和宏观经济景气度对企业金融化的驱动效应展开了研究，并取得了一定研究成果。通过对已有文献的梳理和分析可以发现：第一，现有大部分文献在理论分析和研究假设提出的环节缺少数理模型的支持，构建适当理论模型能进一步增强企业金融化形成机理的理论研究基础；第二，尽管宏观因素影响微观企业金融投资行为的相关问题受到广泛关注，但现有研究均未将宏观变量驱动企业金融化的时变特征引入研究框架，事实上，在复杂多变的宏观经济形势下，极端经济事件、经济转型和影响深远的经济政策等均可能造成宏观因素对企业金融化的驱动效应和强度在较长样本期内存在结构性变化；第三，现有文献主要运用多元回归模型对相关问题展开研究，由于存在潜在的多重共线性问题导致难以建立包含多个宏观经济变量的系统模型，且无法将企业金融化的长期发展趋势纳入研究范围；第四，现有结论主要集中于因果推断，相关的定量研究结论较少，而量化测度宏观驱动效应的强弱对治理企业金融化问题和推进实体经济高质量发展的宏观经济政策制定具有一定参考价值。本章着眼于上述现有文献的不足之处展开研究，力求做出学术研究上的边际贡献，并加强本书的现实意义。

　　根据本书 2.3 节的理论推导，在考虑到金融资产和固定资产投资收益率之间的相关性时，代表性企业最优金融化水平 f^* 可以表示为：

$$\frac{F}{I} = \frac{E(R^F - R^K)}{\lambda I [\sigma^2(R^F) - 2\rho\sigma(R^F)\sigma(R^K) + \sigma^2(R^K)]}$$
$$+ \frac{\sigma(R^K)(\sigma(R^K) - \rho\sigma(R^F))}{\sigma^2(R^F) - 2\rho\sigma(R^F)\sigma(R^K) + \sigma^2(R^K)}\frac{A}{I} \tag{5.1}$$
$$+ \frac{\sigma(R^K)(\sigma(R^K) - \rho\sigma(R^F))}{\sigma^2(R^F) - 2\rho\sigma(R^F)\sigma(R^K) + \sigma^2(R^K)}\frac{D}{I}$$

其简化形式为：

$$f^* = \frac{\tilde{E}_F - \tilde{E}_K}{\lambda I} + \sigma_K^2 \frac{A}{I} + \sigma_K^2 \frac{D}{I} \tag{5.2}$$

其中，各变量含义和详细推导过程可见 2.3 节。式（5.2）表明实体企业金融化水平由三部分构成，分别是风险调整后的金融资产和固定资产投资收益率差异、自有资金的经营风险和杠杆资金的经营风险。本节通过函数形式将经济政策不确定性、货币政策环境和宏观经济景气度引入数理模型，参考 4.1.1 节分别将三个宏观驱动因素记为 p、g、m，并进行如下分析。

经济政策不确定性表示经济政策的持续性强弱，不确定性提高导致经济体的参与者对未来经济政策导向预测难度加大。对于实体企业而言，EPU 升高会导致金融资产和固定资产投资风险增加，从而降低二者的风险调整后收益率 $\tilde{E}_F$ 和 $\tilde{E}_K$；也会提高企业经营风险 σ_K^2；还会收紧银行的信贷政策，降低企业融资能力 D。基于以上分析，如果使用 p 代表 EPU，则对于式（5.2）中的核心变量应有：

$$\frac{\partial \tilde{E}_F}{\partial p} < 0 \qquad \frac{\partial \tilde{E}_K}{\partial p} < 0 \qquad \frac{\partial \sigma_K^2}{\partial p} > 0 \qquad \frac{\partial D}{\partial p} < 0 \tag{5.3}$$

货币政策环境体现市场上货币的价格和流通的数量，参考 4.1.1 节的理论分析和式（4.5）的结论，用 m 代表货币政策环境，则有：

$$\frac{\partial \tilde{E}_F}{\partial m} > 0 \qquad \frac{\partial \sigma_K^2}{\partial m} < 0 \qquad \frac{\partial D}{\partial m} > 0 \tag{5.4}$$

宏观经济景气度体现经济整体的运行情况，是反映经济发展和活力的综合指标。参考 4.1.1 节的理论分析和式（4.3）的结论，用 g 代表宏观经济景气度，则有：

$$\frac{\partial \tilde{E}_F}{\partial g} > 0 \qquad \frac{\partial \tilde{E}_K}{\partial g} > 0 \qquad \frac{\partial \sigma_K^2}{\partial g} < 0 \qquad \frac{\partial D}{\partial g} > 0 \tag{5.5}$$

综合以上理论分析和式（5.3）~式（5.5）的结论，本节将式（5.2）中的部分关键变量改写为以下关于核心宏观变量的函数形式。需要指出的是，本节假设不同宏观经济条件下固定资产和金融资产投资收益率的相关性 ρ_t 存在时变特征，尤其是全球性危机期间各类资产收益率之间的相关性强弱将发生明显变化，从而导致宏观经济变量与微观企业经营情况之间的相关关系具有时变性。根据以上分析，本章通过引入如下具有时变特征的宏微观传导机制：

$$
\begin{aligned}
\tilde{E}_F &= \varphi_{F,\,t}(p_t,\ m_t,\ g_t) \\
\tilde{E}_K &= \varphi_{K,\,t}(p_t,\ g_t) \\
\sigma_K^2 &= \varphi_{\sigma,\,t}(p_t,\ m_t,\ g_t) \\
D &= \varphi_{D,\,t}(p_t,\ m_t,\ g_t)
\end{aligned}
\tag{5.6}
$$

则实体企业在 t 时点的最优金融化水平 f^* 可以表达为经济政策不确定性、货币政策环境和宏观经济景气度三个宏观变量 $(p,\ m,\ g)$ 的函数：

$$
\begin{aligned}
f_t^*(p_t,\ m_t,\ g_t) = & \frac{\varphi_{F,\,t}(p_t,\ m_t,\ g_t) - \varphi_{K,\,t}(p_t,\ g_t)}{\lambda I_t} \\
& + \varphi_{\sigma,\,t}(p_t,\ m_t,\ g_t)\,\frac{A_t}{I_t} \\
& + \varphi_{\sigma,\,t}(p_t,\ m_t,\ g_t)\,\frac{\varphi_{D,\,t}(p_t,\ m_t,\ g_t)}{I_t}
\end{aligned}
\tag{5.7}
$$

则式（5.7）为考虑时变特征的、由核心宏观驱动因素表示的企业最优金融化水平表达式。

为进一步明确宏观因素对代表性企业金融化水平的驱动效应，本节进一步对最优金融化水平关于各宏观经济变量求偏导。如果对 $f^*(p_t,\ m_t,\ g_t)$ 关于经济政策不确定性 p 求偏导，可以发现：

$$
\frac{\partial f_t^*}{\partial \varphi_{F,\,t}}\frac{\partial \varphi_{F,\,t}}{\partial p_t} < 0 \qquad \frac{\partial f_t^*}{\partial \varphi_{K,\,t}}\frac{\partial \varphi_{K,\,t}}{\partial p_t} > 0 \qquad \frac{\partial f_t^*}{\partial \varphi_{\sigma,\,t}}\frac{\partial \varphi_{\sigma,\,t}}{\partial p_t} > 0 \qquad \frac{\partial f_t^*}{\partial \varphi_{D,\,t}}\frac{\partial \varphi_{D,\,t}}{\partial p_t} < 0
\tag{5.8}
$$

这表明 EPU 提高可能通过降低主营业务收益率和提高经营风险促进企业金融化，同时可能会通过降低金融资产投资收益率和减弱企业融资能力抑制其金融化水平。

参考 4.1.1 节的分析和式（4.11）的结论，对 $f^*(p_t,\ m_t,\ g_t)$ 关于货

币政策环境 m 求偏导有：

$$\frac{\partial f_t^*}{\partial \varphi_{F, t}} \frac{\partial \varphi_{F, t}}{\partial m_t} > 0 \qquad \frac{\partial f_t^*}{\partial \varphi_{\sigma, t}} \frac{\partial \varphi_{\sigma, t}}{\partial m_t} < 0 \qquad \frac{\partial f_t^*}{\partial \varphi_{D, t}} \frac{\partial \varphi_{D, t}}{\partial m_t} > 0 \qquad (5.9)$$

说明宽松的货币政策能通过提高金融资产投资收益率和提升融资能力提高实体企业金融化程度，也能通过降低企业经营风险抑制企业金融化行为。

参考 4.1.1 节的分析和式（4.9）的结论，对 $f^*(p_t, m_t, g_t)$ 关于宏观经济景气度 g 求偏导有：

$$\frac{\partial f_t^*}{\partial \varphi_{F, t}} \frac{\partial \varphi_{F, t}}{\partial g_t} > 0 \qquad \frac{\partial f_t^*}{\partial \varphi_{K, t}} \frac{\partial \varphi_{K, t}}{\partial g_t} < 0 \qquad \frac{\partial f_t^*}{\partial \varphi_{\sigma, t}} \frac{\partial \varphi_{\sigma, t}}{\partial g_t} < 0 \qquad \frac{\partial f_t^*}{\partial \varphi_{D, t}} \frac{\partial \varphi_{D, t}}{\partial g_t} > 0$$

$$(5.10)$$

这表明宏观经济景气度提升可能通过提高金融资产投资收益率和增强融资能力两个渠道提高实体企业金融化水平，同时可能通过提高实物资产投资收益率和降低经营风险抑制其金融化水平。

本章参考上述理论模型分析结论与现有文献中的经典分析框架，从利润追逐和预防性储蓄两个动机出发探讨 EPU 对企业金融化水平可能产生的驱动效应。从利润追逐动机出发，一方面，EPU 升高会显著提高金融资产价格波动，降低金融资产的风险调整后收益率，企业为规避金融资产投资风险会进行减持，导致此时 EPU 与企业金融化水平呈反向变动关系；另一方面，EPU 提升的同时会造成固定资产投资的风险增大，从而降低风险调整后的固定资产投资收益率，促进实体企业增加金融资产配置，导致 EPU 与企业金融化水平同向变动。从预防性储蓄动机出发，一方面，EPU 较高时企业经营风险提升，预防性储蓄动机增强，企业倾向于通过持有更多金融资产作为流动性储备，降低未来经营风险，造成 EPU 和企业金融化水平同向变动；另一方面，EPU 升高时经济前景不明朗，银行会收紧信贷政策，导致企业融资能力下降，金融资产投资的可用资金减少，此时 EPU 和企业金融资产投资反向变动。本章涉及的货币政策环境和宏观经济景气度对企业金融化的驱动效应及其作用机理与本书 4.1.2 节相似，只是本章中存在时变特征，此处不再赘述。

表 5-1　宏观因素对企业金融化的潜在驱动效应及其作用机制

驱动因素	对企业的影响	决策动机	宏微观 传导机制	驱动效应
经济政策 不确定性 提高	经济政策波动增大，金融资产投资风险增加	利润追逐	$\varphi_{F,t}$	抑制
	实体经济经营风险提高，实物投资风险扩大	利润追逐	$\varphi_{K,t}$	促进
	银行信贷政策收紧，企业可用资金减少	预防性储蓄	$\varphi_{D,t}$	抑制
	经营风险提高，预防性财务困境动机增强	预防性储蓄	$\varphi_{\sigma,t}$	促进
货币政策 环境宽松	市场利率下行，金融资产价格具备上涨预期	利润追逐	$\varphi_{F,t}$	促进
	融资成本降低，可支配资金增加	利润追逐	$\varphi_{D,t}$	促进
	融资能力增强，增持金融资产降低经营风险	预防性储蓄	$\varphi_{D,t}$	促进
	融资约束减弱，对财务困境预防需求下降	预防性储蓄	$\varphi_{\sigma,t}$	抑制
宏观经济 景气度提升	企业盈利能力提高，实体投资收益率上升	利润追逐	$\varphi_{K,t}$	抑制
	金融资产预期收益提高，预期风险下降	利润追逐	$\varphi_{F,t}$	促进
	宏观经济风险降低，预防不确定性需求减弱	预防性储蓄	$\varphi_{\sigma,t}$	抑制
	财务状况改善，储备金融资产能力提升	预防性储蓄	$\varphi_{D,t}$	促进

注：笔者根据本章理论分析整理所得，符号含义具体见本书 2.3 节和 5.1 节的理论分析。

　　基于以上理论分析，本章将 EPU、货币政策环境和宏观经济景气度三个宏观维度驱动企业金融化的潜在渠道进行简单总结和归纳并列示于表 5-1 中。为保证文章简洁，对于每个宏观驱动因素只列示一种变动情况并做出简要说明，详细理论分析及相关参考文献可见文字部分。

　　从以上理论分析可以发现三个核心宏观变量对企业金融化同时存在多

种潜在驱动效应和影响渠道，这导致理论分析难以确认企业金融化水平受到宏观驱动因素变动的影响及其时变特征，需要进行进一步实证检验。另外，实证结论体现出宏观经济波动对实体企业金融化存在抑制（促进）作用并不表明发挥促进（抑制）作用的其他机制不存在，企业投资金融资产是同时出于多种考量的综合决策结果。

5.1.2 研究问题

本章研究是建立在第 4 章研究基础之上的拓展和深入，主要研究内容为核心宏观经济变量对企业金融化的驱动效应及其时变特征，以及样本期内企业金融化宏观驱动效应的量化测度，以上研究在中国内外部发展环境不确定性增加和促进实体经济高质量发展的背景下意义凸显。本书第 4 章运用双向固定效应回归模型通过实证研究发现宏观经济各维度对企业金融化水平具有不同驱动效应，本章力求在上述研究和现有文献的基础上通过理论分析和实证研究回答以下问题，进一步基于宏观视角推进企业金融化形成机理研究：

第一，在整体经济系统中各宏观因素的外生冲击对企业金融化水平具有何种驱动效应？在企业金融化宏观形成机理的研究中，将多个宏观驱动因素逐个引入回归方程是标准研究范式，这是因为各个宏观变量之间通常存在较强相关性，同时将其引入方程存在潜在多重共线性问题，可能导致估计结果有偏和不一致。事实上，一方面，实体企业金融资产投资同时受到多维度宏观变量共同影响，而在回归分析中难以对核心解释变量外的其他宏观变量施加控制，这在面板数据多元线性回归研究框架下确实难以解决，是造成现有文献研究结论存在分歧的潜在原因之一。另一方面，企业金融资产投资在时间维度上具有持续性，尽管本书 4.4.2 节中构建动态面板模型从一定程度上缓解了以上问题，但多元线性回归模型仍然难以考虑滞后多期的金融资产投资情况对当期的影响。本章试图通过运用 TVP-VAR 模型同时将多个核心宏观驱动因素和企业金融化作为内生变量引入分析框架并建立时间序列模型，探究外生宏观冲击在整体经济系统内对企业金融化水平产生的驱动效应，同时将企业金融化的序列相关性纳入研究范围，对本书第 4 章所得结论进行验证，并进一步基于宏观视角完善和补充企业金融化形成机理的相关研究成果。

第二，各宏观因素对企业金融化的驱动作用是否存在时变特征？在多元线性回归分析框架下，宏观变量驱动企业金融化的相关研究均在样本期内得到一致结论，发掘变量间关系的时变特征较为困难。任瑞敏（2020）基于新冠肺炎疫情对金融化问题进行理论分析，结果表明世界经济活动在危机期间具有较强的一致性，可能导致金融化与其他宏观变量之间的关系存在时变特征；谢富胜等（2021）指出，中国在 2008 年之前能较好抵御国际金融化进程，而在 2008 年之后由于经济发展对外依存度显著提高，导致金融化趋势增强，指出 2008 年前后的中国企业金融化形成机理可能存在结构性变化；张成思等（2022）基于时变参数因子增强向量自回归的实证研究表明金融化水平提高对杠杆率的影响以 2008 年国际金融危机爆发为分界点具有明显时变特征。尽管以上文献已经关注了企业金融化问题中可能存在时变特征，但尚未有文献关于企业金融化宏观驱动效应的时变性展开研究。

结合图 5-1 中各核心宏观变量在样本期内的大幅波动，各宏观因素对企业金融化驱动效应的时变特征可能来自以下几点：（1）2007—2020 年发生多次全球或局部范围重大经济事件，包括但不限于 2008 年国际金融危机、2018 年中美贸易摩擦和 2020 年新冠肺炎疫情等，以上特殊事件可能对实体企业金融资产配置造成永久性或阶段性影响；（2）近几年中国宏观经济转型取得重要进展，以 GDP 增速为例，在从高速增长切换至高质量增长的转型进程中，经济增速对企业资源配置决策的参考意义可能发生变化；（3）近几年大型企业经营理念的不断迭代进化和中国上市公司的结构变化均可能通过改变样本特征造成企业金融资产投资行为对宏观经济波动的反应发生转变；（4）样本期内众多经济政策影响深远，例如 2008 年推出的"四万亿"经济刺激计划、2015 年提出的供给侧结构性改革和 2018 年实施的"资管新规"等均可能造成宏观因素对企业金融化的驱动效应发生结构性变化（李青原等，2022）。在样本期内不同阶段的时变特征之外，本章还关于宏观经济变量外生冲击对企业金融化水平的多期影响和持续性展开研究。本章通过运用 TVP-VAR 模型将时变特征引入企业金融化形成机理研究，所得结论是对现有相关研究成果的拓展和深化。

第三，如何对中国企业金融化各维度宏观驱动效应进行定量测度？在多个宏观变量均对实体企业金融化水平产生显著影响的研究基础上，关于各宏观驱动因素对企业金融化现状的贡献进行定量测度能进一步推进相关研究，明确中国企业金融化形成的主导宏观驱动因素。事实上，统计学上显著存在的因果关系并不能代表解释变量对被解释变量具有程度较大的影响。尽管明晰宏观因素的驱动效应强弱对通过制定相应宏观政策引导企业回归实体经济具有一定现实意义，而目前尚未有文献定量测度宏观经济波动对企业金融化水平的驱动效应。本章运用前沿的连通性方法对中国企业金融化各维度宏观驱动效应强度进行定量测度，力求填补现有企业金融化形成机理研究结论的不足之处。

通过引入新的分析模型和研究方法对中国企业金融化宏观形成机理展开研究，本章的边际贡献主要在于：第一，将多个宏观经济变量和企业金融化水平作为内生变量同时引入分析框架并建立经济系统模型，将宏观变量间的相互作用和企业金融化的自相关性纳入考量范畴，一定程度上消除传统多元线性回归模型的不足，进一步提高所得研究结论的可信度和准确性，是对现有企业金融化形成机理研究成果的完善和验证；第二，将外生宏观冲击驱动企业金融化水平的时变特征引入研究框架，有助于更好地识别在较长样本期内宏观变量波动对企业金融化驱动效应的结构性变化，所得研究成果是对企业金融化形成机理和宏观经济影响微观企业金融投资行为现有研究内容的完善和深入；第三，对中国企业金融化各维度宏观驱动效应进行量化测度，分析各核心宏观变量对企业金融化水平的驱动强度，所得研究结论是对现有研究不足之处的补充。

在以上学术贡献之外，本章关于外生宏观冲击驱动实体企业金融化的时变性和持续性研究结论对不同时期引导企业回归实体的政策制定具有参考意义，这在现阶段全球极端经济事件频发的背景下更具现实意义；对中国企业金融化宏观驱动效应的量化测度有益于明确企业金融化现状的主导宏观成因，这对抑制中国企业"脱实向虚"和促进实体经济高质量发展的宏观经济政策制定具有参考价值。

5.2 研究设计

5.2.1 样本选择和数据来源

本章以 2007—2020 年沪深两市 A 股上市公司作为研究样本，参考本章 3.2.1 节做法进行一系列剔除后共剩余 3786 家企业。本章所用企业层面数据来自国泰安数据库（CSMAR），宏观层面数据来自国家统计局和 Wind 数据终端，使用 Stata15、Python3.9 和 OxMetrics6 进行实证研究。为避免极端值对实证分析结果造成影响，本章对企业层面变量均进行双侧 1% Winsorize 截尾处理。

5.2.2　变量定义和测度

根据本书 3.1.3 节的适用性分析结论，本章参考胡奕明等（2017）的研究使用金融资产占总资产比例作为企业金融化测度方法。在宏微观结合的学术研究中，将企业层面微观数据降维至宏观维度是常用方法。在企业金融化研究领域，朱映惠（2016）的研究将企业个体金融化水平在省级层面取平均得到省级实体企业金融化指标；瞿真（2021）对全国企业个体金融化水平进行平均，将所得宏观维度的企业金融化变量引入结构向量自回归模型（SVAR）；张成思等（2022）运用时变参数因子增强向量自回归（TVP-FAVAR）模型，对杠杆率和金融化水平之间关系展开研究的过程中利用微观上市企业层面数据测度了中国非金融企业的整体杠杆率，用来反映中国实体经济的负债情况。本章参考现有研究，对每一季度实体企业个体金融化水平取平均值构建宏观维度企业金融化变量，记为 FA。为满足平稳性要求，本章将 FA 的一阶差分作为 TVP-VAR 模型的输入变量，记为 fa。企业金融化测度在参考文献中存在不同处理方式，为保证实证结果的稳健性，本章参考张成思和郑宁（2020）的研究测度微观企业金融化水平，在每一季度取平均值并差分后引入 TVP-VAR 模型进行稳健性检验，记为 $fa2$，具体测度方法可见 3.1.3 节。

宏观驱动因素方面，本章使用 EPU、广义货币供应量和经济增长分别作为经济政策不确定性、货币政策环境和宏观经济景气度的代理变量，从经济政策、金融系统和实体产出三个核心维度全面反映了宏观经济情况。参考彭俞超等（2018a）和刘贯春等（2020）的研究，本章采用 Baker 等（2016）基于《南华早报》分析结果测定的中国 EPU 指数，记为 EPU。为满足模型对输入数据的平稳性要求，本章对 EPU 进行一阶差分，之后用 max-min 标准化方法将取值线性映射到 0~1 区间上输入模型，记为 epu。参考盛松成和谢洁玉（2016）构建 SVAR 模型的做法，本章将广义货币供应量 M_2（十亿元）作为货币政策环境的代理变量，记为 m_2。为满足模型平稳性要求，本章参考欧阳志刚和薛龙（2017）的处理方法对 m_2 取对数并调整数量级后输入模型，记为 m_2。参考胡奕明等（2017）的研究，本章使用 GDP 季度同比增速作为经济增长的代理变量，记为 GDP，再进行一阶差分以满足模型的平稳性要求，记为 gdp。

5.2.3　描述性统计和相关性分析

表5-2汇报了各变量描述性统计结果，其中EPU（*EPU*）的均值为289.3255，最小值和最大值分别为64.4041和865.8361，偏度为1.2237，具有比较明显的右偏性；货币供应量（*M₂*）均值为117429.88，表明样本期内中国广义货币供应量平均约为117.4299万亿元；经济增长（*GDP*）均值为7.7804，说明样本期内中国经济增速平均为7.7804%，其最小值-6.8%出现在2020年第一季度；企业金融化水平（*FA*）的均值、最小值和最大值分别为3.3645、1.9166和8.0024，表明样本期内中国实体企业金融化的平均水平为3.3645%，最低和最高的金融化水平为1.9166%和8.0024%。各宏观变量在样本期内的长期趋势和短期波动已经在5.1.1节中进行分析，此处不再赘述。*epu*、*m₂*、*gdp*、*fa*四个处理后的模型输入变量的经济含义与原序列存在差异，数值也发生显著变化，此处不再赘述。四个模型输入变量数值的数量级保持一致保证了模型估计结果的有效性。

表5-2　描述性统计

变量	均值	标准差	偏度	峰度	最小值	中位数	最大值
EPU	289.3255	240.715	1.2237	3.1721	64.4041	193.215	865.8361
M₂	117429.88	55410.77	0.1943	1.82	36409.37	113360.62	218679.59
GDP	7.7804	3.5184	-1.3019	7.7597	-6.8	7.35	14.3
FA	3.3645	1.5417	1.8287	5.5552	1.9166	2.9358	8.0024
epu	0.4908	0.2183	0.0486	3.0032	0	0.4661	1
m₂	1.1545	0.0536	-0.419	1.9888	1.0503	1.1638	1.2295
gdp	-0.2091	2.0894	-3.8574	26.815	-12.9	-0.1	5.2
fa	0.1026	0.3743	2.2618	9.6341	-0.4624	0.0521	1.6898

注：数据由笔者计算整理所得。

表5-3汇报了*EPU*、*m₂*、*GDP*、*FA*四个原序列之间的相关性矩阵。以Pearson相关性为例，总体来看四个变量间存在很强的相关性，其中*EPU*和*FA*之间的相关性最强，达到0.8332，*EPU*和*GDP*之间的相关性最弱，但也达到-0.6745。变量间较强的相关性一方面印证前文所述将多个宏观变量同时引入多元线性回归方程存在多重共线性问题，可能导致估计结果有偏和不一致，另一方面也从侧面为本章使用上述四个变量对经济系统进行建模提供依据。

表 5-3　相关性分析

	EPU	M_2	GDP	FA
EPU	1	0.7724	-0.7986	0.6752
M_2	0.8110	1	-0.8946	0.6837
GDP	-0.6745	-0.7893	1	-0.6955
FA	0.8332	0.7326	-0.7006	1

注：数据由笔者计算整理所得。

5.2.4　研究方法

5.2.4.1　时变参数随机波动率向量自回归模型（TVP-VAR）

根据 5.1 节的理论分析结论，宏观因素对企业金融化的驱动效应可能具有时变特征，故本章需要使用能反映变量间关系时变性的时间序列模型进行实证分析。传统向量自回归模型（VAR）作为一种时间序列分析工具被广泛用于宏观经济领域研究（Sims，1980），但模型中固定参数难以捕捉变量间关系的时变特征。Primiceri（2005）在结构向量自回归模型（SVAR）中引入随机波动率，并提出了参数可以随时间变化的时变参数随机波动率向量自回归模型（TVP-VAR），该模型目前已经成为一种重要的时间序列分析工具。一个简单的 p 阶 n 维 TVP-VAR 模型可以被表示为：

$$A_t y_t = F_{1,t} y_{t-1} + \cdots + F_{p,t} y_{t-p} + \varepsilon_t \qquad (5.11)$$

其中，y_t 是由 n 个内生变量组成的 $n \times 1$ 维列向量，A_t 是一个取决于内生变量间同期关系的下三角矩阵，$F_{i,t}$ 是 $n \times n$ 维系数矩阵，随机扰动项 ε_t 满足 $\varepsilon_t \sim N(0, \Sigma_t^2)$，$\Sigma_t$ 是一个对角线上元素为随机波动率的对角矩阵，具体形式为：

$$A_t = \begin{bmatrix} 1 & 0 & \cdots & 0 \\ a_{21,1} & 1 & \cdots & \vdots \\ \vdots & \vdots & \ddots & 0 \\ a_{n1,t} & \cdots & a_{nn-1,t} & 1 \end{bmatrix}, \quad \Sigma_t = \begin{bmatrix} \sigma_{1,t} & 0 & \cdots & 0 \\ 0 & \sigma_{2,t} & \cdots & \vdots \\ \vdots & \vdots & \ddots & \vdots \\ 0 & \cdots & 0 & \sigma_{n,t} \end{bmatrix}$$

$$(5.12)$$

令 $B_{i,t} = A_t^{-1} F_{i,t}$，$i = 1, \cdots, p$，模型可以进一步简化为：

$$\begin{cases} y_t = B_{1,t} y_{t-1} + \cdots + B_{p,t} y_{t-p} + A_t^{-1} \Sigma e_t = X_t \beta_t + A_t^{-1} \Sigma e_t \\ X_t = I_n \otimes (y_{t-1}', \cdots, y_{t-p}') \end{cases} \qquad (5.13)$$

其中，X_t 中包含截距项和 y_t 的 1 到 p 阶滞后项，β_t 是随时间变化的回归系数，则 $y_t = X_t\beta_t + A_t^{-1}\Sigma e_t$ 是 TVP-VAR 模型的标准形式。

根据 Primiceri（2005）的研究，将 $a_t = (a_{21}, a_{31}, a_{32}, \cdots, a_{n, n-1})'$ 定义为由 A_t 中所有元素组成的矩阵，定义 $h_{jt} = \log(\sigma_{jt})$，$j = 1, \cdots, n$，则 $h_t = (h_{1t}, \cdots, h_{nt})'$ 为模型的随机波动率。进一步假设其中的时变参数均服从以下过程和分布：

$$\begin{cases} \beta_{t+1} = \beta_t + u_{\beta t}, \quad u_{\beta t} \sim N(0, \Sigma_\beta) \\ a_{t+1} = a_t + u_{at}, \quad u_{at} \sim N(0, \Sigma_a) \\ \ln h_{t+1} = \ln h_t + u_{ht}, \quad u_{ht} \sim N(0, \Sigma_h) \end{cases} \tag{5.14}$$

则 β_{t+1}、a_{t+1} 和 h_{t+1} 为随机游走过程，过程的参数服从如下分布：

$$\begin{bmatrix} e_t \\ u_{\beta t} \\ u_{at} \\ u_{ht} \end{bmatrix} = N(0, \begin{bmatrix} I & 0 & 0 & 0 \\ 0 & \Sigma_\beta & 0 & 0 \\ 0 & 0 & \Sigma_a & 0 \\ 0 & 0 & 0 & \Sigma_h \end{bmatrix}) \tag{5.15}$$

其中，I、Σ_β、Σ_a、Σ_h 均为方差协方差矩阵。由于模型中存在随机波动率，且参数随时间变化，所以传统的最小二乘法估计可能造成模型参数的过度识别。本章假设 Σ_β、Σ_a、Σ_h 的先验分布均为逆伽马分布，使用 Nakajima（2011）所提出基于马尔科夫链蒙特卡洛法（MCMC）对所建立的 TVP-VAR 模型参数进行估计。

5.2.4.2 基于 TVP-VAR 的连通性方法

Diebold 和 Yilmaz（2009）的研究提出使用 Cholesky 分解法对预测误差方差进行分解从而计算系统内不同变量之间的溢出效应，量化测度变量间相互影响的强弱程度，之后 Diebold 和 Yilmaz（2012，2014）进一步引入广义预测误差方差分解进行溢出效应计算，克服了分解结果受到模型变量输入顺序影响的问题。国内有研究运用 DY 方法计算中国金融周期和经济周期的溢出效应指数，对二者之间的交互影响展开研究，结果表明金融周期对经济周期具有较强的单向影响（刘金全和王国，2021）。Antonakakis 等（2020）再次对该方法进行扩展并提出连通性方法，基于 TVP-VAR 模型对内生变量间静态和动态溢出效应进行计算，通过引入时变参数和随机波动率实现了对具有时变特征的内生变量间相互作用的强弱程度进行量化测度。本节对该方法的原理和相关指标的定义进行简单描述，详细推导过程可参见 Antonakakis 等（2020）。

参考式（5.3），一个 p 阶的 n 维 TVP-VAR 模型可以表示为：

$$\begin{cases} y_t = X_t\beta_t + \varepsilon_t \\ \beta_t = vec(B_{1,\,t}{}', \cdots, B_{p,\,t}{}') \\ X_t = I_n \bigotimes (y_{t-1}{}', \cdots, y_{t-p}{}') \end{cases} \quad (5.16)$$

其中，y_t 是由 n 个内生变量构成的 $n \times 1$ 维列向量，$B_{i,\,t}$ 为 $n \times n$ 维时变性系数矩阵，X_t 由内生变量的 1 到 p 阶滞后项构成，ε_t 是满足 $\varepsilon_t \sim N(0, \Sigma_t)$ 的扰动项。进一步假设系数矩阵 β_t 是一个 AR（1）随机游走过程，则有：

$$\begin{cases} \beta_{t+1} = \beta_t + \varphi_t \\ \varphi_t \sim N(0, \Omega_t) \end{cases} \quad (5.17)$$

参考 Antonakakis 等（2020）的研究，定义预测误差方差贡献 $d_{ij}(H)$ 为变量 i 受到系统内其他变量外生冲击时的 H 步预测误差方差中由变量 j 所能解释的部分，用来反映变量 i 受到变量 j 影响的程度强弱，则计算方法为：

$$d_{ij,\,t}(H) = \frac{\sigma_{ii,\,t}^{-1} \sum_{h=0}^{H-1} (e_i{}'B_{h,\,t}\Sigma_t e_j)^2}{\sum_{h=0}^{H-1} (e_i{}'B_{h,\,t}\Sigma_t B_{h,\,t}{}'e_i)^2}, \quad i, j = 1, \cdots, n \quad (5.18)$$

其中，Σ_t 是扰动项 ε_t 的协方差矩阵，$\sigma_{ii,\,t}$ 是扰动项 ε_t 的标准差，e_i 是只有第 i 个元素为 1，其余均为 0 的 n 维列向量，$B_{h,\,t}$ 为式（5.6）中系数矩阵。由 $d_{ij,\,t}(H)$ 作为元素组成的 $n \times n$ 维矩阵 $D_t(H)$ 为 t 期预测误差方差分解矩阵，可以测度不同变量间的动态溢出效应，具体形式为：

$$D_t(H) = \begin{pmatrix} d_{11,\,t} & d_{12,\,t} & \cdots & d_{1n,\,t} \\ d_{21,\,t} & d_{22,\,t} & \cdots & d_{2n,\,t} \\ \vdots & \vdots & \ddots & \vdots \\ d_{n1,\,t} & d_{n2,\,t} & \cdots & d_{nn,\,t} \end{pmatrix} \quad (5.19)$$

在预测误差方差分解矩阵 $D_t(H)$ 中，第 i 行元素之和表示变量 i 在 t 期受到系统内各元素影响的总和，第 j 列之和代表第 t 期变量 j 对其他变量造成的影响总和，当 $i \neq j$ 时元素 $d_{ij,\,t}$ 表示在第 t 期变量 i 的变动中来自变量 j 的部分，元素 $d_{ii,\,t}$ 表示第 t 期变量 i 的变动中源自其自身的部分。

为对系统内静态和动态溢出效应进行进一步分析，本章参考 Antonakakis 等（2020）的研究计算以下指标：

第一，为反映样本期内系统中内生变量间总溢出效应（TCI）强弱，需要测度 t 期各变量的变动中由其他变量造成的比例，则定义 $TCI_t(H)$ 为：

$$TCI_t(H) = \frac{\sum_{i,\,j=1,\,i \neq j}^{n} d_{ij,\,t}(H)}{\sum_{i,\,j=1}^{n} d_{ij,\,t}(H)} \times 100 \quad (5.20)$$

此处 $TCI_t(H)$ 取值范围为 $0\sim100$，取值越大表明在 t 期各变量受到系统内其他变量的影响越大，系统的总体溢出效应和变量间的连通性越强。

第二，为测度在 t 期变量 i 承受其他变量的总溢出效应（FROM）强弱，定义 $FROM_{ij,\,t}(H)$ 为：

$$FROM_{ij,\,t}(H) = \frac{\sum_{j=1,\,j\neq i}^{n} d_{ij,\,t}(H)}{\sum_{j=1}^{n} d_{ij,\,t}(H)} \times 100 \qquad (5.21)$$

此处 $FROM_{ij,\,t}(H)$ 取值范围为 $0\sim100$，取值越大表明在 t 期变量 i 接收到系统内其他变量的溢出效应越强，变量 i 受到其他内生变量的影响越强。

第三，为测度在 t 期变量 i 向其他变量输出的总溢出效应（TO）强弱，定义 $TO_{ij,\,t}(H)$ 为：

$$TO_{ij,\,t}(H) = \frac{\sum_{i=1,\,i\neq j}^{n} d_{ij,\,t}(H)}{\sum_{i=1}^{n} d_{ij,\,t}(H)} \times 100 \qquad (5.22)$$

此处 $TO_{ij,\,t}(H)$ 取值越大表明在 t 期变量 i 对系统内其他变量输出的溢出效应越强，其他内生变量受到变量 i 的影响越强。

第四，为测度在 t 期变量 i 和变量 j 之间的净溢出效应（NPDC）强弱，定义 $NPDC_{ij,\,t}(H)$ 为：

$$NPDC_{ij,\,t}(H) = \left[d_{ji,\,t}(H) - d_{ij,\,t}(H) \right] \times 100 \qquad (5.23)$$

若 $NPDC_{ij,\,t}(H) > 0$ 则表明在 t 期变量 i 对 j 输出的溢出效应大于 j 对 i 输出的溢出效应，变量 i 在两个变量的相互影响中占据主导地位；反之亦然。

5.2.4.3 研究方法分析和对比

TVP-VAR 模型通过在向量自回归模型中引入时变参数和随机波动率，为识别变量间相互作用关系的时变特征提供了有效分析工具，目前该方法被广泛运用于可能存在结构性变化的经济研究。基于 TVP-VAR 模型的动态溢出效应是比较前沿的研究方法，但应用范围广泛和实用性强的特征使其广泛被用于识别和定量测度系统各内生变量间的驱动效应强弱。

以上两个模型是针对多组时间序列之间关系的研究方法，且均引入了时变性，对样本期内存在特殊时期或变量间关系可能存在结构性变化的经济系统较为适用。需要进一步说明的是，TVP-VAR 模型生成的脉冲响应函数能体现一个变量的外生冲击对其他变量的潜在影响，是针对变量间潜在相互作用强弱的研究方法，且具有一定预测效果；而溢出效应则能反映一个变量变动对其他变量的实际驱动效应强度，体现出各变量在样本期内发生变动的来源。

5.3　基于 TVP-VAR 模型的实证分析

5.3.1　平稳性检验

TVP-VAR 模型要求输入平稳变量,为保证结论稳健性,本章使用 Augmented Dickey-Fuller 和 Phillips-Perron 两种检验方法,分别设定最高滞后项阶数为 0、1 和 2 对变量的平稳性进行检验,并汇报了检验的 t 统计量和 5% 的临界值。表 5-4 的平稳性检验结果表示 EPU、M_2、GDP 和 FA 四个未经处理的原时间序列在两种检验方法和不同最大滞后阶数的检验中均存在单位根,不具备平稳性,不能作为 TVP-VAR 模型的输入变量;epu、m_2、gdp 和 fa 四个处理后的时间序列在两种检验方法和不同最大滞后阶数的检验中均不存在单位根,具备平稳性,故本章将以上四个处理后变量输入 TVP-VAR 模型。具体的变量处理方法详见 5.2.2 节。

表 5-4　平稳性检验

变量	Augmented Dickey-Fuller			Phillips-Perron		
	Lag（0）	Lag（1）	Lag（2）	Lag（0）	Lag（1）	Lag（2）
EPU	-1.058	-0.976	-1.148	-1.058	-1.034	-1.080
	(-2.926)	(-2.927)	(-2.928)	(-2.926)	(-2.926)	(-2.926)
M_2	2.741	2.250	3.836	2.741	2.724	3.319
	(-2.926)	(-2.927)	(-2.928)	(-2.926)	(-2.926)	(-2.926)
GDP	-2.366	-2.130	-1.977	-2.366	-2.273	-2.232
	(-2.926)	(-2.927)	(-2.928)	(-2.926)	(-2.926)	(-2.926)
FA	1.736	1.528	1.270	1.736	1.731	1.706
	(-2.926)	(-2.927)	(-2.928)	(-2.926)	(-2.926)	(-2.926)
epu	-7.958^{***}	-4.930^{***}	-3.959^{***}	-7.958^{***}	-7.963^{***}	-7.950^{***}
	(-2.926)	(-2.927)	(-2.928)	(-2.926)	(-2.926)	(-2.926)
m_2	-4.230^{***}	-3.559^{***}	-5.043^{***}	-4.230^{***}	-4.095^{***}	-4.709^{***}
	(-2.926)	(-2.927)	(0.0000)	(-2.926)	(-2.926)	(-2.926)

续表

变量	Augmented Dickey–Fuller			Phillips–Perron		
	Lag（0）	Lag（1）	Lag（2）	Lag（0）	Lag（1）	Lag（2）
gdp	-8.763***	-6.200***	-5.386***	-8.763***	-8.786***	-8.920***
	（-2.927）	（-2.928）	（-2.928）	（-2.927）	（-2.927）	（-2.927）
fa	-6.430***	-4.158***	-3.186**	-6.430***	-6.423***	-6.455***
	（-2.927）	（-2.928）	（-2.928）	（-2.927）	（-2.927）	（-2.927）

注：数据由笔者计算整理所得，***、** 和 * 分别表示在1%、5%和10%置信水平下显著。表中列示了各变量平稳性检验的 t 统计量，括号内为5%的显著性临界值。

5.3.2　格兰杰因果检验

在对输入变量的平稳性进行验证之后，本章进一步通过格兰杰因果检验判断本章选取的变量间是否存在格兰杰因果关系。表5-5 中的结果显示了 EPU（epu）、货币供应量（m_2）和经济增长（gdp）均是企业金融化水平（fa）的格兰杰原因，同时 fa 仅是 gdp 的格兰杰原因，而不是 epu 或 m_2 的格兰杰原因。以上结论表明，本章引入的三个宏观变量均对中国企业金融化具有显著驱动效应，从侧面说明使用 TVP-VAR 模型探究实体企业金融化的形成机理具有合理性。结果指出 fa 和 gdp 之间具有双向格兰杰因果关系，这与已有文献中实体企业过度金融化会阻碍经济发展的结论相符。从经济学视角出发，企业金融化水平波动对经济政策不确定性和货币政策环境的影响不强，这与 fa 不是 epu 和 m_2 格兰杰原因的检验结论一致，表明本节所得结论具有一定理论和现实依据。

表5-5　格兰杰因果检验结果

原假设	F 统计量	P 值	结论
epu 不是 fa 的格兰杰原因	13.0229	0.0007***	拒绝原假设
fa 不是 epu 的格兰杰原因	0.5778	0.4506	不拒绝原假设
m_2 不是 fa 的格兰杰原因	3.1331	0.0826*	拒绝原假设
fa 不是 m_2 的格兰杰原因	0.0030	0.9562	不拒绝原假设
gdp 不是 fa 的格兰杰原因	5.7881	0.0197**	拒绝原假设
fa 不是 gdp 的格兰杰原因	3.1712	0.0808***	拒绝原假设

注：数据由笔者计算整理所得，***、** 和 * 分别表示在1%、5%和10%置信水平下显著。

5.3.3　模型参数估计结果

本章引入 EPU（*epu*）、货币供应量（*m₂*）、经济增长（*gdp*）和企业金融化水平（*fa*）四个变量，运用 TVP-VAR 模型研究 EPU、货币政策环境、宏观经济景气度三个宏观维度对企业金融化水平的驱动效应及其时变特征。由于 TVP-VAR 模型为了解决不可识别问题需要对内生变量间当期关系施加约束，导致估计结果可能对模型变量输入顺序敏感，文献指出各变量应遵循外生性从强到弱的顺序引入模型。在本章涉及变量中，*epu* 取决于政府经济政策的颁布实施，其数值来自报刊的文本统计，具备最强的外生性，作为模型第一个输入变量；*m₂* 主要取决于存款准备金率和基准利率等中国人民银行制定的货币政策，外生性相对较强，作为第二个输入变量；*gdp* 受到国家经济政策和货币政策等多种变量的影响，具有一定内生性，作为第三个变量引入模型；*fa* 受到各维度宏观驱动因素影响，内生性最强，作为最后一个变量引入模型。根据以上分析，本章按照 *epu*、*m₂*、*gdp* 和 *fa* 的顺序将各变量引入 TVP-VAR 模型，则式（5.1）中的内生列向量为 $y_t =$（*epu*，*m₂*，*gdp*，*fa*）′。为消除变量排序对 TVP-VAR 模型所得结论的影响，本章通过替换变量输入顺序后对模型进行重新估计作为稳健性检验。

作为时间序列模型，TVP-VAR 的滞后阶数对结论具有显著影响，表 5-6 汇报了本章 TVP-VAR 模型最优滞后阶数的估计结果，结论显示 LR、FPE、AIC、HQIC、SBIC 五个常用定阶方法均支持将滞后阶数设定为一阶，故本章建立滞后一阶的 TVP-VAR 模型。

表 5-6　TVP-VAR 模型最优滞后阶数估计结果

lag	LL	LR	df	FPE	AIC	HQIC	SBIC
0	−37.0938			0.000057	1.58053	1.63807	1.73063
1	153.912	382.01*	16	6.8e−08*	−5.15047*	−4.86275*	−4.39999*
2	161.274	14.723	16	9.60E−08	−4.81823	−4.30034	−3.46736
3	173.414	24.281	16	1.20E−07	−4.66978	−3.92172	−2.71854

注：数据由笔者计算整理所得，本表为 Stata15 输出的原始结果，未对有效数字进行调整。

根据以上分析，本章基于马尔科夫链蒙特卡罗法（MCMC）对所建立的 TVP-VAR 模型进行估计，在进行 1000 次预烧料抽样之后，通过 10000 次抽样确认各参数后验分布，图 5-2 以图形形式汇报了 TVP-VAR 模型的参数估计过程。其中第一行是参数的自相关函数图，各自相关函数取值均从高位迅速下降至零附近，说明各参数不存在显著的自相关性；第二行展示了参数的取值路径，在10000次模拟中各参数取值路径平稳，异常值较少；第三行所示的参数概率密度函数图表示各参数分布均类似于正态分布，符合模型估计假设，以上三个结果均表明使用 MCMC 方法对本章建立的 TVP-VAR 模型进行参数估计的所得结果有效。

表5-7进一步列示了模型的参数估计结果。其中，各参数的 Geweke 值最大取值为0.629，均远小于1.96的临界值，表明各参数估计结果均收敛于其后验分布；无效因子最大取值为61.67，远小于100的临界值，表明估计过程中进行的重抽样是有效的。此外，表5-7还汇报了各参数的均值、标准差和95%置信区间，均无明显异常值出现。以上关于参数估计结果的分析均表明使用 MCMC 方法对本章构建的 TVP-VAR 模型参数进行估计所得结果具有有效性。

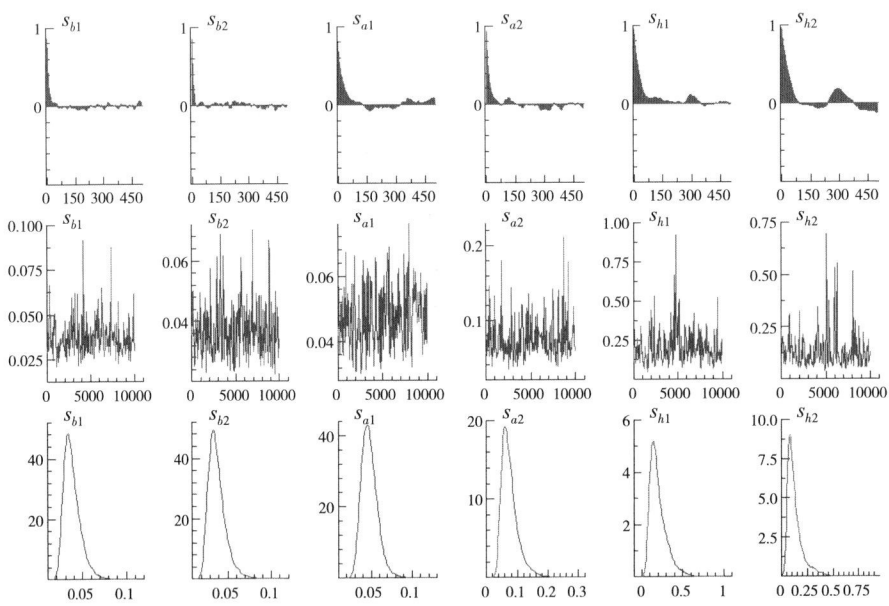

图5-2　TVP-VAR 模型参数估计过程

注：由笔者计算并使用 OxMetrics6 绘制。

表5-7　TVP-VAR 模型参数估计结果

参数	均值	标准差	95%下界	95%上界	Geweke	无效因子
$sb1$	0.038	0.0099	0.0239	0.0619	0.217	12.24
$sb2$	0.0378	0.0097	0.0237	0.0617	0.521	15.57

参数	均值	标准差	95%下界	95%上界	Geweke	无效因子
$sa1$	0.0481	0.0101	0.0321	0.071	0.213	34.23
$sa2$	0.076	0.0279	0.0406	0.1483	0.349	30.6
$sh1$	0.2009	0.1048	0.0701	0.4739	0.63	61.67
$sh2$	0.1308	0.0808	0.0499	0.35	0.629	59.25

注：由笔者使用 OxMetrics6 计算所得。

5.3.4　脉冲响应函数分析

本节通过观察四变量 TVP‐VAR 模型的脉冲响应函数探究 2007—2020 年各维度宏观变量外生冲击对中国企业金融化水平的驱动效应，绘制并汇报了三维脉冲响应函数图、特定时点脉冲响应函数图与固定滞后期脉冲响应函数图。为提高结果可读性，本节在三维脉冲响应图中绘制等高线体现数值差异，同时进行着色标识数值大小，并给出颜色刻度。本章所用数据频率为季度，设定模型脉冲响应期为 8 期，则可以观察到 2 年内的脉冲响应情况。本章原始数据始于 2007 年第一季度，由于对数据进行一阶差分和模型滞后阶数为一阶，所以脉冲响应函数值开始于 2007 年第三季度。

5.3.4.1　受 EPU 外生冲击的脉冲响应函数

图 5-3 报告了样本期内企业金融化水平（fa）受到 EPU（epu）外生冲击后 0~8 期的脉冲响应函数结果。整体来看，epu 的正向外生冲击对 fa 具有负面影响，表明 EPU 降低对实体企业金融化水平具有促进作用，该结论与彭俞超等（2018a）和 Huang 等（2021）的研究成果一致，而与郭胤含和朱叶（2020）的研究结论存在一定差异。

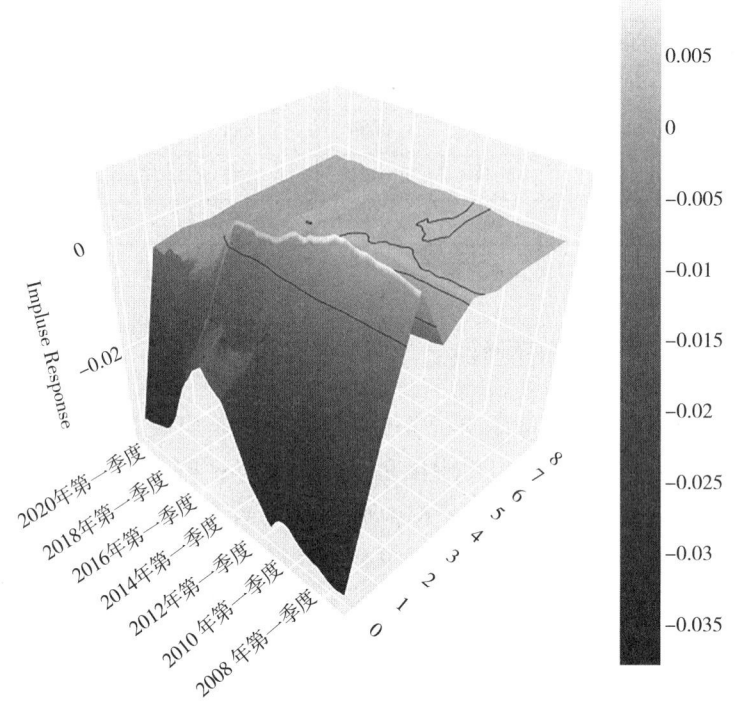

图 5-3　企业金融化受 EPU 外生冲击的三维脉冲响应函数

注：由笔者计算并使用 Python3.9 绘制。

从受到 epu 正向外生冲击后 fa 在不同滞后期的脉冲响应强度来看，冲击当期 fa 受到的抑制作用达到最大，之后快速降低，冲击发生 2 期后影响基本消失，其间可能出现小幅度的正向脉冲响应但并不显著。以 2007 年第三季度发生正向 epu 外生冲击为例，fa 在当期对正向 epu 冲击的脉冲响应函数为 -0.0375（-3.75%），1 期后脉冲响应函数下降至 -1.33%，冲击后 4 期的脉冲响应强度仅为 0.06%，此后影响基本消失。以上实证结果表明 fa 能对 epu 的正向外生冲击在两期内进行快速负向响应，二者呈反向变动关系。结合表 5-1 中的理论分析结论，造成 EPU 降低能促进企业金融化的原因在于金融资产风险调整后投资收益率提升和企业融资能力增强，实体企业根据上述市场变化迅速做出增持金融资产的决策。

样本期内 fa 在不同时点受到 epu 正向外生冲击的脉冲响应函数形态基本保持一致，但响应强度存在趋势性变化。fa 对 epu 正向冲击的当期脉冲响应强度从 2007 年第三季度的 3.75% 逐步稳定下降至 2015 年第四季度的 1.38%，达到样本期内最低值，之后快速上升至 2020 年第四季度的 3.44%。

该实证结果表明正向 epu 外生冲击对 fa 的抑制作用在样本期内以 2015 年第四季度为转折点，呈先减弱后增强的趋势。2015 年 11 月，习近平总书记在中央财经领导小组会议上首次提出供给侧结构性改革，该时间点与 EPU 对企业金融化水平影响强度变化趋势发生拐点的时间一致。造成以上现象的主要原因在于供给侧结构性改革的去杠杆任务具有金融抑制属性（郑联盛，2019），会显著提升企业金融投资行为对 EPU 波动的敏感度，这表明供给侧结构性改革启动之后实体企业进行金融投资会更加注重政策导向。

5.3.4.2　受货币政策环境外生冲击的脉冲响应函数

图 5-4 汇报样本期内企业金融化水平（fa）受到货币政策环境（m_2）外生冲击后 0~8 期的脉冲响应函数结果。整体上看，m_2 的正向外生冲击对 fa 具有正面影响，表明货币政策环境宽松对企业金融化水平具有促进作用，该结论与本研究第 4 章和胡奕明等（2017）的研究成果一致，但与孙华好等（2021）的研究结论存在差异。

从受到 m_2 外生冲击后 fa 在不同滞后期的脉冲响应强度来看，当期 fa 受到的促进作用并不显著，脉冲响应函数在冲击后第 1 期达到最大值，之后呈缓慢下降趋势，外生正向 m_2 冲击发生后 8 期内均对 fa 具有一定促进作用。以 2007 年第三季度施加正向 m_2 外生冲击为例，fa 在当期对正向 m_2 冲击的反应不强，脉冲响应函数为 0.1%，1 期后脉冲响应函数达到 0.57% 的最高值，之后脉冲响应强度逐步下降至冲击后 8 期的 0.13%。以上实证结论指出，正向 m_2 外生冲击对 fa 具有持续性较强的正向影响，表明货币政策环境宽松在 2 年内均对企业金融化水平具有显著并持续的促进作用。结合表 5-1 中理论分析，宽松的货币政策环境能缓解实体企业融资约束和强化金融资产价格上涨预期，造成企业积极投资金融资产。货币政策环境改变对融资约束和资产价格预期具有长期影响，导致企业金融化水平受到货币政策环境的影响比 EPU 更深远。另外，货币政策冲击发生当期对企业金融化水平影响较小的原因在于货币政策的传导机制较为复杂，导致其变动对企业产生的影响具有明显时滞性。

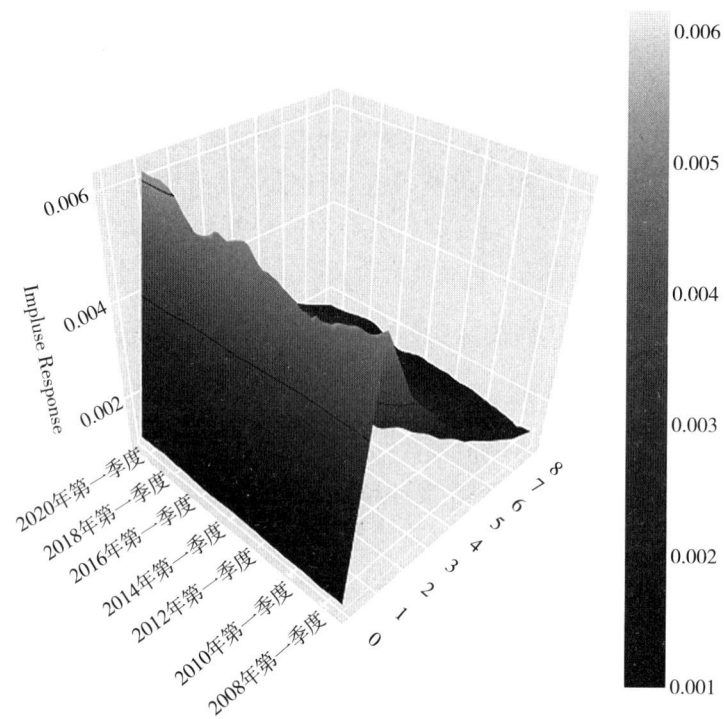

图5-4 企业金融化受货币政策环境外生冲击的三维脉冲响应函数

注：由笔者计算并绘制。

样本期内 fa 在不同时点受到 m_2 正向外生冲击的脉冲响应函数形态变化不大，但作用强度存在趋势性变化。总体来看，样本期内 fa 对 m_2 冲击的第 1 期脉冲响应强度呈先下降后上升的趋势，从 2007 年第三季度的 0.57% 开始小幅波动，在 2009 年第四季度达到 0.53% 的最小值，之后开始呈缓慢上升趋势，在 2020 年第四季度达到 0.62% 的最高值。以上实证结果表明，2008 年国际金融危机期间金融市场波动剧烈，实体企业对金融资产投资信心不足，导致货币政策环境宽松的外生冲击对企业金融化水平的促进作用呈小幅下降趋势，危机之后金融市场发展回归正轨，金融深化进程使宽松的货币政策环境对企业金融化水平的正向驱动作用逐渐提升。

5.3.4.3 受宏观经济景气度外生冲击的脉冲响应函数

图5-5 报告了样本期内企业金融化程度（fa）受到宏观经济景气度（gdp）正向外生冲击后 0~8 期的脉冲响应函数情况。整体来看，样本期内大部分阶段 gdp 正向外生冲击对 fa 具有负面影响，二者呈反向变动关

系，表明宏观经济景气度下行对企业金融化水平具有促进作用，该结论与本书第 4 章和黄送钦（2018）的研究结论一致，但与雷新途等（2020）的研究成果存在一定差异。值得注意的是，本节发现在 2009 年和 2010 年 fa 对正向 gdp 外生冲击的脉冲响应函数为正，说明在此期间宏观经济景气度提升对企业金融化水平具有促进作用，宏观经济景气度对企业金融化水平的驱动效应在本章样本期内存在结构性变化。

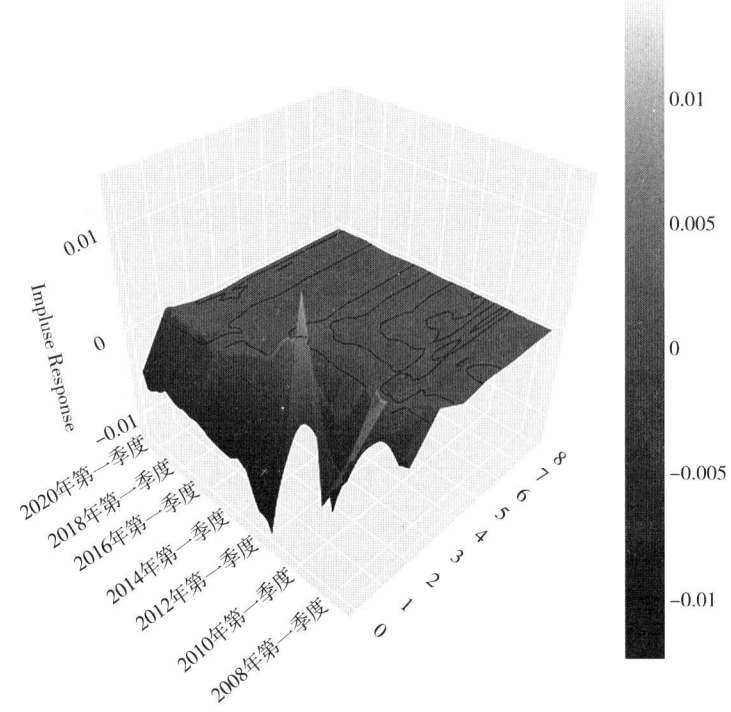

图 5-5　企业金融化受宏观经济景气度外生冲击的三维脉冲响应函数

注：由笔者计算并绘制。

从受到 gdp 正向外生冲击后 fa 在不同滞后期的脉冲响应强度来看，在非 2009 年和 2010 年的样本期内大部分阶段，当期 fa 受到的抑制作用达到最大，之后快速下降，冲击发生 2 期后影响基本消失，其间可能出现小幅度的正向脉冲响应但并不显著。以 2020 年第四季度发生正向 gdp 外生冲击为例，fa 受到冲击当期的脉冲响应强度为-0.46%，冲击后第 1 期的脉冲响应强度下降至 0.08%，冲击后第 2 期及之后的脉冲响应逐步趋于消失。

与其他阶段不同，在 2009 年和 2010 年 fa 受到 gdp 正向外生冲击后当期发生较强的正向脉冲响应，冲击后 1 期存在较弱的负向脉冲响应，之后脉冲响应强度迅速衰减，冲击发生后 2 期及之后的脉冲响应不显著。以 2009 年第二季度发生正向 gdp 外生冲击为例，gdp 正向外生冲击对 fa 造成的脉冲响应在当期达到最高的 1.42%，冲击后 1 期脉冲响应强度为 -0.92%，2 期脉冲响应强度仅为 0.22%，之后基本消失。以上实证结果指出，样本期内多数时间 gdp 正向外生冲击对 fa 造成的脉冲响应为负，而 2009 年和 2010 年造成的脉冲响应为正，表明宏观经济景气度下行在非 2009 年和 2010 年的阶段内对企业金融化水平具有促进作用，而在 2009 年和 2010 年宏观经济景气度提升对企业金融资产投资具有促进作用，以上作用主要发生在施加外生冲击后的半年内。

发生以上结构性变化的主要原因在于 2008 年爆发的国际金融危机，以及中国在危机期间推出的经济政策。为应对国际金融危机，在 2008 年 11 月中国提出要在 2010 年底前完成总额为四万亿元的投资计划，即"四万亿"经济刺激计划，该计划的实施时间为 2009 年和 2010 年，这与本节宏观经济景气度对企业金融化驱动效应发生结构性变化的时间段一致。结合表 5-1 中理论分析和现有文献来看，"四万亿"计划引发上述结构性变化的原因在于三点：第一，2008 年国际经济危机爆发于西方发达国家，主要从需求侧对当时以出口为导向的中国经济造成影响，导致中国实体经济需求端受到明显抑制，在此时施加提升宏观经济景气度外生冲击虽然会提高实体企业盈利能力和增加可用资金，但仍难以解决实体投资机会不足的根本矛盾，所以企业只能增加对金融资产的投资份额，这与现有文献中"四万亿"计划显著降低企业实体投资效率的研究结果不谋而合；第二，"四万亿"计划造成流动性过度充裕强化了短期内金融资产价格的上涨预期，此时施加提升宏观经济景气度的外生冲击为企业提供的额外流动性将被更多投资于金融资产而非固定资产；第三，2008 年国际金融危机之后实体经济经营风险加大，企业预防性储蓄动机增强，发生宏观经济景气度提升的外生冲击所增加的可用资金倾向被用于投资金融资产作为流动性储备。

在非 2009 年和 2010 年的样本期内大部分阶段，fa 在不同时点受到 gdp 正向外生冲击的脉冲响应函数形态基本一致，但强度存在趋势性变化。2011—2020 年，fa 对 gdp 正向外生冲击的当期脉冲响应强度持续减弱，从 2011 年第一季度最强的 -1.24% 逐渐下降至 2020 年第四季度的 -0.46%，主要原因在于其间中国经济从高速增长到高质量增长转型的过程中，经济增速对实体企业经营的重要性有所下降。而 2009 年和 2010 年的结构性变化阶段持续时间较短，不存在显著的变化趋势。

5.3.4.4　在特定时点的脉冲响应函数

参考现有文献，图 5-6 汇报了企业金融化水平（fa）在特定时点分别受到 EPU（epu）、货币政策环境（m_2）和宏观经济景气度（gdp）正向外生冲击的脉冲响应函数情况，选取的三个时点为 2009 年第二季度、2016 年第一季度和 2020 年第一季度，分别代表"四万亿"经济刺激计划执行阶段、供给侧结构性改革起始阶段和新冠肺炎疫情暴发阶段的情况。

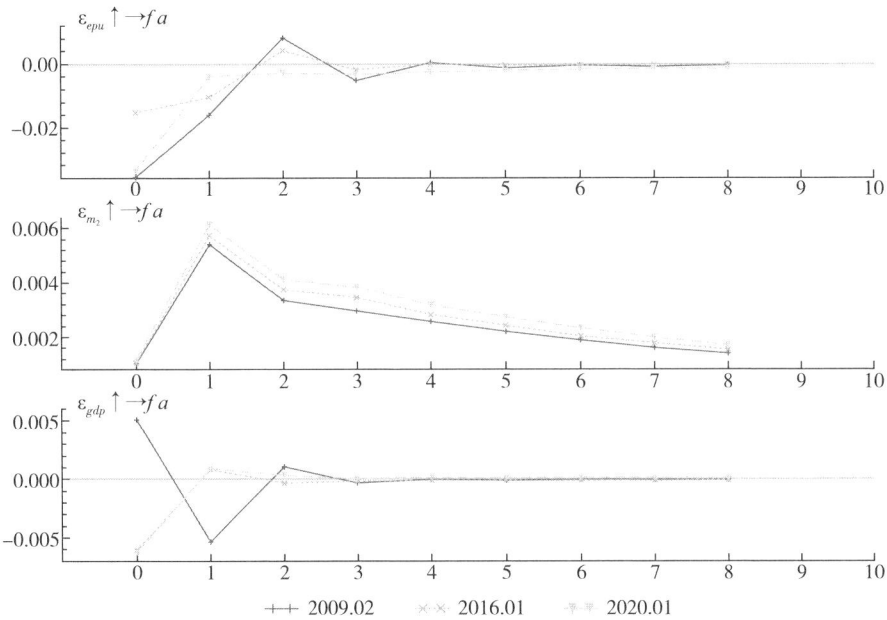

图 5-6　企业金融化在特定时点受宏观变量外生冲击的脉冲响应函数

注：由笔者计算并使用 OxMetrics6 绘制。

实证结果指出三个特定时点的 epu 正向外生冲击均导致 fa 在当期产生较强负向脉冲响应，之后脉冲响应函数强度迅速下降，在外生冲击发生半年后脉冲响应函数基本消失；在三个特定时点 m_2 正向外生冲击造成 fa 在冲击后 1 期产生较强正向脉冲响应，之后脉冲响应强度缓慢下降，但展现出较强持续性，该脉冲响应在受到外生冲击后 8 期基本消失；在 2009 年第二季度施加 gdp 正向外生冲击造成 fa 当期脉冲响应函数显著为正，而在其他两个时点施加冲击则脉冲响应函数显著为负，以上脉冲响应函数均在冲击发生 2 期后消退。以上实证结论表明，在本节所选取的三个特定时点施加 EPU 负向外生冲击均在半年内对企业金融化水平具有短暂促进作用；本节所选取三个特定时点发生货币政策宽松的外生冲击在两年内均对企业金融化水平具有深远的促进作用；在"四万亿"计划实施期间施加宏观经济景气度提升的外生冲击在半年内对企业金融化水平具有短暂促进作用，而在其他两个时点发生宏观经济景气度下行的外生冲击在半年内对企业金融化具有短暂促进作用。

5.3.4.5　在特定滞后期的脉冲响应函数

为增强与现有文献的可比性，图 5-7 汇报了企业金融化水平（fa）分别受到 EPU（epu）、货币政策环境（m_2）和宏观经济景气度（gdp）正向外生冲击后特定滞后期的脉冲响应函数情况，本节选取的特定滞后期为 0 期、2 期和 4 期，分别代表外生冲击发生当期、半年后和一年后。

实证结果表明，epu 正向外生冲击导致 fa 在当期产生较强负向脉冲响应，而冲击后 2 期和 4 期的脉冲响应基本消失，且冲击当期的脉冲响应强度以 2015 年第四季度为转折点呈先减弱后增强的趋势；m_2 正向外生冲击造成 fa 在冲击当期产生较弱的正向脉冲响应，这是因为货币政策复杂的传导机制导致货币供应冲击对实体企业的影响具有明显时滞性（朱新蓉和李虹含，2013），冲击后 2 期和 4 期 fa 均产生了较强的正向脉冲响应函数，且从 2011 年开始脉冲响应函数强度呈上升趋势；gdp 正向外生冲击导致 fa 产生的当期脉冲响应函数在 2009 年和 2010 年为正，在样本期内其他阶段基本为负，且从 2012 年开始 fa 的当期脉冲响应函数强度逐渐下降，在冲击发生后 2 期和 4 期的脉冲响应基本消退。

以上实证结论表明，EPU 降低的外生冲击发生当期对企业金融化水平具有显著促进作用，且促进作用的强度以供给侧结构性改革为转折点呈先减弱后增强的趋势，冲击发生半年和一年后对企业金融化水平的影响基本消失；货币政策环境宽松的外生冲击发生当期对企业金融化水平具有较弱的促进作用，在冲击发生半年和一年后对企业金融化水平具有较强的促进作用，且该促进作用的强度在 2011 年之后呈上升趋势；宏观经济景气度正向外生冲击发生当期在 2009 年和 2010 年对企业金融化水平具有促进作用，而其他阶段主要表现为抑制作用，且在 2012 年之后该抑制作用呈减弱趋势。

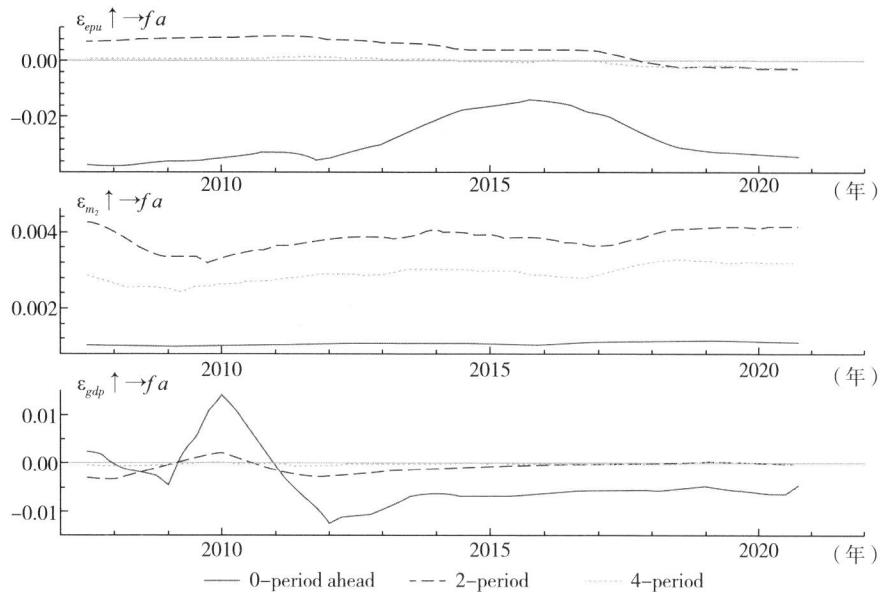

图 5-7　企业金融化受宏观变量外生冲击的特定滞后期脉冲响应函数

注：由笔者计算并绘制。

5.4　基于溢出效应的实证分析

5.4.1　基于静态溢出效应的实证分析

本节运用 Antonakakis 等（2020）提出的连通性方法基于前文 4 变量 TVP-VAR 模型计算系统内各变量间的静态和动态溢出效应，对样本期内中国企业金融化的宏观驱动效应进行量化测度。表 5-8 汇报了样本期内系统中各内生变量间的静态溢出效应计算结果，矩阵中 i 行 j 列的值为变量 j 对 i 的溢出效应强度，每行和为 100，*TCI* 表示系统内平均总体溢出效应，*FROM* 表示该变量承受其他变量的总溢出效应，*TO* 表示该变量对其他变量造成的总溢出效应，各指标计算方法详见 5.2.4 节。

总体来看，样本期内系统总体溢出效应 *TCI* 为 20.21%，表明在 2007—2020 年各变量的变动中平均有 20.21% 由系统中其他变量的波动造成，各内生变量间相互作用明显，系统具有较强连通性。

从各变量承受的总溢出效应来看，*epu*、m_2、*gdp* 和 *fa* 的 *FROM* 函数值分别为 20.81、9.79、6.86 和 43.39，该实证结果表明宏观经济景气度和货币政策环境受到其他变量的影响较小，样本期内分别只有 6.86% 和 9.79% 的变动由其他变量解释；EPU 受到其他变量的显著影响，样本期内有 20.81% 的变动由其他变量波动造成；企业金融化水平受其他变量影响最大，样本期内 43.39% 的变动由其他三个宏观变量造成，说明本章选取的三个宏观变量对企业金融化水平具有较强的驱动效应。

从各变量向外输出的总溢出效应来看，epu、m_2、gdp 和 fa 的 TO 函数值分别为 8.62、41.4、24.17 和 6.67，该实证结果指出实体企业金融化水平和 EPU 对其他变量变动的解释能力较弱，均不足 10%；宏观经济景气度的变动能解释系统内其他变量波动的 24.17%，具有较强的解释能力；货币政策环境变动对系统其他内生变量影响最强，总计能解释其他变量波动的 41.4%。

表 5-8 中基于广义方差分解计算所得的溢出效应矩阵对角线元素分别为 79.19、90.21、93.14 和 56.61，表明 EPU、货币政策环境、宏观经济景气度和企业金融化水平的变动中能由自身波动解释的比例分别为 79.19%、90.21%、93.14% 和 56.61%，说明自身波动是各变量在样本期内变化的最主要来源，系统中内生变量的自相关性明显。其中，货币政策环境和宏观经济景气度受到自身影响比例均超过 90%，说明以上两个变量受到其他变量波动影响有限，变动主要取决于自身发展趋势，而企业金融化水平的变动中仅 56.61% 能由自身解释，表明该变量受到其他三个宏观变量的驱动效应较强。

作为本章研究的核心变量，fa 接收到来自 epu、m_2、gdp 三个宏观变量的溢出效应分别为 3.92、28.36 和 11.12，表明样本期内货币政策环境波动对企业金融化水平影响最大，能解释其总变动的 28.36%；宏观经济景气度对企业金融化水平也具有显著影响，产生的驱动效应占样本期内总变动的 11.12%；而 EPU 波动仅能解释企业金融化总变动的 3.92%。此外，fa 对 epu、m_2、gdp 输出的溢出效应分别为 3.54、0.61 和 2.53，表明企业金融化的变动分别造成了 EPU、货币政策环境和宏观经济景气度总变动的 3.54%、0.61% 和 2.53%，说明企业金融化对宏观经济各维度的驱动效应不强。

表 5-8　系统内静态溢出效应

	epu	m_2	*gdp*	*fa*	*FROM*
epu	79. 19	10. 80	6. 48	3. 54	20. 81
m_2	2. 61	90. 21	6. 57	0. 61	9. 79
gdp	2. 09	2. 24	93. 14	2. 53	6. 86
fa	3. 92	28. 36	11. 12	56. 61	43. 39
TO	8. 62	41. 40	24. 17	6. 67	*TCI* = 20. 21

注：数据由笔者计算所得。

为了更直观展现样本期中系统内生变量间溢出效应的强弱和方向，图 5-8 绘制了系统内 4 个变量间溢出效应网络图，其中黑色（灰色）节点表示系统中溢出效应的净输出者（净接收者），节点面积大小与其总溢出效应强弱成正比，箭头方向代表净溢出效应的方向，箭头粗细与变量间净溢出效应强弱成正比。

结果表明企业金融化水平和 EPU 是系统中溢出效应的净接收者，货币政策环境和宏观经济景气度是系统中溢出效应的净输出者。其中，企业金融化水平同时受到其他三个宏观变量溢出效应影响，是 EPU、货币政策环境和宏观经济景气度溢出效应的净接收者；货币政策环境是系统中影响最大的溢出效应输出者，向 EPU 和企业金融化水平输出溢出效应，同时接收来自宏观经济景气度的溢出效应。

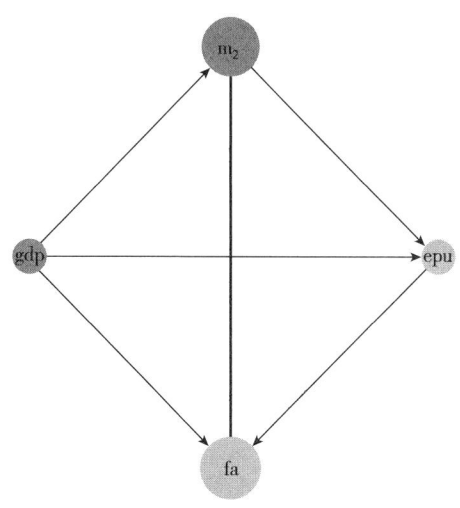

图 5-8　静态溢出效应网络

注：由笔者计算并绘制。

5.4.2 基于动态溢出效应的实证分析

5.4.2.1 动态总溢出效应

图 5-9 汇报了样本期间内系统动态总溢出效应指数（*TCI*），该指数越高表示系统各内生变量间相互依存程度提高，系统内连通性更强，各变量的变动受到更多其他变量影响。总体来看，样本期内系统动态 *TCI* 在 6.32 和 50.13 之间，且在某些时期发生较大的阶段性波动。2007 年国际金融危机开始发酵，导致动态 *TCI* 从 6.32 迅速提高至 45.43，并在 2008 年第一季度末达到样本期内最高的 50.13，表明此时系统中各内生变量的变动平均有 50.13% 由其他变量造成，显著高于本章 5.4.1 节中 20.21% 的静态 *TCI* 水平，随着国际金融危机逐步缓解，动态 *TCI* 逐渐回落至 2009 年底的 10.56。2010—2018 年动态 *TCI* 主要在 10～20 波动，但在 2011 年底和 2015 年底分别达到 28.19 和 25.62 的阶段性高点，这与欧洲债务危机爆发和中国供给侧结构性改革开始的时间一致。2018 年之后，伴随中美贸易摩擦加剧，系统动态 *TCI* 显著提升，并在 2020 年第一季度新冠肺炎疫情暴发时达到 27.88 的阶段性高点。在本章数据截至 2020 年底，系统动态 *TCI* 仍呈上升趋势。

以上实证分析指出本章构建系统的动态 *TCI* 存在明显时变性，在样本期内多个重大经济事件期间 *TCI* 显著提高，该结论支持宫晓莉等（2020）的研究成果，表明在特殊经济事件发生阶段本章建立的系统内连通性有所提高，各内生变量间的溢出效应明显增强。

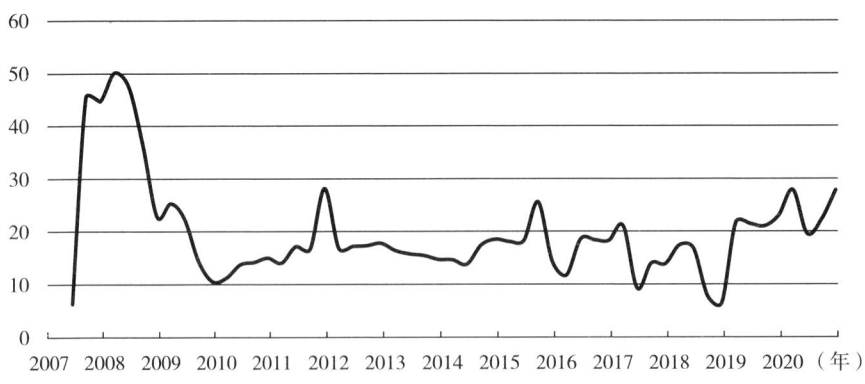

图 5-9 系统动态总溢出效应指数（*TCI*）

注：由笔者计算并绘制。

5.4.2.2　企业金融化输出的动态溢出效应

图 5-10 报告了样本期内企业金融化水平向外输出的动态溢出效应（*TO*）情况，该指数越高说明企业金融化向外输出的溢出效应越强，企业金融化水平变动对系统中其他内生变量产生的影响越大。总体来看，企业金融化水平向其他三个宏观变量输出的溢出效应多数时期处于较低水平，但在部分阶段明显增强。在 2008 年国际金融危机时期，*TO* 在 2008 年第一季度达到样本期内最高的 46.43，表明此时企业金融化水平变动对系统内三个宏观变量的影响总计达到 46.43%，金融化水平向外输出的溢出效应较强；2011 年第四季度的欧洲债务危机期间 *TO* 提升至 18.05，此时企业金融资产投资向其他宏观内生变量输出的溢出效应明显增强；在 2020 年新冠肺炎疫情暴发之后，*TO* 迅速从 4.37 提升至 24.06，表明此时企业金融化水平变动对系统内其他三个宏观变量造成的影响累计达到 24.06%；其余时间企业金融化 *TO* 函数取值均保持在 10 以下波动，说明在以上三个特殊阶段之外企业金融化水平对各宏观变量造成的累计影响不足 10%。

以上实证分析指出企业金融化的 *TO* 函数取值在多数时间处于较低水平，但在部分极端经济事件期间显著提高，具有明显时变特征，这表明企业金融化水平波动在常规阶段对其他宏观内生变量造成的影响有限，但在部分特殊阶段对宏观经济各维度具有显著影响。

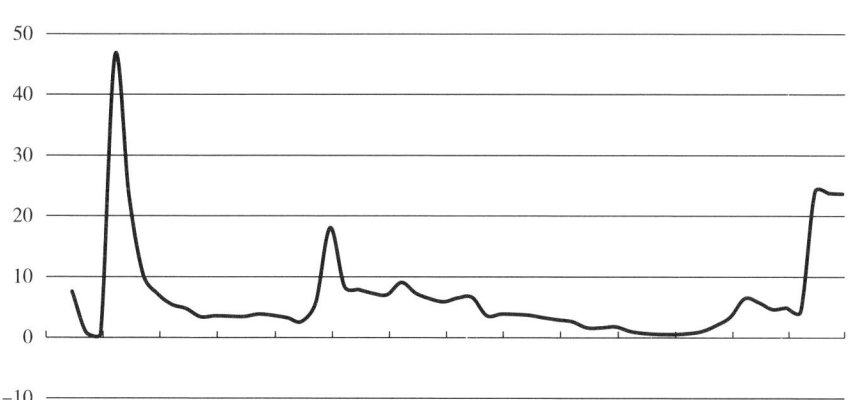

图 5-10　企业金融化输出的总动态溢出效应（*TO*）

注：由笔者计算并绘制。

5.4.2.3 企业金融化承受的动态溢出效应

图 5-11 报告了样本期内企业金融化承受其他宏观内生变量的动态溢出效应（*FROM*）情况，该指数越高说明企业金融化接收到的溢出效应越强，宏观经济形势波动对实体企业金融化水平产生的影响越大。总体来看，企业金融化水平承受来自宏观变量的溢出效应长期处于较强水平，且具有明显时变特征。2007—2009 年国际金融危机造成实体企业金融化的 *FROM* 函数取值明显有所提升，在 2008 年第二季度达到阶段性高点 61.23，这表明该季度企业金融化水平的变动中有 61.23% 由其他宏观经济变量波动造成；在 2011 年第四季度的欧洲债务危机爆发期间，企业金融化 *FROM* 函数趋势迅速上升至 67.87 的较高水平，此时企业金融化水平受到宏观经济波动影响显著增强；2015 年底开展供给侧结构性改革之后，企业金融化水平的 *FROM* 函数取值呈下降趋势，从 2015 年第四季度的 44.82 逐渐降至 2017 年第四季度的 7.84，企业金融化水平受到宏观经济波动的驱动效应逐渐减弱；2019 年之后，*FROM* 函数再次迅速升高，在 2020 年第一季度新冠肺炎疫情暴发期间达到样本期内的最高点 87.47，表明该季度企业金融化水平的变动中有 87.47% 由系统内其他三个宏观经济变量的波动造成。样本期内 *FROM* 函数取值仅在 2017 年和 2018 年持续处于 20 以下，这是因为中国供给侧结构性改革过程中去杠杆取得明显进展，导致实体企业随宏观经济形势波动对金融资产进行运作的行为减少。

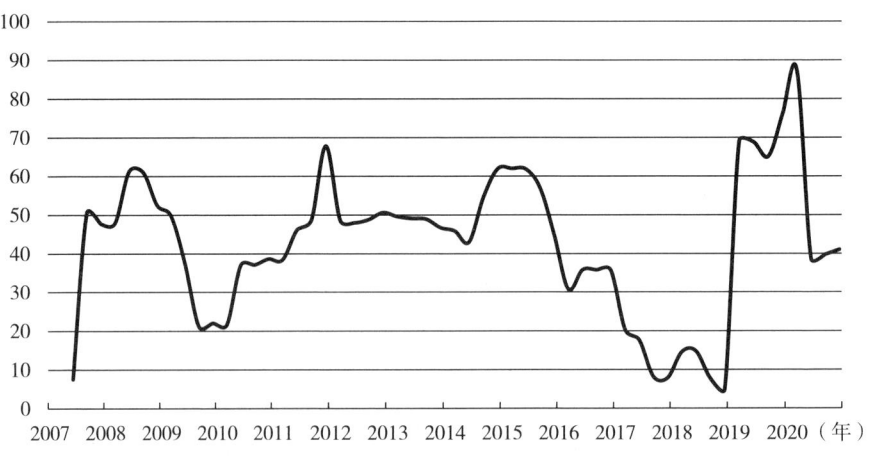

图 5-11 企业金融化承受的总动态溢出效应（*FROM*）

注：由笔者计算并绘制。

　　以上实证分析指出企业金融化的 *FROM* 函数取值在样本期内多数时间处于较高水平，且在部分重要经济事件期间具有明显波动，表明企业金融化水平受到来自其他宏观变量较强的溢出效应，在特殊经济事件期间宏观变量对企业金融化的驱动效应进一步提高，但该驱动效应在供给侧结构性改革期间明显下降。

5.4.2.4　企业金融化的净动态溢出效应

　　本节分别汇报 EPU（*epu*）、货币政策环境（m_2）和宏观经济景气度（*gdp*）三个宏观维度对企业金融化（*fa*）输出的动态净溢出效应（*NPDC*），*NPDC* 为正则表示 *fa* 承受的溢出效应大于输出，表明企业金融化水平是溢出效应的净接收方；反之亦然。

　　图 5-12 展示了 *epu* 对 *fa* 的 *NPDC* 函数取值，结果显示样本期内 *NPDC* 仅在少数阶段显著存在。具体而言，2008 年第一季度 *epu* 对 *fa* 的 *NPDC* 达到样本期内最低的 -17.48，这表明该季度企业金融化对 EPU 具有正向净溢出效应，一个合理的解释是在国际金融危机期间非金融企业过度参与金融市场对经济政策制定具有驱动效应；为缓解国际金融危机对经济的冲击，此后中国政府推出一系列经济刺激计划，在此期间 *epu* 对 *fa* 的 *NPDC* 函数取值逐渐提高至 2009 年第二季度的样本期内最高值 13.98，表明 EPU 波动在此期间对企业金融化水平的驱动效应不断增强；2012 年之后 *NPDC* 函数取值均在 ±5 之内波动，说明在此期间企业金融化受到 EPU 的驱动效应不强。

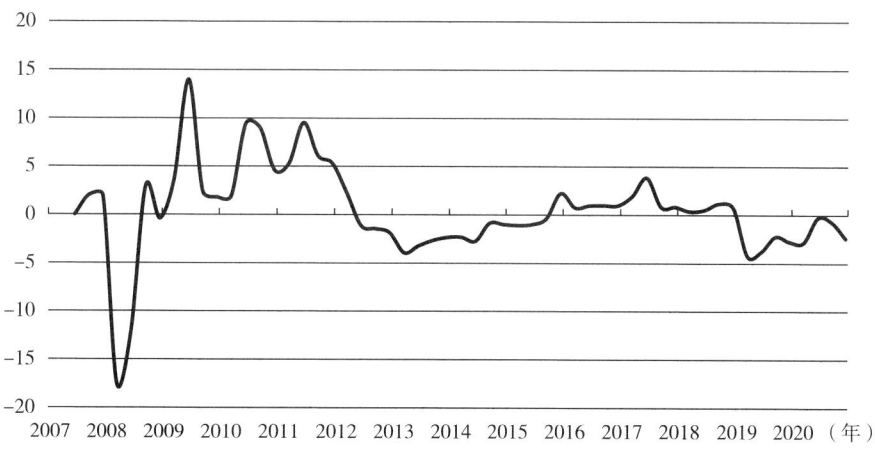

图 5-12　企业金融化承受 EPU 的净动态溢出效应

　　注：由笔者计算并绘制。

以上分析结果指出 EPU 对企业金融化水平的净溢出效应仅在 2008 年第一季度显著为负，在 2009—2011 年显著为正值，而在 2012 年后在零附近小幅波动，表明 EPU 对企业金融化水平的驱动效应主要发生在 2009—2011 年。

图 5-13 汇报了 m_2 对 fa 的 NPDC 函数取值，结果显示样本期内大部分时间 NPDC 显著为正，且具有明显趋势性变化。2008 年第一季度 m_2 对 fa 的 NPDC 函数取值为 -16.85，是样本期内唯一一次取值显著为负，这表明当期 fa 对 m_2 产生的影响强于 m_2 对 fa，可能的原因在于国际金融危机期间企业过度参与金融投资造成金融资源空转，对市场上的广义货币供应量产生一定影响；此后 m_2 对 fa 的 NPDC 函数取值呈逐步上升态势，从 2008 年第二季度的 -1.23 提升至 2015 年第四季度 60.3 的样本期内最高值，此时货币供应量增加对企业金融化的驱动效应达到最强；随着供给侧结构性改革启动，m_2 对 fa 输出的净溢出效应逐渐下降至 2018 年底的 0.52，原因在于金融去杠杆导致货币扩张对企业金融化水平的驱动效应减弱；2019 年之后，随着中美贸易摩擦不断升级和新冠肺炎疫情暴发，m_2 对 fa 的 NPDC 函数取值迅速提升，在 2020 年第一季度达到 49.79 的阶段性高点，在此期间货币供应量对企业金融化水平的驱动效应迅速加强。

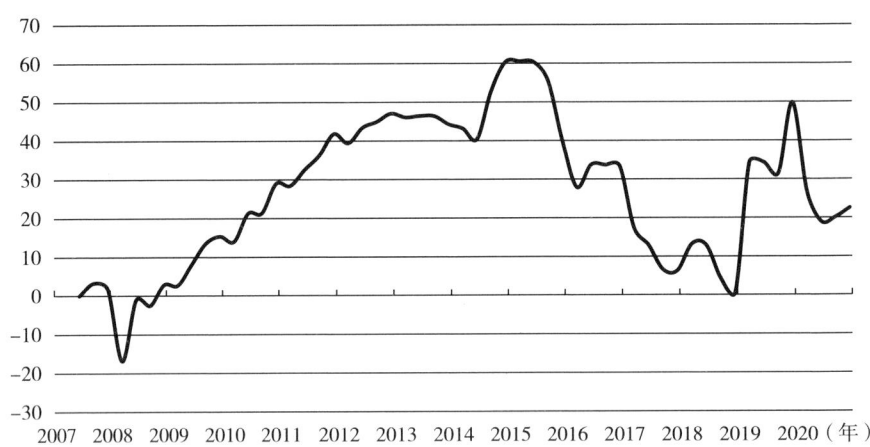

图 5-13　企业金融化承受货币政策环境的净动态溢出效应（NPDC）

注：由笔者计算并绘制。

以上实证分析结果表明货币政策环境对企业金融化输出的净溢出效应在大多数时期显著为正，溢出效应强度在国际金融危机后呈上升趋势，但受到供给侧结构性改革的抑制作用，在 2019 年开始再次上升，这表明总体上货币政策环境的波动对企业金融化水平具有显著影响，且驱动效应从国际金融危机开始不断增强，尽管供给侧结构性改革在 2015—2018 年对该驱动作用产生显著抑制作用，但 2019 年之后货币政策环境对企业金融化水平的驱动效应作用再次加强。

图 5-14 汇报了 *gdp* 对 *fa* 的 *NPDC* 函数取值，结果显示样本期内 *NPDC* 仅在特定时期显著为正。具体来看，2007 年第三季度到 2009 年第二季度期间，*gdp* 对 *fa* 输出的 *NPDC* 函数取值处于较高水平，且该净溢出效应在 2008 年第二季度达到 50.89 的阶段性高点，这表明在国际金融危机爆发期间发生的经济衰退对企业金融化水平具有较强驱动效应；2010—2018 年 *NPDC* 取值在±5 之间波动，说明该阶段经济增长波动对企业金融化水平产生的影响不强；2019 年开始 *gdp* 对 *fa* 输出的 *NPDC* 函数取值快速提升，在 2020 年第一季度达到样本期内最高的 59.28，表明在中美贸易摩擦升级和新冠肺炎疫情暴发期间经济增长对企业金融化的净溢出效应提高，企业金融化水平受到经济增速波动的驱动效应增强；2020 年第二季度开始 *NPDC* 迅速下降，表明经济增长输出的净溢出效应在新冠肺炎疫情暴发后迅速消退，这与 5.3.4 节中脉冲响应函数所示经济增长外生冲击影响企业金融化水平持续性较弱的结论一致。

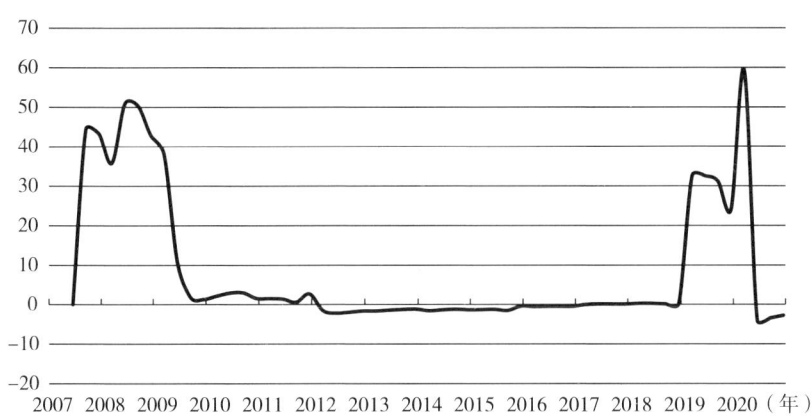

图 5-14　企业金融化承受宏观经济景气度的净动态溢出效应（*NPDC*）
注：由笔者计算并绘制。

以上实证结果分析指出宏观经济景气度对企业金融化输出的净溢出效应仅在 2007—2009 年和 2019—2020 年显著为正，表明经济增长波动仅在国际金融危机、中美贸易摩擦和新冠肺炎疫情暴发期间对企业金融化水平具有明显驱动效应，而其他阶段对企业金融化的影响不强。

5.5 稳健性检验

本章使用 TVP-VAR 模型研究宏观因素外生冲击对企业金融化的驱动效应，将所有变量作为内生变量引入模型，所以不涉及内生性问题。本节使用 4 种方法对 TVP-VAR 模型的脉冲响应函数和基于连通性方法计算的总动态溢出效应函数相关实证结果进行稳健性检验。

5.5.1 替换企业金融化测度方法的脉冲响应函数

企业金融化水平作为本章核心变量，其测度方式在现有文献中仍存在分歧，本章参考张成思和郑宁（2020）的研究替换企业金融化的测度方式进行稳健性检验，图 5-15～图 5-17 汇报了替换企业金融化水平测度方式后的 TVP-VAR 模型三维脉冲响应函数。结果表明：（1）EPU 降低的外生冲击对企业金融化具有持续性较弱的促进作用；（2）货币政策环境宽松的外生冲击对企业金融化水平具有持续性较强的促进作用；（3）2009 年和 2010 年企业金融化水平受到宏观经济景气度提升外生冲击的促进作用，而在其他阶段受到宏观经济景气度下行的促进作用。以上结论均与 5.3.4 节一致，说明本章研究结论对企业金融化不同测度方式具有稳健性。

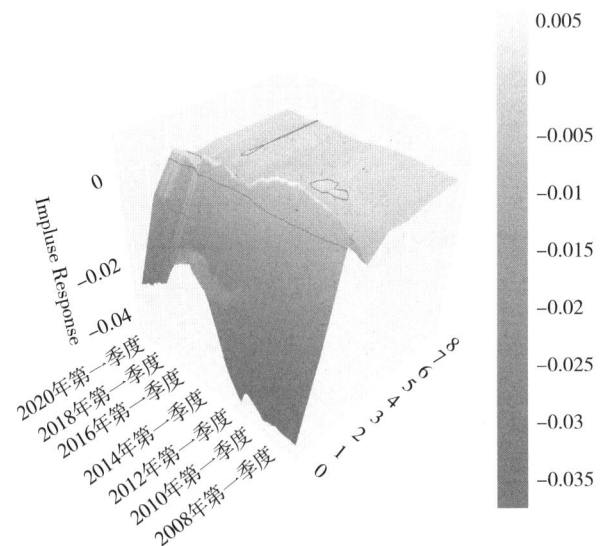

图 5-15　企业金融化受 EPU 冲击的脉冲响应函数（替换测度方法）

注：由笔者计算并绘制。

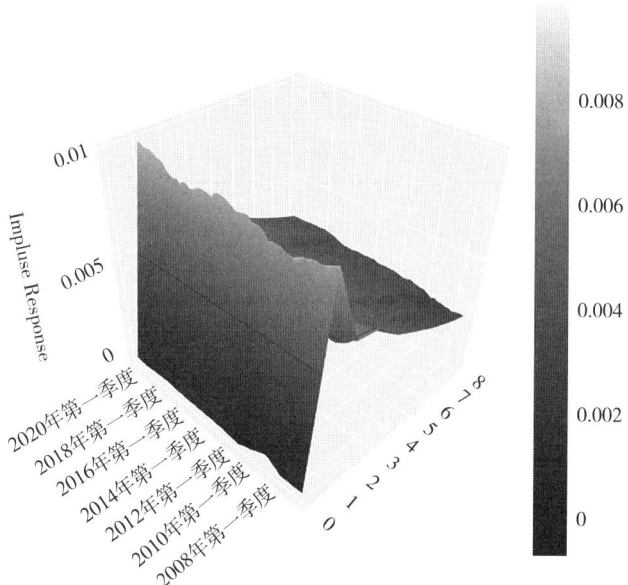

图 5-16　企业金融化受货币政策环境冲击的脉冲响应函数（替换测度方法）
注：由笔者计算并绘制。

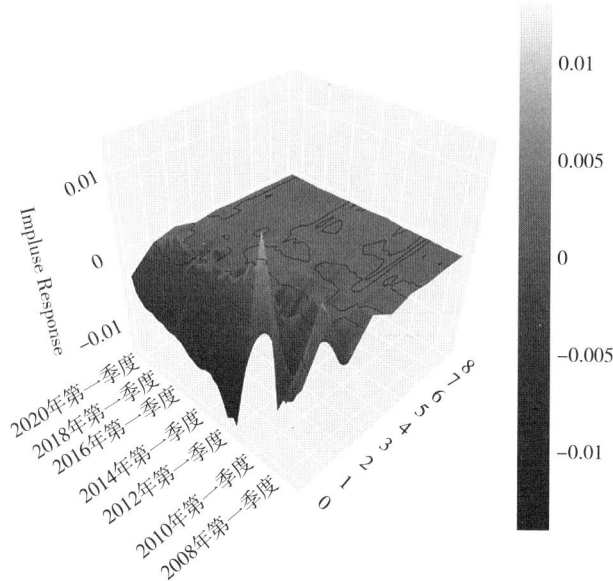

图 5-17　企业金融化受宏观经济景气度冲击的脉冲响应函数（替换测度方法）
注：由笔者计算并绘制。

5.5.2　替换变量输入顺序的脉冲响应函数

由于在建模过程中为了解决模型的不可识别问题需要对内生变量间当期关系施加约束，TVP-VAR 模型的估计结果可能受到内生变量输入顺序的影响。本节替换模型变量输入顺序，按照 EPU、经济增长、货币供应量和企业金融化水平的顺序将各变量引入 TVP-VAR 模型，则式（5.1）中的内生向量被设定为 $y_t = (epu, gdp, M_2, fa)'$。图 5-18~图 5-20 汇报了替换变量输入顺序后企业金融化水平对宏观外生冲击的三维脉冲响应函数，结果表明：（1）EPU 的负向外生冲击对企业金融化持续性较弱的促进作用；（2）货币政策环境宽松的外生冲击对企业金融化水平具有持续性较强的促进作用；（3）2009 年和 2010 年企业金融化水平受到宏观经济景气度正向外生冲击的促进作用，而在其他阶段受到宏观经济景气度下行的促进作用。以上结论与 5.3.4 节结论一致，说明本章研究结论对 TVP-VAR 模型的变量输入顺序具有稳健性。

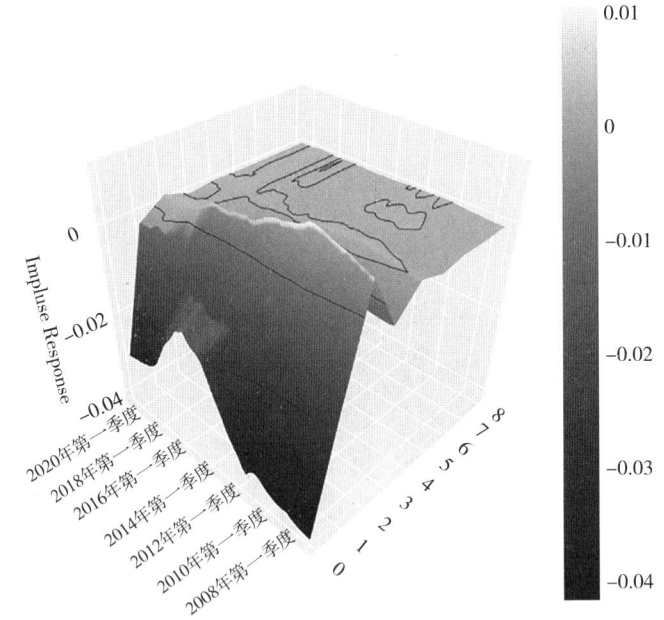

图 5-18　企业金融化受 EPU 冲击的脉冲响应函数（替换输入顺序）

注：由笔者计算并绘制。

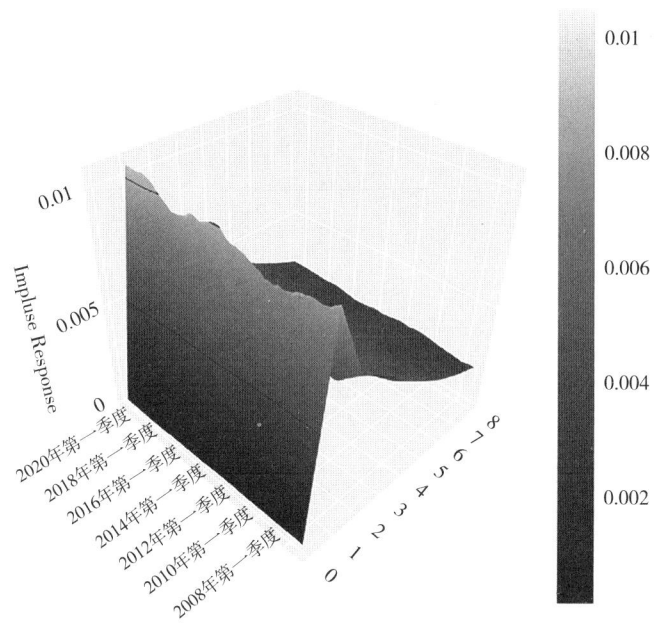

图 5-19　企业金融化受货币政策环境冲击的脉冲响应函数（替换输入顺序）

注：由笔者计算并绘制。

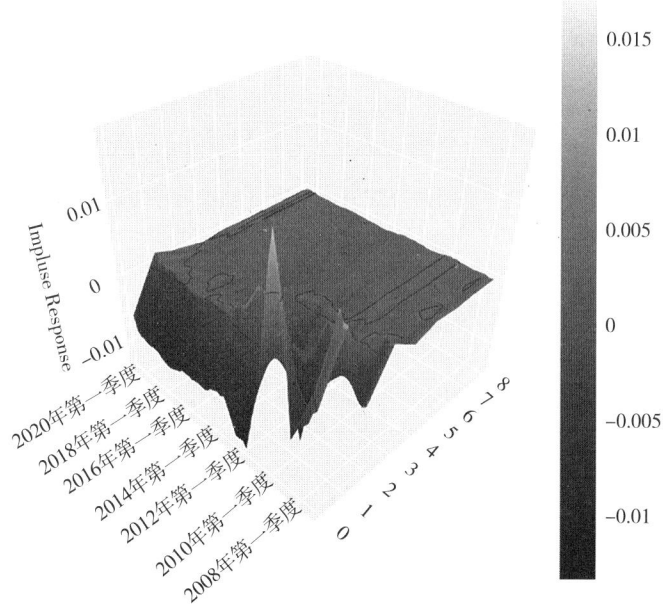

图 5-20　企业金融化受宏观经济景气度冲击的脉冲响应函数（替换输入顺序）

注：由笔者计算并使用 Python3.9 绘制。

5.5.3 替换企业金融化测度方法的动态溢出效应

本章核心变量企业金融化水平的测度方式在现有文献中仍存在分歧，本节参考张成思和郑宁（2020）的研究，替换企业金融化测度方法并记为 fa2 后重新计算系统中动态总溢出效应情况。图 5-21 展示了样本期内使用两种企业金融化测度方式的动态溢出效应差异，替换测度方式后总溢出效应在 2007 年第四季度和 2008 年第一季度有小幅下降，在 2019 年第一季度有小幅提升，其他时期不存在显著差别。以上稳健性检验结果表明企业金融化测度方式的变化对样本期内动态总溢出效应影响不大，溢出效应相关研究结论对核心变量不同测度方式具有稳健性。

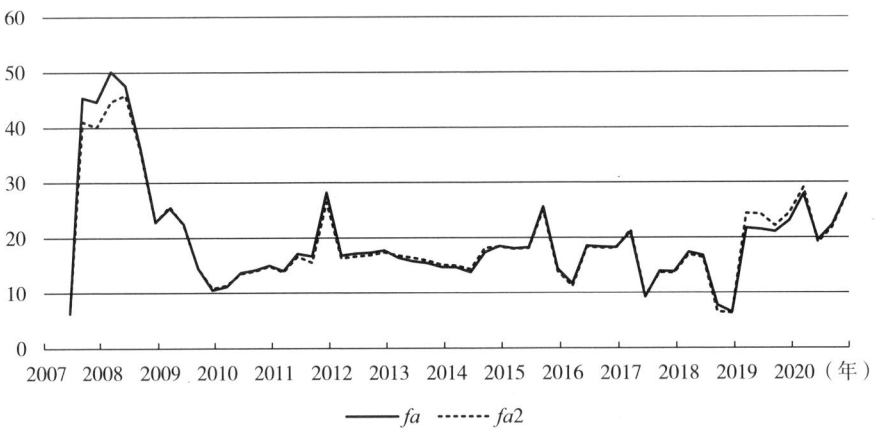

图 5-21 系统动态总溢出效应（替换测度方法）

注：由笔者计算并绘制。

5.5.4 替换模型参数取值的动态溢出效应

式（5.8）中的预测期 H 对动态溢出效应的结果可能存在影响，本章使用的预测期为 8 期（两年），本节对该参数进行调整，观察样本期内的动态总溢出效应是否发生明显变化。图 5-22 展示了改变预测期后的动态总溢出效应结果，可以看到在 2016—2019 年，将预测期提升至 9 期后总溢出效应小幅增加，将预测期降低至 7 期后动态溢出效应小幅下降，在其余时期预测期的调整对动态总溢出效应基本不存在影响，以上稳健性检验结果表明本章溢出效应相关研究结论对模型参数设定具有稳健性。

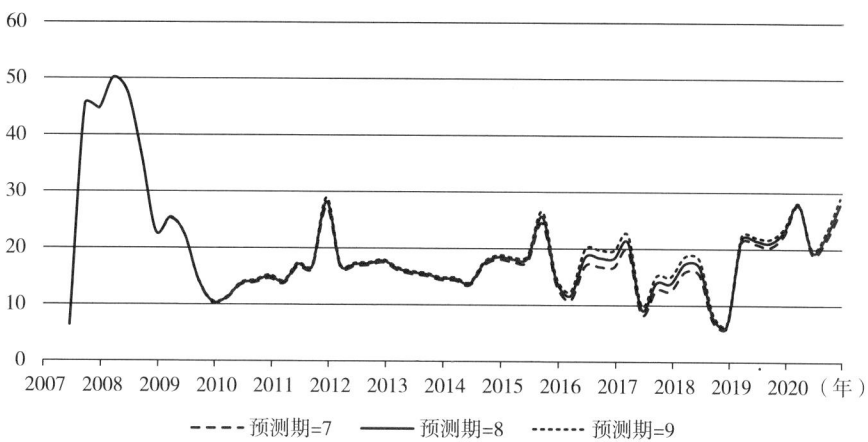

图 5-22　系统动态总溢出效应（替换模型参数）

注：由笔者计算并绘制。

第6章 基于金融周期视角的企业
金融化主导动机研究

本书第 4 章和第 5 章运用多种方法探究宏观经济各维度对中国企业金融化的驱动效应，从客观驱动因素的角度对企业金融化形成机理展开研究。在客观环境的驱动效应之外，非金融企业投资并持有金融资产的主观动机也是企业金融化形成机理研究的重要组成部分。现有文献一致认为，企业同时出于为预防未来不确定性的预防性储蓄动机和为获取投资收益的利润追逐动机进行金融资产投资，但已有研究从不同视角对中国企业金融化主导动机进行检验的研究结论存在明显分歧，且多数相关研究的理论分析和提出研究假设部分仍然缺乏必要的数理模型支撑。此外，本书第 4 章和现有文献已经注意到实体经济周期波动对企业金融化水平具有显著影响，但尚未有研究针对金融体系整体波动对企业金融化的驱动效应展开研究。

基于现有文献的不足之处，本章构建包含企业融资约束异质性特征的资产配置数理模型进行理论分析，并使用 2007—2020 年企业和宏观层面季度频率数据，运用双向固定效应模型对金融周期波动影响企业金融化水平的问题展开实证研究，并基于金融周期这一宏观视角提出新的识别路径对样本期内中国企业金融化的主导动机进行实证检验，之后对结论的稳健性和模型的内生性进行分析和讨论。本章还基于样本企业的所有制、地域和行业差异对企业金融化的主导动机进行异质性研究。

本章首先探究金融周期波动对企业金融化水平的驱动作用，所得结论丰富了实体企业金融化宏观驱动因素和金融体系波动影响微观企业投资行为的相关研究成果，之后通过提出新的识别路径对中国实体企业进行金融资产投资的动机进行检验，为中国企业金融化主导动机研究提供了新的实证证据，从主观维度对企业金融化形成机理研究进行完善和补充。在理论贡献之外，厘清企业金融化的主导动机对引导企业回归实体和促进实体经济高质量发展的政策制定具有一定参考意义。

6.1　理论分析与研究假设

6.1.1　理论分析

企业金融化形成机理既包括宏观、中观和微观各维度的客观驱动效应，也包括企业投资并持有金融资产动机这一主观因素。前文将研究视域集中于企业金融化的宏观驱动因素，本章则对企业投资金融资产的动机展开研究，基于宏观视角从主观维度进一步探究中国企业金融化的形成机理。

金融资产在实体企业中扮演的角色既可以是流动性的一种存在形式，也可以是用来获取收益的投资工具，以上两种作用往往结合在一起，这也是投资金融资产动机复杂性的来源。根据对自身经营状况的了解和对外部环境的预期，企业相机抉择对金融资产进行处置。目前，学界普遍认为，实体企业投资并持有金融资产可以出于抵御未来不确定性的预防性储蓄动机，或出于通过金融资产获取投资收益的利润追逐动机。

从以上两种动机出发对企业金融化的主导动机进行研究早已成为学术研究的主流研究范式，现有文献从经济周期、EPU、财务风险等多重视角对上述问题进行研究，但是目前关于中国企业金融化主导动机的研究结论仍存在明显分歧。一些研究指出，企业金融化主要出于预防未来不确定性的预防性储蓄动机，也有一些文献表明，企业进行金融资产投资的动机在于利润追逐，另一些研究则认为，企业金融化动机与金融资产期限、企业财务风险、资金来源和企业所有制等差异密切相关，不能一概而论。

中国经济建设所取得的巨大成就离不开金融体系的蓬勃发展，金融部门快速扩张在促进经济发展和社会进步的同时也使金融体系与实体经济更紧密地结合在一起。在 2008 年国际金融危机爆发之后，越来越多的学者认识到 GDP 和 PMI 等传统指标并不能全面反映经济运行的真实情况，着眼于产出缺口的传统经济周期理论也不能准确描述现今经济体的发展规律，于是学者逐渐将研究的目光从实际变量转移到货币供应量或资产价格等金融指标上。针对上述问题，金融周期理论突破传统单一宏观金融指标的局限对金融体系整体波动规律进行测度，反映了短期内金融市场状态对长期趋势的偏离，是传统经济周期之外的一种更重视金融体系的周期理论，在研究金融问题时具有更强的针对性。作为宏观经济金融化的微观基础，企业金融化水平可能受到金融周期波动显著影响。图 6-1 展现了中国企业金融化水平与金融周期之间的关系，经验数据表明两者变动具有较强的同步性。基于金融周期视角对企业金融化形成机理进行分析具有一定理论基础和现实依据，将金融体系作为一个整体纳入研究能同时考虑多个金融变量之间的协动关系，具有更强的现实意义。

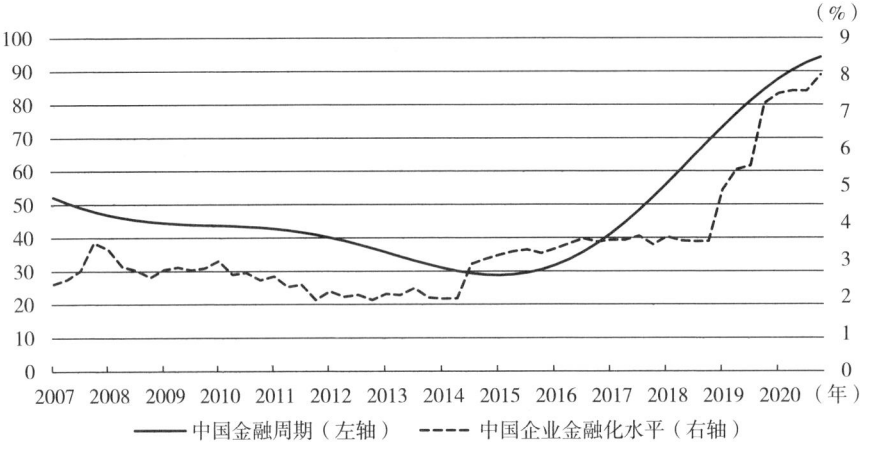

图 6-1　中国金融周期与企业金融化水平

注：由笔者计算并绘制。

早期关于金融周期的研究主要集中于国外，Minsky（1976）和 Bernanke（1983）提出的理论均指出金融市场对经济发展具有重要影响，之后的 BGG 模型和金融加速器理论进一步为金融体系研究带来了全新思路。尽管如此，在很长一段时间内，真实经济周期理论仍然是宏观经济学主流观点，认为经济波动主要由实际因素冲击引起，而在经历了 2008 年国际金融危机之后，各国学者开始对金融周期展开重点研究。Borio（2014）指出，金融周期波动意味着经济体中信贷规模与风险资产价格的变化，体现出金融市场发展程度偏离其长期趋势，所提出的金融周期测度方法被广泛使用。在此基础上，中国学术界也对金融周期展开研究，例如有学者对金融周期测度方法进行符合中国现实情况的改进尝试；陈雨露等（2016）的研究表明金融周期偏离其长期趋势会对经济增长产生负面效果，并且会加剧金融体系的不稳定性；马勇等（2016）发现，金融周期是货币、信贷和经济增长波动的来源，进一步研究指出将金融周期和经济周期同时引入宏观政策的制定之中才能实现实体经济和金融市场的双稳定。以上研究表明，金融周期已经成为学术研究中的重要宏观经济变量之一，且已经具有较为扎实的理论基础和相对丰富的研究成果。

　　结合上文和2.2节对现有相关文献的综述与梳理不难发现：第一，从企业金融化的主观形成机理来看，企业投资金融资产同时具有预防性储蓄和利润追逐双重动机，但是针对中国企业金融化主导动机的研究结论存在明显分歧，仍需寻找新的视角对其主导动机进行检验，进一步完善和推进相关研究；第二，现有相关研究的理论分析和提出研究假设部分大多基于定性分析，缺乏数理模型作为研究基础，所得结论的理论基础较为薄弱；第三，现有文献大多从货币供应量和资产价格等传统单一金融指标出发对金融体系驱动企业金融资产投资和企业金融化主导动机展开研究，对金融体系整体波动的刻画仍有不足之处，难以将各金融变量间的相互作用和协动性纳入研究框架中，导致从不同单一金融变量出发的实证研究有时会得到难以解释的研究结论。

　　为进一步完善企业金融化主观动机的相关研究，本章建立了一个纳入企业融资约束异质性的理论模型对企业金融化形成机理进行理论分析，并引入金融周期指标对金融体系发展情况进行全面和综合描述，关于金融体系波动对企业金融化的驱动效应展开研究，同时基于金融周期提出全新企业金融化主导动机识别路径，从新的视角对相关学术问题进行研究。本章还根据期限长短将企业持有的金融资产进行分类，进一步考察实体企业持有短期金融资产和长期金融资产的主导动机是否存在差异。为加强研究结果的说服力，本章对实证研究部分的稳健性和内生性进行了较为完善的讨论。之后，本章基于样本企业的所有制、地域和行业集中度差异，对中国企业金融化主导动机的异质性进行探究，力图进一步丰富研究结论，增强本章研究结论的现实意义。在本章研究过程中，引入金融周期指标能将第4章中的货币政策环境和资本市场繁荣度两个宏观经济维度进一步整合和统一，进而基于金融体系整体发展和波动情况考察中国企业金融化的形成机理，所得结论具有更强的代表性和可信性。

　　根据2.3节的理论推导，企业最优金融化水平 f^* 可以表示为：

$$f^* = \frac{F}{I} = \frac{E(R^F) - E(R^K)}{\lambda I[\sigma^2(R^F) + \sigma^2(R^K)]} + \frac{\sigma^2(R^K)}{\sigma^2(R^F) + \sigma^2(R^K)}\frac{A}{I} + \frac{\sigma^2(R^K)}{\sigma^2(R^F) + \sigma^2(R^K)}\frac{D}{I}$$

$$(6.1)$$

其简化形式为：

$$f^* = \frac{\tilde{E}_F - \tilde{E}_K}{\lambda I} + \sigma_K^2 \frac{A}{I} + \sigma_K^2 \frac{D}{I} \tag{6.2}$$

　　式（6.2）表明实体企业金融化水平由三部分构成，分别是风险调整后的金融资产和实物资产投资收益率差异、自有资金的经营风险和杠杆资金的经营风险，其中各变量含义和详细推导过程可见 2.3 节。

Borio（2014）指出在金融周期繁荣意味着信贷宽松和资产价格上涨，对企业的影响在于提高金融资产投资收益率、降低企业经营风险和提高企业融资能力。金融周期的衰退伴随着信贷紧缩和资产价格下跌，对企业影响在于降低金融资产收益率、提升企业的经营风险和抑制融资能力。此处将金融周期记为 fc，则存在：

$$\frac{\partial \tilde{E}_F}{\partial fc} > 0 \qquad \frac{\partial \sigma_K^2}{\partial fc} < 0 \qquad \frac{\partial D}{\partial fc} > 0 \qquad (6.3)$$

与前文同理，本章通过函数形式将金融周期影响企业金融化水平的宏微观作用机制引入理论模型：

$$\begin{aligned} \tilde{E}_F &= \varphi_F(fc) \\ \sigma_K^2 &= \varphi_\sigma(fc) \\ D &= \varphi_D(fc) \end{aligned} \qquad (6.4)$$

则代表性企业最优金融化水平 f^* 可以表示为：

$$f^*(fc) = \frac{\varphi_F(fc) - \tilde{E}_K}{\lambda I} + \varphi_\sigma(fc)\frac{A}{I} + \varphi_\sigma(fc)\frac{\varphi_D(fc)}{I} \qquad (6.5)$$

进一步关于 f^* 对金融周期求偏导则有：

$$\frac{\partial f^*}{\partial \varphi_F}\frac{\partial \varphi_F}{\partial fc} > 0 \qquad \frac{\partial f^*}{\partial \varphi_\sigma}\frac{\partial \varphi_\sigma}{\partial fc} < 0 \qquad \frac{\partial f^*}{\partial \varphi_D}\frac{\partial \varphi_D}{\partial fc} > 0 \qquad (6.6)$$

根据以上数理模型分析结论，繁荣的金融周期将通过以下渠道影响实体企业金融化水平：第一，金融资产投资收益率 $\varphi_F(fc)$ 提高，且融资成本降低，企业基于利润追逐动机，为扩大利润而增加金融资产配置，造成金融周期与企业金融化水平同向变动；第二，企业融资约束缓解，融资能力 $\varphi_D(fc)$ 提升，储备流动性的能力增强，企业出于预防性储蓄动机买入金融资产以备不时之需，造成金融周期与企业金融化水平同向变动；第三，企业经营风险 $\varphi_\sigma(fc)$ 降低，预防性储蓄动机缓解，所以减持用于预防性储蓄的金融资产，造成金融周期与企业金融化水平呈反向变动关系。

上述理论分析表明，企业金融化程度可能与金融周期波动呈同向或反向变动关系，但仅有企业出于预防性储蓄动机持有金融资产时才会发生金融周期与企业金融化程度反向变动的情况。所以，如果实证研究表明企业金融化水平逆金融周期波动，即存在 $\dfrac{\partial f^*}{\partial fc} < 0$，则可以判定企业持有金融资产的主导动机为预防性储蓄。

当金融周期与企业金融化水平同向变动时，为进一步识别企业投资金融资产的主导动机，本章在 2.3 节得到的代表性企业最优金融化水平数理模型中进一步纳入企业的融资约束异质性特征。此处考虑市场中存在高融资约束和低融资约束两类企业，分别以 H 和 L 表示，且考虑融资约束的差异会在以下两个方面影响金融周期波动对企业金融化的驱动效应强度。

第一，在企业融资能力 $\varphi_D(fc)$ 方面，融资约束较高的企业融资能力更弱。此外，企业的融资能力不能无限制提高，金融周期繁荣所带来的信贷扩张对企业融资能力的积极影响存在边际递减效应。融资约束较弱的企业本身已经具有较强的融资能力，所以繁荣的金融周期只会小幅提升其融资能力；而宽松的信贷环境会明显缓解融资约束的较强企业，大幅提高其融资能力。张成思和刘贯春（2018）通过多期动态投融资理论模型和实证分析检验都指出，在宏观经济环境波动时，高融资约束企业的投融资变化均会显著高于低融资约束企业，这支持了以上分析结论。根据上述分析，融资约束强的企业融资能力更弱，且金融周期波动对融资约束较强企业的融资能力影响更加明显，即存在：

$$\varphi_{D,L} > \varphi_{D,H} > 0 \qquad \frac{\partial \varphi_{D,H}}{\partial fc} > \frac{\partial \varphi_{D,L}}{\partial fc} > 0 \qquad (6.7)$$

第二，在企业的风险偏好方面，高融资约束企业的风险偏好应显著低于低融资约束企业，原因在于企业较高的融资约束导致风险承受能力较低，在面临极端事件时难以通过外部融资补充流动性，较高的融资约束也会造成企业债务期限缩短，导致投资决策更加谨慎。根据以上分析，高融资约束企业风险厌恶程度应显著高于低融资约束企业，即存在：

$$\lambda_H > \lambda_L \qquad (6.8)$$

考虑到企业存在融资约束异质性特征，则最优金融化水平将受到企业个体 i 的影响，f^* 的表达式为：

$$f_i^*(fc) = \frac{\varphi_F(fc) - \tilde{E}(K)}{\lambda_i I} + \varphi_\sigma(fc)\frac{A}{I} + \varphi_\sigma(fc)\frac{\varphi_{D,i}(fc)}{I} \qquad (6.9)$$

此时，如果企业出于预防性储蓄动机持有金融资产，则企业基于其经营风险进行决策，造成企业金融化水平主要取决于其经营风险水平，f^* 可以简化表示为：

$$f_i^*(fc) = \varphi_\sigma(fc) \frac{A}{I} + \varphi_\sigma(fc) \frac{\varphi_{D,i}(fc)}{I} \tag{6.10}$$

对式（6.10）关于 fc 求导，根据链式求导法则有：

$$\frac{\partial f_i^*(fc)}{\partial fc} = \frac{\partial \varphi_\sigma(fc)}{\partial fc} \frac{A}{I} + \frac{1}{I} \left[\frac{\partial \varphi_\sigma(fc)}{\partial fc} \varphi_{D,i}(fc) + \frac{\partial \varphi_{D,i}(fc)}{\partial fc} \varphi_\sigma(fc) \right] \tag{6.11}$$

根据式（6.6）和式（6.7）给出的偏导数正负性情况，考虑企业融资约束异质性特征，易得：

$$\frac{\partial f_H^*(fc)}{\partial fc} > \frac{\partial f_L^*(fc)}{\partial fc} > 0 \tag{6.12}$$

式（6.12）表明当企业金融化水平和金融周期同向变动导致其金融化主导动机难以判断时，如果企业主要出于预防性储蓄动机持有金融资产，则融资约束较强的企业对金融周期波动更敏感。

如果企业出于利润追逐动机持有金融资产，则主要盯住投资收益决定其金融化水平，f^* 可以简化为：

$$f_i^*(fc) = \frac{\varphi_F(fc) - \tilde{E}(K)}{\lambda_i I} \tag{6.13}$$

对式（6.13）关于 fc 求导，则有：

$$\frac{\partial f_i^*(fc)}{\partial fc} = \frac{1}{\lambda_i I} \frac{\partial \varphi_F(fc)}{\partial fc} \tag{6.14}$$

此时考虑到不同企业的融资约束异质性特征和式（6.8）与式（6.14），应有：

$$\frac{1}{\lambda_L I} \frac{\partial \varphi_F(fc)}{\partial fc} > \frac{1}{\lambda_H I} \frac{\partial \varphi_F(fc)}{\partial fc} > 0 \tag{6.15}$$

式（6.15）表明在企业出于利润追逐动机持有金融资产时，企业金融化水平与金融周期呈同向变动关系，且融资约束较弱的企业对金融周期波动更敏感。

6.1.2 研究假设

现有研究表明非金融企业投资金融资产的同时出于预防性储蓄和利润追逐双重主观动机，根据金融周期繁荣水平的变化，实体企业会根据自身经营情况从两种动机出发对其金融资产投资情况进行调整，进而改变金融化水平。结合 6.1.1 节基于数理模型的理论分析结论，以下关于金融周期对企业金融化的驱动效应进行机理分析，并提出本章实证研究假设。

（1）金融周期对企业金融化的驱动作用

如果出于预防性储蓄动机持有金融资产，则企业相关决策应盯住市场上的流动性水平。一方面，当金融周期高涨时宏观货币环境比较宽松，市场上流动性相对充裕，实体企业融资约束随之降低，为了发挥金融资产的预防性储蓄功能，企业会增持金融资产以备不时之需；当金融周期处于衰退期时，市场流动性紧缩和资产负债情况恶化都将增强融资约束，此时企业为平滑主营业务投资和补充现金流将减持金融资产，释放之前储备的流动性，造成此时企业金融化水平顺金融周期波动。另一方面，在金融周期高涨时实体企业经营风险下降，对流动性短缺的预防性储蓄动机减弱，无须持有大量金融资产作为流动性储备，金融资产将被卖出，同时资产价格上涨将改善企业财务状况并提高抵押品价格，进一步降低其融资约束，企业出于预防性储蓄动机持有的金融资产随经营风险减弱而被减持，所释放出的资金将被投入主营业务生产以实现企业收益最大化；在金融周期衰退期内市场上流动性减少，叠加抵押品价格下跌导致财务状况恶化，造成融资约束和经营风险大幅提高，实体企业预防性储蓄动机增强，会增持金融资产作为流动性储备稳定自身经营情况，导致此时企业金融化水平逆金融周期波动。根据以上分析，若实体企业出于预防性储蓄动机持有金融资产，则其金融化水平与金融周期指标既可以呈正相关关系，也可以呈负相关关系。

如果出于利润追逐动机持有金融资产，则目的在于获得投资收益，实体企业会盯住资产价格做出决策。当金融周期处于高涨期时，风险资产价格具有上涨预期，企业为提高利润和股东收益买入金融资产，同时市场上流动性充裕和企业财务状况改善均会缓解其融资约束，进一步鼓励实体企业增持金融资产；当金融周期处于衰退期时，资产价格的下跌预期和融资约束强化均会使实体企业卖出金融资产从而降低金融化水平。由此可见，当实体企业出于利润追逐动机持有金融资产时，企业金融化水平与金融周期指标应呈同向变动关系。

基于以上机理分析和 6.1.1 节的理论分析结论，本章提出以下假设：

H6.1a：企业金融化水平顺金融周期波动，繁荣的金融周期对企业金融化水平具有显著促进作用。

H6.1b：企业金融化水平逆金融周期波动，繁荣的金融周期对企业金融化水平具有显著抑制作用。

（2）识别企业金融化主导动机

当企业金融化水平与金融周期呈同向变动时，假设 H6.1 的结论难以识别中国企业金融化的主导动机，本章进一步在研究中引入融资约束变量观察实体企业融资约束强弱对企业金融化水平受到金融周期波动影响的调节效应。在中国金融抑制和银行主导的宏观金融背景下，企业间融资约束水平存在较大差距。融资约束较弱的企业融资额度较高、成本较低，当企业需要资金用于增资扩产或补充流动性时可以从金融机构和资本市场以合理成本募集足额资金，但融资约束较强的企业在流动性短缺时很难通过外部融资满足自身资金需求，对内部融资的需求更强。上述差别也导致企业对于持有金融资产的不同态度，融资约束较弱的企业禀赋较好，融资能力较强，所以对金融资产的预防性储蓄作用依赖程度较低；而融资约束较强的企业禀赋较差，融资相对困难，更需要持有金融资产作为企业的流动性储备，此时持有的金融资产是可以显著降低企业陷入财务困境概率的重要工具，即使财务危机没有发生，持有充足的流动性也可以降低陷入财务困境的事前成本。

如果实体企业投资金融资产以预防性储蓄为主导动机，则相较于融资约束较弱的企业，融资约束较强企业持有金融资产的预防性储备动机更强。外部融资能力较差的实体企业通过买卖金融资产对资金进行跨期配置，解决了企业流动性需求和市场流动性供给之间可能存在的错配问题，也能显著降低企业的财务风险，造成融资约束较强企业的金融化水平对金融周期波动更敏感；而对于融资约束较弱的企业，由于具有更好的禀赋和更强的融资能力，将金融资产作为流动性储备工具的意愿较弱，通过少量买卖金融资产就可以在金融周期波动中实现企业流动性跨期配置，导致融资能力较强企业的金融化水平对金融周期波动的敏感性较弱。由此可见，如果企业金融化以预防性储蓄动机主导，则融资约束较强的企业对金融周期波动更敏感。

如果实体企业持有金融资产的动机以利润追逐为主导，融资约束较强的企业融资能力较差，偏高的融资成本会侵蚀投资收益，通过买卖金融资产用于获取投资收益的意愿和能力都相对更弱，叠加其风险厌恶程度偏高，所以金融化水平对金融周期波动的敏感性较低；而融资约束较弱的企业具有更强的融资能力、更低的融资成本和更高的风险承受能力，通过金融资产获取投资收益的能力和意愿更强，风险厌恶程度也偏低。在我国银行主导的金融体系中，信贷歧视问题导致融资约束较弱企业在市场流动性充裕时倾向于过度融资，用低成本的资金购买大量金融资产并放大投资收益，甚至有可能发挥"影子银行"的功能。由此可见，如果利润追逐是企业金融化的主导动机，则融资约束较弱的企业对金融周期波动更敏感。

基于以上机理分析和6.1.1节的理论分析，本章提出以下假设：

H6.2a：相较于融资约束较弱的企业，融资约束较强企业的金融化水平对金融周期波动更加敏感，表明预防性储蓄是中国企业金融化的主导动机。

H6.2b：相较于融资约束较强的企业，融资约束较弱企业的金融化水平对金融周期波动更加敏感，表明利润追逐是中国企业金融化的主导动机。

（3）投资并持有不同期限金融资产的主导动机差异

尽管前文已经完成企业金融化主导动机的识别，但各类金融资产的特征仍存在较大差异，实体企业持有不同期限金融资产的主导动机可能有所差别。短期金融资产的流动性强，交易成本较低，持有期限较短，作为现金替代物的功能更强，企业可以在资金充裕时增持短期金融资产作为流动性储备，当流动性不足时卖出，满足流动性需求，实现流动性的跨期配置。已有研究发现，持有短期金融资产可以显著降低企业财务风险，改善企业资产负债情况，减少陷入财务困境的可能性。同时，实体企业也能通过买卖短期金融资产的投资行为获取资本利得等投资收益，基于其更强的流动性，短期金融资产更适合作为企业投机的金融工具。现有文献指出短期金融资产既可能作为企业的投机工具，也可能是一种流动性储备工具。

与短期金融资产不同，长期金融资产流动性较差且交易成本较高，在实体企业流动性短缺时难以及时提供流动性支持，并不适合被用作流动性储备工具。但长期金融资产作为保值型金融资产可以被实体企业用作长期金融投资配置，平滑主营业务利润波动并实现企业收益最大化，正如3.2.1节的分析，投资性房地产作为长期金融资产是大量中国上市公司的重要金融资产投向。

通过以上分析不难发现，实体企业配置短期金融资产的主导动机既可能是预防性储蓄，也可能是利润追逐，而基于较差的流动性和更好的长期投资回报，企业更可能以利润追逐动机为主导投资并持有长期金融资产。

综合以上的讨论和6.1.1节的理论分析，本章提出以下假设：

H6.3a：中国企业投资并持有短期金融资产和长期金融资产的主导动机均为利润追逐。

H6.3b：中国企业投资并持有短期金融资产的主导动机是预防性储

蓄，投资并持有长期金融资产的主导动机是利润追逐。

6.2 研究设计

6.2.1 样本选择和数据来源

本章以 2007—2020 年沪深两市 A 股上市公司作为研究样本，参考 3.2.1 节的做法进行一系列剔除后共剩余 3786 家企业。本章企业层面季度财务数据来自国泰安数据库（CSMAR），宏观层面数据来自国家统计局、世界清算银行和 Wind 数据终端，使用 Stata15 进行实证分析。为避免极端值对实证分析结果造成影响，本章对所有企业层面变量均进行双侧 1% Winsorize 截尾处理。部分发布频率作为月度的宏观指标，本章以每季度平均值作为其季度取值引入实证分析。

6.2.2 变量定义和测度

（1）被解释变量

根据 3.1.3 节的适用性分析和测度方法，本章参考胡奕明等（2017）的研究使用金融资产占总资产比例作为企业金融化水平测度方法，记为 fa。同时，参考张成思和郑宁（2020）与黄贤环等（2019）的研究，构建两个企业金融化测度指标进行稳健性检验，分别记为 $fa2$ 和 $fa3$。此外，本章还采用 4.2.2 节的做法根据期限结构划分短期和长期金融资产，分别记为 $fashort$ 和 $falong$。为验证企业金融化主导动机识别路径的有效性，本章测度实体企业持有现金及现金等价物占总资产比例（记为 $cash$）并对企业持有现金的动机进行检验。

（2）核心解释变量

金融周期指标是本章实证模型中的核心解释变量，已有研究指出金融周期主要受到私营部门信贷总量、私营部门信贷占 GDP 比例和房地产价格指标的影响。参考范小云等（2017）的研究，本章选取中国私人部门信贷总量、中国私人部门信贷占当年 GDP 比例，以及国房景气指数，利用 CF 滤波方法测度中国金融周期指数，记为 $fcycle$。本章还参考范小云等（2017）的研究，使用主成分分析法测度了中国金融周期指数进行稳健性检验，记为 $fcycle\_pca$。

为缓解模型内可能存在的内生性问题，本章参考彭俞超等（2018a）和刘贯春等（2020）使用外国宏观变量作为中国宏观经济形势工具变量的做法，使用美国私人部门信贷总量、私人部门信贷占当年 GDP 比例和住房价格指数测度美国金融周期指标作为中国金融周期的工具变量，记为 *fcycle_usa*。在图 6-2 中展示了样本期内中国和美国金融周期的情况，可以发现中国金融周期指数从 2007 年开始保持下降趋势，直到 2015 年达到最低点，之后开始上涨，于 2020 年达到顶点。美国金融周期指数从 2010 年开始下降，在 2016 年达到最低点，之后逐步上升。从整体趋势上看二者大部分时间同升同降，这与已有文献的结论不谋而合，两者的协动性为本章工具变量的选取提供了重要依据。此外，本章还对经济合作与发展组织（OECD）整体的金融周期进行测度（记为 *fcycle_oecd*），替换美国金融周期作为工具变量进行估计，进一步缓解潜在的内生性问题。

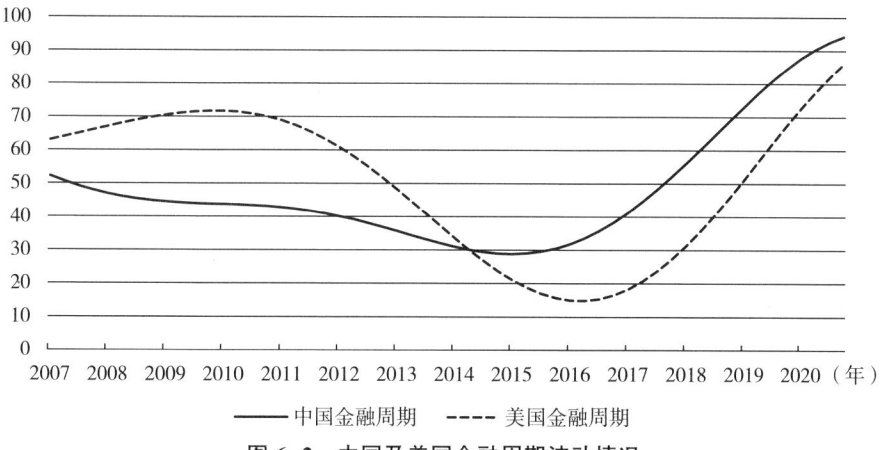

图 6-2　中国及美国金融周期波动情况

注：由笔者计算并绘制。

（3）控制变量

与本书第 4 章一致，本章参考彭俞超等（2018a）和刘贯春等（2020）的研究，本章选用公司规模、杠杆率、净资产收益率、有形资产比例、成长性、公司自由现金流、两职分离、第一大股东持股和资产周转率作为企业层面控制变量，从企业规模、财务结构、盈利能力、有形资产占比、企业成长性、现金流充裕程度、公司治理、持股集中度和资产运行效率几个方面对企业之间个体差异进行控制。本章的核心解释变量为金融周期，为控制实体经济波动对企业金融化的影响，本章参考彭俞超等（2018a）的研究在宏观层面控制 GDP 同比增速。

（4）调节变量

为检验样本期内中国企业金融化主导动机，本章将企业融资约束作为调节变量，观察融资约束对金融周期波动驱动企业金融化的调节效应。与本书第 4 章相同，参考鞠晓生等（2013）和刘井建等（2022）的研究，本章选取 SA 指标作为企业融资约束的代理变量。本章参考 Hadlock 和 Piere（2010）的研究，利用式（4.13）对 SA 指标进行测度，现有文献指出 SA 指标越大代表企业面临的融资约束越强。

融资约束指标是本章的关键变量，为排除融资约束测度方式对研究结论的影响，本章还参考现有文献，运用以下方法测度 KZ 指标作为企业融资约束的代理变量：

$$KZ = - 1.001909 \times ocf + 3.139193 \times lev - 39.3678 \times div$$
$$- 1.314759 \times cash + 0.2826389 \times tobinq \tag{6.16}$$

其中，ocf 为经营性现金流占企业总资产比例，lev 为杠杆率，div 为现金股利占总资产比例，$cash$ 为现金持有量占总资产比例，$tobinq$ 为托宾 Q 值，计算结果在本章中记为 KZ。参考原作者 Kaplan 和 Zingales（1997）的研究结论，KZ 指标越大代表企业面临的融资约束越强。

本章参考彭俞超等（2018a）的方法生成融资约束哑变量引入实证研究，当企业融资约束指标大于当期中位数时取 1，否则取 0，由 SA 和 KZ 生成的融资约束哑变量分别记为 sa 和 kz，当融资约束哑变量取 1 时表明企业受到融资约束较强，取 0 时说明企业受到融资约束较弱。

（5）分组变量

本章从样本企业的所有制、地域和所处行业竞争度差异三个方面考察企业金融化水平受金融周期波动的驱动效应和金融化主导动机的异质性。本章按企业实际控制人属性生成哑变量 soe，国有企业取 1，非国有企业取 0；按企业总部所在地进行划分，生成哑变量 $east$，东部地区企业取 1，非东部地区取 0；按企业所处行业的集中度划分，计算每年各个行业的赫芬达尔指数（HHI），生成哑变量 hhi，高于当期 HHI 中位数则取 1，否则取 0。具体哑变量生成方式同本书的 4.2.2 节。

变量定义及描述见表 6-1。

表 6-1　变量定义及描述

变量类别	变量	符号	变量描述
企业金融化水平	金融资产占比	fa	金融资产占总资产比例,用作核心因变量,详见文中
	金融资产占比 2	fa2	金融资产占总资产比例,用作稳健性检验,详见文中
	金融资产占比 3	fa3	金融资产占总资产比例,用作稳健性检验,详见文中
	短期金融资产占比	fashort	短期金融资产占总资产比例
	长期金融资产占比	falong	长期金融资产占总资产比例
	现金占比	cash	现金占总资产比例
金融周期	中国金融周期	fcycle	中国金融周期,作为核心解释变量
	美国金融周期	fcycle_usa	美国金融周期,用作工具变量
	主成分分析法构建的中国金融周期	fcycle_pca	主成分分析法构建的中国金融周期,用作稳健性检验
	经合组织金融周期	fcycle_oecd	OECD 金融周期,用作工具变量
企业层面控制变量	公司规模	size	总资产的自然对数
	杠杆率	lev	总负债占总资产比例
	净资产收益率	roe	净利润占净资产比例
	有形资产占比	tangibility	有形资产占总资产比例
	成长性	tobinq	股票市值与总资产比重
	公司自由现金流	fcff	归属公司自由现金流占总资产比例
	两职分离	uni	董事长和 CEO 同一人取 1,否则取 0
	第一大股东持股	top1	第一大股东持股比例
	资产周转率	turnover	营业收入占总资产比例
宏观层面控制变量	经济增长	gdp	GDP 季度同比增长率
调节变量	融资约束指标	SA	SA 指标,测度企业融资约束
	融资约束	sa	SA 指标高于当期中位数则取 1,否则取 0
	融资约束指标 2	KZ	KZ 指标,测度企业融资约束
	融资约束 2	kz	KZ 指标高于当期中位数则取 1,否则取 0

变量类别	变量	符号	变量描述
分组变量	所有权性质	*soe*	国有企业取 1，否则取 0
	所处地区	*east*	公司总部所处东部地区取 1，否则取 0
	行业集中度	*hhi*	公司所处行业集中度高于当期中位数取 1，否则取 0

注：由笔者整理所得。*fa*、*fa2*、*fa3* 的构建方法分别参考了胡奕明等（2017）、张成思和郑宁（2020）、黄贤环等（2019）的研究，具体测度方法可见 3.1.3 节。

6.2.3 描述性统计和相关性分析

表 6-2 汇报了本章实证分析中所选用变量的描述性统计情况，结果显示样本期内被解释变量 *fa* 的均值为 3.757，代表样本期内企业金融化水平平均为 3.757%，其最小值为 0，最大值为 41.6095，说明实体企业金融化水平可能存在截尾分布；进一步根据持有期区分金融资产类别后，*fashort* 和 *falong* 的描述性统计结果表明企业持有短期和长期资产平均占总资产的 0.9121% 和 2.717%。

核心解释变量方面，样本期内中国金融周期指标 *fcycle* 在 28.8277~95.8225 波动，其均值为 57.058；作为工具变量使用的美国金融周期指标 *fcycle_usa* 在 14.8569~85.9731 波动，均值为 48.7313；OECD 金融周期指标 *fcycle_oecd* 在 19.7947~75.9841 波动，均值为 49.4427；用作稳健性检验的使用主成分分析法构建的中国金融周期指标 *fcycle_pca* 在 25.0477~99.6757 波动，均值为 55.2634。

本章引入企业融资约束作为金融周期波动影响企业金融化水平的调节变量对中国企业金融化主导动机进行检验，为排除融资约束测度方式对研究结论的影响，本章同时测度 *SA* 和 *KZ* 指标作为融资约束的代理变量。描述性统计结果显示本章计算所得的 *SA* 指标均值为 -3.7511，最小值为 -4.3576，最大值为 -3.0776，实证部分使用由 *SA* 生成的融资约束哑变量 *sa* 表示样本企业受到的融资约束强弱；*KZ* 指标均值为 1.3832，最小值为 -5.3363，最大值为 6.6421，实证部分使用由 *KZ* 生成的融资约束哑变量 *kz* 表示样本企业受到的融资约束强弱。其余控制变量的描述性统计结果此处不再赘述。

表6-2　描述性统计

变量	观测量	均值	标准差	偏度	峰度	最小值	中位数	最大值
fa	116446	3.757	7.415	3.0851	13.3034	0	0.6253	41.6095
fa2	116446	3.7324	7.2911	3.1235	13.6195	0	0.7106	41.3325
fa3	116446	7.2315	10.5558	2.3772	9.0772	0	2.9664	54.9252
fashort	116446	0.9121	3.5635	5.0535	29.7209	0	0	24.4993
falong	116446	2.717	5.7385	3.4632	16.3007	0	0.3781	34.3166
cash	116446	17.4872	13.0962	1.496	5.1809	1.2292	13.7918	65.0175
fcycle	116446	57.058	24.3606	0.4836	1.6181	28.8277	44.6325	95.8225
fcycle_usa	116446	48.7313	22.0317	−0.1361	1.6484	14.8569	51.3116	85.9731
fcycle_pca	116446	55.2634	26.192	0.5751	1.7721	25.0477	42.6767	99.6757
fcycle_oecd	116446	49.4427	19.4194	−0.1563	1.5445	19.7947	51.8408	75.9841
size	116446	22.0269	1.2677	0.7308	3.4434	19.6587	21.8563	25.9757
lev	116446	42.5729	20.8959	0.1818	2.2603	4.7483	41.9777	92.6298
roe	116446	2.668	3.8587	0.3713	5.7788	−11.0295	1.9759	15.7779
tangibility	116446	22.9363	16.3418	0.9063	3.3124	0.4046	19.4741	71.9337
tobinq	116446	2.0713	1.2952	2.5567	10.937	0.8794	1.6544	8.465
fcff	116446	−0.0199	0.13	−1.7	7.8145	−0.5793	0.0015	0.2601
uni	116446	0.2562	0.4365	1.1169	2.2474	0	0	1
*top*1	116446	34.6928	14.8525	0.4726	2.5954	8.63	32.76	74.09
turnover	116446	0.4044	0.3463	1.8924	7.4788	0.023	0.3113	1.9151
gdp	116446	6.8528	3.6529	−1.5112	7.2987	−6.8	6.9	14.3
SA	116446	−3.7511	0.2513	0.0637	2.8852	−4.3576	−3.7525	−3.0776
sa	116446	0.4999	0.5	0.0004	1	0	0	1
KZ	116446	1.3832	2.1672	−0.4662	3.6614	−5.3363	1.5716	6.6421
kz	116446	0.4999	0.5	0.0004	1	0	0	1
soe	116446	0.3976	0.4894	0.4183	1.175	0	0	1
east	116446	0.6549	0.4754	−0.6518	1.4249	0	1	1
hhi	116446	0.4864	0.4998	0.0543	1.0029	0	0	1
企业个数	3768							

注：由笔者计算整理所得。

　　表6-3汇报了本章核心解释变量金融周期和控制变量之间的相关性情况。以Pearson相关性为例，金融周期（*fcycle*）和各企业层面控制变量的相

关性普遍较低，其中与企业规模（size）的相关性最强，为 0.1273；控制变量之间最强的相关关系存在于 size 和杠杆率（lev）之间，相关性达到 0.4253。除此之外，控制变量间相关性多数在±0.2 以内，均明显小于±0.8 的多重共线性经验判定标准。

值得注意的是，fcycle 和经济增长（gdp）之间的 Pearson 相关性为 −0.6226，Spearman 相关性则为−0.7383，接近±0.8 的多重共线性经验判定标准，可能导致共线性问题。在 fcycle 和 gdp 相关性较高的基础上，本章仍引入 gdp 变量作为宏观层面控制变量的原因在于：第一，基准回归中 gdp 的方差膨胀因子仅为 1.76，小于 5 的多重共线性问题经验临界值；第二，本章核心问题是金融体系波动对企业金融化水平的驱动效应，控制实体经济发展情况具有理论基础；第三，部分现有文献在研究企业金融化的宏观影响因素时对经济增长进行了控制。为进一步消除模型中可能存在的多重共线性问题，本章通过剔除 gdp 变量对模型进行重新估计作为稳健性检验。

表 6-3　相关性分析

名称	fcycle	size	lev	roe	tangibility	tobinq
fcycle	1	0.1171	−0.0407	0.0259	−0.0915	−0.0616
size	0.1273	1	0.4387	−0.0174	0.084	−0.5169
lev	−0.063	0.4253	1	−0.3499	0.148	−0.3324
roe	0.0188	−0.0023	−0.3427	1	−0.0949	0.1766
tangibility	−0.115	0.1409	0.1733	−0.1048	1	−0.1346
tobinq	−0.0735	−0.3945	−0.226	0.144	−0.1257	1
fcff	0.0342	0.1176	0.1625	−0.0157	0.1263	−0.0182
uni	0.0806	−0.1566	−0.1526	0.0557	−0.1281	0.0731
top1	−0.0919	0.1994	0.0377	0.1098	0.1077	−0.1221
turnover	−0.0347	0.0617	0.1493	0.2786	−0.0147	−0.032
gdp	−0.6226	−0.1335	0.0841	0.0616	0.1164	0.0147
名称	fcff	uni	top1	turnover	gdp	
fcycle	−0.0041	0.0636	−0.0866	−0.0217	−0.7383	
size	0.0573	−0.1633	0.1506	0.0453	−0.1781	
lev	0.0907	−0.1538	0.037	0.1227	0.1008	
roe	−0.0013	0.0651	0.1127	0.4313	0.0256	
tangibility	0.0976	−0.1181	0.0992	0.0473	0.1337	
tobinq	−0.0374	0.1054	−0.148	−0.0262	0.0413	

名称	fcycle	size	lev	roe	tangibility	tobinq
fcff	1	−0.0199	0.0234	0.0364	−0.0336	
uni	−0.0563	1	−0.0542	−0.025	−0.0994	
top1	0.0217	−0.0616	1	0.1018	0.0972	
turnover	0.0339	−0.04	0.093	1	0.0911	
gdp	−0.0392	−0.0837	0.0761	0.1354	1	

注：由笔者计算所得。

6.2.4　模型设定

根据本章 6.1.1 节理论模型的分析结论和现有文献通行做法，为探究金融周期波动对企业金融化水平的驱动效应（H6.1a 和 H6.1b），本章将金融周期以线性形式引入回归方程并构建如下双向固定效应模型：

$$fa_{i,t} = \alpha fcycle_t + \rho Contral_{i,t} + \mu_i + Industry_{i,t} + Quarter_t + c + \varepsilon_{i,t}$$

$$(6.17)$$

其中，下角标 i 代表个体企业，下角标 t 代表时间，因变量 $fa_{i,t}$ 为实体企业持有金融资产占比，用以衡量企业金融化水平；$fcycle_t$ 是核心解释变量金融周期指标，由于全国企业面临同样的金融体系，所以金融周期是一个仅与时间相关的宏观维度变量；$Contral_{i,t}$ 为控制变量组成的向量，元素包括公司规模、杠杆率、净资产收益率、有形资产比例、成长性、公司自由现金流、两职分离、第一大股东持股和资产周转率；μ_i 代表企业层面固定效应，用来吸收不随时间变化的个体企业特征；$Industry_{i,t}$ 表示企业所属行业，用来控制行业间的差异，由于部分企业存在主营业务变更或借壳上市等情况，企业所属行业可能随时间发生变化。鉴于上市企业变更所属行业的情况很少发生，本书参考杜勇等（2019）的做法，将行业控制变量看作固定效应引入模型。由于本章核心解释变量为时间序列，所以不能控制年度效应，彭俞超等（2018a）在研究中指出，企业金融化程度可能存在季节效应，故本章在回归方程中引入季节哑变量 $Quarter_t$ 对季节效应进行控制；此外，c 表示回归的常数项，$\varepsilon_{i,t}$ 表示未观测到的残差项。

模型（6.17）的估计结果中如果核心解释变量 $fcycle_t$ 的系数 α 显著大于零，则表明繁荣的金融周期对中国企业金融化水平具有显著促进作用（H6.1a），如果 $fcycle_t$ 的系数 α 显著小于零，则表明繁荣的金融周期对中国企业金融化水平具有显著抑制作用（H6.1b）。

在检验和识别实体企业金融化主导动机（H6.2a 和 H6.2b）的过程中，本章进一步引入了企业融资约束作为调节变量观察不同融资约束企业金融化水平受到金融周期的影响是否存在显著差异。本章使用 SA 指标作为企业融资约束的代理变量，并生成融资约束哑变量 sa 引入以下模型：

$$fa_{i,t} = \alpha fcycle_t + \beta fcycle_t \times sa_{i,t} + \gamma sa_{i,t} + \rho Contral_{i,t} + \mu_i + Industry_{i,t} + Quarter_t + c + \varepsilon_{i,t}$$

$$(6.18)$$

其中，$sa_{i,t}$ 为融资约束哑变量，用来区分企业融资约束强弱，$fcycle_t \times sa_{i,t}$ 是金融周期和融资约束的交乘项。对于融资约束较强企业有 $sa_{i,t} = 1$，则企业金融化水平对金融周期回归的系数为 $\alpha + \beta$，对于融资约束较弱的企业有 $sa_{i,t} = 0$，则企业金融化水平对金融周期回归的系数为 α。为排除企业融资约束测度方法对研究结论的影响，本章还使用 Kaplan 和 Zingales（1997）提出的 KZ 指标替代 SA 指标度量实体企业融资约束强弱，并对模型（6.18）进行估计。

本章通过检验以上回归系数的正负性和显著性来识别中国企业金融化的主导动机，结合上文分析结论给出基于金融周期的企业金融化主导动机识别路径。具体而言，由于出于预防性储蓄动机没有使金融周期与企业金融化呈负相关的理论依据，所以如果出现 $\alpha < 0$ 的回归结果，则可以断定企业金融化的主导动机是预防性储蓄。当实证结果显示金融周期与企业金融化呈正相关时，本章通过交乘项 $fcycle_t \times sa_{i,t}$ 的系数 β 进一步考察融资约束对金融周期系数的影响，若交乘项系数 β 显著为正，则高融资约束企业的金融化水平对金融周期更敏感，说明中国企业金融化以预防性储蓄动机为主导，若交乘项系数 β 为负，则低融资约束企业的金融化水平对金融周期更敏感，说明中国企业金融化的主导动机是利润追逐。根据上述分析，企业金融化主导动机的识别路径如表6-4所示。

表6-4　企业金融化主导动机识别路径

企业金融化与金融周期的关系	金融周期项系数	金融化水平对金融周期波动更敏感的企业	交乘项系数	金融化主导动机
正相关	$\alpha > 0$	高融资约束企业	$\beta > 0$	预防性储蓄
		低融资约束企业	$\beta < 0$	利润追逐
负相关	$\alpha < 0$	—	—	预防性储蓄

注：由笔者根据理论分析整理所得。

对于企业持有短期金融资产和长期金融资产的动机是否一致的问题（H6.3a 和 H6.3b），本章将模型（6.18）中的被解释变量替换为短期金融资产（*short*）和长期金融资产（*long*）分别进行回归，并使用表6-4中的识别方法对两类金融资产的持有动机进行判断。

在完成三个假设的检验之后，本章根据企业的所有制、地域和所属行业差异对样本进行分类，使用模型（6.18）进行分组回归观察本章样本不同子集间企业金融化主导动机是否存在异质性特征。

尽管本章已经引入了企业层面和宏观层面的多个控制变量，同时考虑了固定效应和季节效应，但仍然不能杜绝内生性问题存在的可能。因此在本章研究中还使用工具变量法对模型进行估计，同时汇报了两阶段最小二乘法（2SLS）的估计结果。本章选择美国金融周期作为工具变量的原因在于：第一，现有研究表明中美两国金融周期具有较强的协动性，符合工具变量与核心解释变量之间的相关性要求；第二，美国金融周期对中国企业金融化水平不产生直接影响，只通过两国金融周期之间的协动性对中国实体企业金融投资产生间接影响，满足工具变量外生性要求。为保证工具变量的有效性，本章参考由 Cragg 和 Donald（1993）、Kleibergen 和 Paap（2006）和 Anderson 和 Rubin（1949）的研究对每一组 2SLS 回归进行不可识别检验、弱工具变量检验和稳健弱识别推断，分别汇报了 *Kleibergen-Paap* 似然比统计量的 *P* 值、*Cragg-Donald* Wald 检验的 F 统计量和 *Anderson-Rubin* Wald 检验的 *P* 值。

6.3 企业金融化主导动机的实证分析

6.3.1 金融周期对企业金融化的驱动效应

表6-5报告了金融周期驱动企业金融化水平的实证回归结果。列（1）中回归对样本企业固定效应、季节固定效应和所处行业固定效应进行控制，使用普通最小二乘法（OLS）对双向固定效应模型（6.17）进行估计，结果指出金融周期项（*fcycle*）系数为0.068，且在1%置信水平下显著为正，表明金融周期繁荣对企业金融化具有促进作用，二者呈同向变动关系。考虑到企业间的禀赋差别和宏观经济增长对企业金融化水平的影响，列（2）的回归在列（1）的基础上引入企业层面和宏观层面的控制变量并使用模型（6.17）进行估计。结果显示在控制企业禀赋和宏观经济发

展的影响后 $fcycle$ 回归系数为 0.053，与列（1）结果相比略有下降，但仍在 1% 的置信水平下显著为正，此时金融周期指标上升一个标准差时（24.3606，下同），中国实体企业平均持有金融资产占总资产比例将增加 1.2911%，表明企业金融化水平与金融周期同向变动，金融周期高涨对企业金融资产投资具有显著促进作用。列（2）中回归的调整后可决系数（adjusted R^2）为 0.5893，表明该模型的拟合优度较高，企业金融化水平变动的 58.93% 能由模型中引入的变量所解释。

为缓解回归模型（6.17）中可能存在的内生性问题，本章将美国金融周期作为中国金融周期的工具变量使用两阶段最小二乘法（2SLS）进行参数估计。列（3）回归结果表明在仅控制企业个体固定效应、季节固定效应和行业固定效应时，$fcycle$ 回归系数为 0.0604，在 1% 置信水平下显著为正，表明金融周期指标提高对企业金融化水平具有促进效应。当进一步控制企业间禀赋差异和实体经济发展的影响后，列（4）回归结果显示 $fcycle$ 系数为 0.0559，回归系数与列（3）相比略有下降，但仍在 1% 置信水平下显著大于 0，此时金融周期升高一个标准差会造成中国实体企业金融化水平增加 1.3618%，表明金融周期与企业金融化水平呈同向变动关系。列（3）和列（4）中 2SLS 的实证研究结论与列（1）和列（2）一致，说明在通过引入工具变量缓解模型中潜在的内生性问题不会改变研究结论。

为验证本章所选取工具变量的有效性，表 6-5 汇报了多组工具变量检验结果。以列（4）为例，检验结果显示 $Kleibergen-Paap$ 似然比统计量的 P 值小于 0.01，表明可以拒绝工具变量不可识别的原假设，美国金融周期作为工具变量不存在不可识别问题；$Cragg-Donald$ Wald 检验的 F 统计量为 39345.76，显著大于 Stock 和 Yogo（2005）给出的 16.38 临界值，表明工具变量与内生变量间存在较强的相关性，美国金融周期作为中国金融周期的工具变量不存在弱工具变量问题；$Anderson-Rubin$ Wald 检验的 P 值小于 0.01，进一步验证本章选取的工具变量与内生变量间存在显著相关性，选取美国金融周期作为中国金融周期的工具变量是合理的。以上三组检验结果均表明本章选取美国金融周期作为工具变量具备有效性，说明本章引入工具变量能缓解内生性问题，且使用 2SLS 对模型进行估计的结果可靠。本章所有 2SLS 回归均通过以上三个工具变量有效性检验，后文对检验结果不再赘述。

在表 6-5 多组实证结果中 $fcycle$ 回归系数均显著为正，表明金融周期指标升高对企业金融化水平具有显著促进作用，引入控制变量和替换估计方法不改变以上结论。以上实证分析结果支持假设 H6.1a 同时反对假设 H6.1b，表明中国企业金融化顺金融周期波动，繁荣的金融周期对企业金融化水平具有显著促进作用。

在核心解释变量之外，表 6-5 控制变量回归系数也对企业金融化形成机理研究具有一定参考意义，以列（2）为例，回归结果中公司规模（*size*）、杠杆率（*lev*）、净资产收益率（*roe*）、有形资产占比（*tangibility*）、资产周转率（*turnover*）和经济增长（*gdp*）的回归系数均在 1% 置信水平下显著为负，原因在于公司规模越大经营风险越低，预防性储蓄动机越弱，对金融资产规模具有抑制作用；资产负债率越高，企业融资约束越强，可用于金融资产投资的资金越少，抑制企业金融投资；净资产收益率越高企业主营业务盈利能力越强，出于最大化股东收益的利润追逐动机，应该将更多的资产投入生产而非金融资产；有形资产占比越高说明公司更重视实体生产经营而非金融投资，对金融化水平具有抑制作用；资产周转率越高表明企业对其资产的利用率越高，主营业务盈利能力越强，对金融投资具有抑制作用；当经济增速提高时，企业拥有更多合意的实体经济投资机会，导致出于利润追逐动机减持金融资产，这与第4章结论一致。公司成长性（*tobinq*）和公司自由现金流（*fcff*）的回归系数显著为正，原因在于公司成长性越高时金融资产作为实物期权的价值越高，实体企业需要持有更多金融资产把握未来发展机会；公司自由现金流较多表明企业流动性充裕，投资金融资产的能力较强。二职合一（*uni*）和更高的第一大股东持股比例（*top*1）对企业的金融化程度存在统计意义上不显著的抑制作用。基于上面对于控制变量回归系数的分析不难发现，实体企业持有金融资产的预防性储蓄和利润追逐动机在各类控制变量上均有所体现，对于企业金融化主导动机的检验仍需进一步研究。鉴于微观企业层面的金融化驱动因素不是本章讨论的重点内容，为了文章简洁性，后文对于控制变量系数不做过多讨论。

表 6-5　金融周期对企业金融化的驱动效应

因变量 估计方法	（1） *fa* OLS	（2） *fa* OLS	（3） *fa* 2SLS	（4） *fa* 2SLS
fcycle	0.0680*** （28.2599）	0.0530*** （20.9101）	0.0604*** （11.6265）	0.0559*** （11.3691）

续表

因变量 估计方法	（1） fa OLS	（2） fa OLS	（3） fa 2SLS	（4） fa 2SLS
size		−0. 3512 *** （−2. 7555）		−0. 3809 *** （−2. 8810）
lev		−0. 0374 *** （−6. 2813）		−0. 0373 *** （−6. 2586）
roe		−0. 0734 *** （−5. 8209）		−0. 0731 *** （−5. 7840）
tangibility		−0. 0657 *** （−9. 4566）		−0. 0655 *** （−9. 3617）
tobinq		0. 3898 *** （7. 2204）		0. 3931 *** （7. 3267）
fcff		3. 5564 *** （14. 2571）		3. 5388 *** （14. 2025）
uni		−0. 0468 （−0. 3076）		−0. 0429 （−0. 2825）
top1		−0. 0036 （−0. 3680）		−0. 0022 （−0. 2224）
turnover		−1. 4107 *** （−6. 2892）		−1. 4159 *** （−6. 3190）
gdp		−0. 1962 *** （−18. 1960）		−0. 1888 *** （−10. 7860）
Constant	0. 4185 （0. 3190）	13. 5930 *** （4. 4156）	0. 7268 （0. 5517）	13. 9801 *** （4. 5128）
企业固定效应	是	是	是	是
季节固定效应	是	是	是	是
行业固定效应	是	是	是	是
观测量	116446	116446	116446	116446
企业个数	3786	3786	3786	3786
adj. R^2	0. 5695	0. 5893	0. 5341	0. 5792
Kleibergen−Paap	—	—	0. 0000	0. 0000
Cragg−Donald	—	—	16221. 06	39345. 76

续表

因变量 估计方法	（1） *fa* OLS	（2） *fa* OLS	（3） *fa* 2SLS	（4） *fa* 2SLS
Anderson-Rubin test	—	—	0.0000	0.0000

注：（1）＊＊＊、＊＊和＊分别表示在1%、5%和10%置信水平下显著，使用聚类到企业层面的稳健标准误，括号内为 *t* 统计量。

（2）针对两阶段最小二乘法汇报了工具变量的 *Kleibergen-Paap* 检验的 P 值，*Cragg-Donald* 统计量的 F 值，*Anderson-Rubin* 检验的 P 值。

6.3.2　企业金融化主导动机的识别

基于本章理论分析，前文所得实证结论难以判断中国企业金融化在样本期内的主导动机。本节引入企业融资约束作为金融周期驱动企业金融化水平的调节变量，使用模型（6.18）进行实证分析，通过观察金融周期和融资约束交乘项系数，依据表6-4提出的识别路径判断样本期内中国企业金融化主导动机。

表6-6汇报了关于企业金融化主导动机识别的实证结果。列（1）使用 SA 指标测度实体企业融资约束，运用 OLS 方法对双向固定效应模型（6.18）进行估计，并对企业、行业和宏观层面的各类影响因素进行控制，结果显示金融周期项（*fcycle*）系数为 0.073，金融周期和融资约束交乘项（ *fcycle × sa* ）系数为 -0.032，二者均在1%置信水平下显著。此时对于融资约束较强的企业有 $sa = 1$，企业金融化水平对金融周期的回归系数是 *fcycle* 和 *fcycle × sa* 系数之和 0.041（0.073-0.032），说明金融周期升高1倍标准差会提升企业金融化水平 0.9988%；对于融资约束较弱的企业有 $sa = 0$，则企业金融化水平对金融周期的回归系数是 *fcycle* 自身系数 0.073，说明金融周期升高1倍标准差会提升企业金融化水平 1.7783%。这表明较高的融资约束抑制了金融周期波动对企业金融化的驱动效应，说明相较于融资约束较强的企业，融资约束较弱企业的金融化水平对金融周期波动更敏感。

为排除企业融资约束代理变量测度方法对研究结论的影响，列（2）中用 KZ 指标替换 SA 指标生成融资约束哑变量 *kz*，使用 OLS 方法对模型（6.18）重新估计，结论表明 *fcycle* 和 *fcycle × kz* 的回归系数分别为 0.0822 和 -0.0534，且均在1%置信水平下显著。此时，高、低融资约束企业金融化水平对金融周期进行回归的系数分别为 0.0288（0.0822-0.0534）和

0.0822，金融周期指标变动一个标准差会导致高、低融资约束企业金融化水平分别同向变动 0.7016% 和 2.0024%，表明较高融资约束抑制了金融周期波动对企业金融化的驱动效应，相较于融资约束较强的企业，融资约束较弱企业的金融化水平对金融周期波动更敏感。

为缓解模型潜在内生性问题，本节还使用 2SLS 方法，分别将 sa 和 kz 作为融资约束代理变量对模型（6.18）进行估计，结果列示在列（3）和列（4）中。列（3）回归结果显示 $fcycle$ 和 $fcycle \times sa$ 的回归系数分别为 0.0853 和 -0.0489，列（4）中 $fcycle$ 和 $fcycle \times kz$ 的回归系数分别为 0.1142 和 -0.105，以上系数均在 1% 的置信水平下显著。以上实证结果均指出，企业金融化水平与金融周期同向变动，且融资约束较低企业金融化水平对金融周期波动更敏感，与列（1）和列（2）中使用 OLS 方法进行估计的结论一致，说明使用工具变量法缓解内生性问题不改变本节研究结论。

以上实证分析一致指出在引入融资约束作为调节变量后企业金融化水平与金融周期呈同向变动，且低融资约束企业金融化水平对金融周期波动更敏感，该结论不随企业融资约束测度方式和模型参数估计方法变化而改变。根据表 6-4 中的企业金融化主导动机识别路径和本章理论分析，以上实证分析结果指出，中国企业金融化的主导动机是利润追逐而非预防性储蓄，这支持假设 H6.2b 同时反对假设 H6.2a。

表 6-6　企业金融化主导动机识别

因变量 估计方法	(1) fa OLS	(2) fa OLS	(3) fa 2SLS	(4) fa 2SLS
$fcycle$	0.0730*** (19.0061)	0.0822*** (22.1943)	0.0853*** (12.6482)	0.1142*** (15.3236)
$fcycle \times sa$	-0.0320*** (-6.8490)		-0.0489*** (-5.2902)	
sa	2.2365*** (7.2216)		3.1115*** (6.3480)	
$fcycle \times kz$		-0.0534*** (-13.6068)		-0.1050*** (-11.8693)
kz		2.9363*** (13.0109)		5.8314*** (11.9795)
$size$	-0.4818*** (-3.6431)	-0.4040*** (-3.1718)	-0.5130*** (-3.7929)	-0.4966*** (-3.7496)

续表

因变量 估计方法	（1） fa OLS	（2） fa OLS	（3） fa 2SLS	（4） fa 2SLS
lev	−0.0412***	−0.0371***	−0.0433***	−0.0372***
	（−6.8989）	（−6.2008）	（−7.0775）	（−6.2080）
roe	−0.0698***	−0.0728***	−0.0685***	−0.0707***
	（−5.5446）	（−5.8699）	（−5.4380）	（−5.6872）
tangibility	−0.0669***	−0.0659***	−0.0679***	−0.0660***
	（−9.6382）	（−9.5388）	（−9.6853）	（−9.4499）
tobinq	0.3681***	0.3661***	0.3585***	0.3458***
	（6.8347）	（6.8816）	（6.7617）	（6.5834）
fcff	3.5266***	3.3176***	3.5037***	3.0552***
	（14.2529）	（13.4927）	（14.1909）	（12.3577）
uni	−0.0319	−0.0286	−0.0206	−0.0055
	（−0.2111）	（−0.1910）	（−0.1364）	（−0.0367）
top1	0.0042	−0.0015	0.0076	0.0024
	（0.4379）	（−0.1590）	（0.7780）	（0.2402）
turnover	−1.4641***	−1.4302***	−1.4864***	−1.4555***
	（−6.5916）	（−6.4754）	（−6.7141）	（−6.6343）
gdp	−0.1947***	−0.1985***	−0.1947***	−0.1909***
	（−17.8981）	（−18.3498）	（−10.7306）	（−10.9165）
Constant	15.0753***	12.9568***	15.0869***	12.9057***
	（4.8330）	（4.2506）	（4.8002）	（4.2194）
企业固定效应	是	是	是	是
季节固定效应	是	是	是	是
行业固定效应	是	是	是	是
观测量	116446	116446	116446	116446
企业个数	3786	3786	3786	3786
adj. R^2	0.5913	0.5953	0.5816	0.5825
Kleibergen−Paap	—	—	0.0000	0.0000
Cragg−Donald	—	—	12713.73	9087.02
Anderson−Rubin test	—	—	0.0000	0.0000

注：（1）***、**和*分别表示在1%、5%和10%置信水平下显著，使用聚类到企业层面的稳健标准误，括号内为 t 统计量。

（2）针对两阶段最小二乘法汇报了工具变量的 Kleibergen−Paap 检验的 P 值，Cragg−Donald 统计量的 F 值，Anderson−Rubin 检验的 P 值。

6.3.3 投资不同期限金融资产的主导动机差异

企业投资金融资产的主导动机可能随不同金融资产间投资期限差异而改变，本节根据金融资产的投资期限将其分为短期金融资产（*fashort*）和长期金融资产（*falong*），运用表6-4中识别路径分别对企业投资短期和长期金融资产的主导动机进行识别。表6-7中展示了将被解释变量替换为*fashort*和*falong*之后的固定效应模型分组回归结果，对中国实体企业投资不同期限金融资产可能存在的主导动机差异进行讨论。

表6-7中列（1）和列（2）分别汇报了短期金融资产和长期金融资产在固定效应模型（6.17）中作为被解释变量的参数估计结果，其中金融周期（*fcycle*）系数分别为0.0253和0.0263，均在1%置信水平下显著，这表明金融周期高涨对中国企业投资短期金融资产和长期金融资产均具有显著促进作用。列（3）和列（4）中引入用SA指标测度的融资约束变量对模型（6.18）进行分组回归，结果表明*fashort*对*fcycle*和交乘项*fcycle × sa*回归的系数分别为0.036和-0.0161，*falong*对*fcycle*和交乘项*fcycle × sa*回归系数分别为0.0332和-0.0124，均在1%置信水平下显著。以上结果指出，在引入融资约束变量后，实体企业短期金融资产和长期金融资产持有规模均与金融周期呈同向变动关系，且融资约束较弱企业持有短期金融资产和长期金融资产的占比对金融周期波动更敏感。根据表6-4提出的企业金融化主导动机识别路径，以上实证结果表明，中国企业持有短期金融资产和长期金融资产的主导动机均为利润追逐，该结论支持假设H6.3a同时反对假设H6.3b。

本节进一步通过似无相关估计方法（SUR）对解释变量回归系数的组间差异进行显著性检验，表6-7底部汇报了核心解释变量回归系数组间差异及其显著性检验结果。对比列（1）和列（2）中回归结果，*fcycle*组间系数差异为0.001（长期减短期金融资产，下同），显著性检验的P值为0.1699，大于0.1，表明在不引入融资约束指标时金融周期波动对短期金融资产和长期金融资产的驱动效应强度不存在显著差异。对比列（3）和列（4）中估计结果，可以发现交乘项*fcycle × sa*回归系数的组间差异为0.0037，显著性检验P值分别为0.0411，小于0.05，表明该差异在5%置信水平下显著。交乘项系数的组间差异体现出实体企业融资约束在金融周期驱动企业投资短期金融资产过程中的调节效应显著强于投资长期金融资产，说明中国企业投资短期金融资产的利润追逐动机更强。

为排除融资约束指标测度方法对研究结论可能具有的影响，表6-7中列（5）和列（6）使用KZ指标替换SA指标衡量融资约束强弱并对模型（6.18）重新进行分组回归，结果显示短期金融资产和长期金融资产组别的 *fcycle* 系数分别为0.0469和0.0324，均显著为正，交乘项 *fcycle* × *kz* 系数分别为-0.0393和-0.0114，均显著为负，表明中国企业持有短期金融资产和长期金融资产均以利润追逐动机主导。回归系数组间差异检验指出，短期金融资产组别交乘项 *fcycle* × *kz* 回归系数在1%置信水平下显著小于长期金融资产组别，表明中国企业投资短期金融资产的利润追逐动机更强。以上回归结果和实证分析说明，替换融资约束测度方式不改变本节研究结论。

表6-7　投资不同期限金融资产的主导动机差异

因变量 是否引入 融资约束	（1） *fashort* 否	（2） *falong* 否	（3） *fashort* 是	（4） *falong* 是	（5） *fashort* 是	（6） *falong* 是
fcycle	0.0253 *** （20.7523）	0.0263 *** （12.5749）	0.0360 *** （16.7044）	0.0332 *** （12.1442）	0.0469 *** （21.9037）	0.0324 *** （11.4275）
fcycle × *sa*			-0.0161 *** （-6.0311）	-0.0124 *** （-3.6207）		
sa			0.7376 *** （5.0507）	1.3531 *** （5.4023）		
fcycle × *kz*					-0.0393 *** （-17.2604）	-0.0114 *** （-3.8152）
kz					1.8655 *** （16.6051）	0.9220 *** （5.0549）
size	-0.3001 *** （-7.2283）	-0.0234 （-0.2152）	-0.3020 *** （-6.9007）	-0.1538 （-1.3614）	-0.3270 *** （-8.0783）	-0.0466 （-0.4250）
lev	-0.0080 *** （-4.1727）	-0.0273 *** （-5.4184）	-0.0101 *** （-5.3368）	-0.0286 *** （-5.6384）	-0.0048 *** （-2.6145）	-0.0302 *** （-5.9301）
roe	-0.0033 （-0.5932）	-0.0667 *** （-6.4015）	0.0025 （-0.4412）	-0.0641 *** （-6.1599）	-0.0086 （-1.5487）	-0.0609 *** （-5.9209）
tangibility	-0.0088 *** （-3.5427）	-0.0527 *** （-9.0055）	-0.0099 *** （-3.9969）	-0.0526 *** （-9.0049）	-0.0088 *** （-3.6435）	-0.0530 *** （-9.0527）
tobinq	0.0932 *** （4.2020）	0.2652 *** （6.1001）	0.0829 *** （3.7903）	0.2560 *** （5.8919）	0.0863 *** （3.9540）	0.2498 *** （5.7914）

续表

因变量 是否引入 融资约束	(1) fashort 否	(2) falong 否	(3) fashort 是	(4) falong 是	(5) fashort 是	(6) falong 是
fcff	0.4512*** (4.1202)	3.0125*** (14.4011)	0.4363*** (4.0029)	3.0009*** (14.4191)	0.3183*** (3.0090)	2.9189*** (14.0888)
uni	−0.0148 (−0.2093)	−0.0349 (−0.2795)	−0.0049 (−0.0696)	−0.0322 (−0.2581)	−0.0042 (−0.0618)	−0.0283 (−0.2271)
top1	0.0083** (2.5429)	−0.0138 (−1.6290)	0.0106*** (3.2245)	−0.0086 (−1.0268)	0.0092*** (2.8887)	−0.0127 (−1.5002)
turnover	−0.2592*** (−3.0175)	−1.0861*** (−5.8098)	−0.2759*** (−3.2565)	−1.1195*** (−6.0176)	−0.2752*** (−3.3273)	−1.0887*** (−5.8432)
gdp	−0.1474*** (−22.7826)	−0.0380*** (−4.9597)	−0.1515*** (−22.8353)	−0.0315*** (−4.1669)	−0.1497*** (−22.8409)	−0.0379*** (−4.9559)
Constant	7.6013*** (7.8872)	5.2060* (1.9403)	7.1599*** (7.2396)	7.2641*** (2.6668)	6.8586*** (7.3326)	5.3411** (1.9949)
企业固定效应	是	是	是	是	是	是
季节固定效应	是	是	是	是	是	是
行业固定效应	是	是	是	是	是	是
观测量	116446	116446	116446	116446	116446	116446
企业个数	3786	3786	3786	3786	3786	3786
adj. R^2	0.4167	0.6204	0.4186	0.6219	0.4319	0.6211
核心解释变量回归系数差异						
变量	系数差异	P 值	系数差异	P 值	系数差异	P 值
fcycle	0.0010	0.1699	−0.0028*	0.0608	−0.0145***	0.0000
fcycle × sa	未引入	未引入	0.0037**	0.0411	未引入	未引入
fcycle × kz	未引入	未引入	未引入	未引入	0.0279***	0.0000

注：(1) ***、**和*分别表示在1%、5%和10%置信水平下显著，使用聚类到企业层面的稳健标准误，括号内为 t 统计量。

(2) 系数差异为长期金融资产减短期金融资产，显著性由似无相关估计计算。

6.4 稳健性检验和内生性分析

为避免企业融资约束代理变量选取对研究结论的影响，本章在实证分析部分选用 KZ 指标替换 SA 指标对模型进行估计。为进一步增强本章实证结果的稳健性,本节采用以下五种方法进行稳健性检验:(1)检验企业持有现金的主导动机;(2)剔除宏观层面控制变量;(3)替换核心解释变量测度方法;(4)替换被解释变量测度方法;(5)剔除样本期内特殊阶段。

为缓解模型中可能存在的内生性问题,本章在实证研究部分选取美国金融周期作为中国金融周期的工具变量对双向固定效应模型进行 2SLS 估计,同时通过多种检验方法确认工具变量的有效性,力求通过降低解释变量和残差项相关性缓解内生性问题。本章还通过在回归方程中引入多个企业和宏观层面控制变量,同时控制企业个体、季节和行业固定效应,尽量避免遗漏变量带来的内生性问题。本节采用以下六种方法进一步缓解本章模型中可能存在的内生性问题:(1)构建动态面板模型;(2)考虑被解释变量截尾分布;(3)替换工具变量;(4)对解释变量进行滞后处理;(5)根据融资约束强弱分组回归;(6)考虑外生政策冲击和自然实验。

6.4.1 稳健性检验

6.4.1.1 检验企业持有现金的主导动机

参考现有文献对金融资产的定义,尽管现金在会计学上属于金融资产,但本章所研究的金融资产并未涵盖现金及现金等价物,这是因为现金不产生投资收益,所以实体企业持有现金的动机应为预防性储蓄,而不存在利润追逐动机(Opler 等,1999)。本节将被解释变量替换为企业持有现金占总资产比重,通过模型(6.17)和模型(6.18)以及表6-4的识别路径判断企业持有现金的主导动机,对本章提出的金融化主导动机检验方法进行验证,若实证结果指出中国实体企业持有现金的动机为预防性储蓄则可以从侧面验证本章研究方法正确性。

表6-8 中展示了现金持有比例对金融周期进行回归的固定效应模型估计结果。列(1)显示在未引入融资约束变量与企业和宏观层面控制变量时金融周期(fcycle)系数为-0.0903,列(2)结果显示引入控制变量后 fcycle 回归系数为-0.0486,均在 1% 置信水平下显著为负,表明金融周期高涨会减少实体企业持有现金的比例,金融周期与现金持有量呈反向变动关系。列(3)和列(4)中结果表示在引入融资约束变量后金融周期项系数分别为-0.0977 和-0.0855,仍显著为负。根据表6-4的识别路径,持有现金比例与金融周期呈反向变动关系说明企业持有现金的主导动机是预防性储

蓄，符合经济学理论，从侧面验证本章所提出企业金融化主导动机识别路径的具有合理性。

表 6-8　检验企业持有现金的主导动机

因变量	(1) cash	(2) cash	(3) cash	(4) cash
fcycle	−0.0903*** (−20.8320)	−0.0486*** (−11.3841)	−0.0977*** (−13.4953)	−0.0855*** (−13.9452)
fcycle × sa			0.0790*** (10.4893)	
sa			−5.6512*** (−12.2503)	
fcycle × kz				0.0707*** (11.9327)
kz				−7.9340*** (−21.8365)
size		−2.5035*** (−11.6715)	−2.1595*** (−9.8452)	−2.2710*** (−11.0073)
lev		−0.1366*** (−14.5266)	−0.1272*** (−13.6117)	−0.0966*** (−10.5888)
roe		0.3617*** (17.6039)	0.3524*** (17.3282)	0.2831*** (14.2508)
tangibility		−0.2818*** (−24.7201)	−0.2788*** (−24.8473)	−0.2789*** (−25.2570)
tobinq		−0.8486*** (−9.2706)	−0.7949*** (−8.6831)	−0.6753*** (−7.5943)
fcff		−18.5470*** (−45.7858)	−18.4735*** (−45.6792)	−17.6460*** (−44.5305)
uni		0.5849** (2.3652)	0.5491** (2.2589)	0.5232** (2.1981)
top1		0.1071*** (7.1103)	0.0873*** (5.8036)	0.0955*** (6.6001)
turnover		−2.0928*** (−5.4295)	−1.9577*** (−5.1147)	−2.0893*** (−5.5864)

因变量	（1） *cash*	（2） *cash*	（3） *cash*	（4） *cash*
gdp		-0.1070^{***} （-7.1302）	-0.1122^{***} （-7.7515）	-0.1123^{***} （-7.7395）
Constant	21.3345^{***} （10.1720）	85.5587^{***} （16.8551）	81.4980^{***} （15.9534）	82.6724^{***} （17.0823）
企业固定效应	是	是	是	是
季节固定效应	是	是	是	是
行业固定效应	是	是	是	是
观测量	116446	116446	116446	116446
企业个数	3786	3786	3786	3786
adj. R^2	0.4843	0.6094	0.6135	0.6233

注：***、**和*分别表示在1%、5%和10%置信水平下显著，使用聚类到企业层面的稳健标准误，括号内为 t 统计量。

6.4.1.2　剔除宏观层面控制变量

表6-3中变量相关性结果表示本章核心解释变量金融周期（*fcycle*）和宏观层面控制变量经济增长（*gdp*）之间的 Pearson 相关性为-0.6226，Spearman 相关性为-0.7383，二者之间较高的相关性可能导致模型存在多重共线性问题，所以本节剔除宏观层面控制变量后重新对企业金融化的主导动机进行实证检验。表6-9中汇报了剔除宏观层面控制变量 *gdp* 后的固定效应模型估计结果，列（1）结果表明在对企业层面差异进行控制时 *fcycle* 回归系数为0.066，在1%置信水平下显著为正，表明企业金融化水平与金融周期同向变动。列（2）结果表明在引入融资约束变量后 *fcycle* 回归系数为0.0835，金融周期与融资约束交乘项 *fcycle* × *sa* 回归系数为-0.0294，二者均在1%置信水平下显著，表明融资约束较弱的企业金融化水平对金融周期波动更敏感。列（3）结果显示将融资约束代理变量从 *sa* 替换为 *kz* 后不改变列（2）中结论。

以上结论表明，通过剔除宏观层面控制变量排除模型中潜在的多重共线性问题后，企业金融化程度与金融周期呈同向变动关系，且融资约束较低企业金融化水平对金融周期波动更敏感，表明中国企业金融化的主导动机是利润追逐。以上结论与前文一致，说明是否引入宏观层面控制变量不改变本章结论。

表 6-9　剔除宏观层面控制变量识别企业金融化主导动机

因变量	(1) fa	(2) fa	(3) fa
fcycle	0.0660*** (24.4249)	0.0835*** (21.0905)	0.0950*** (24.3992)
fcycle × sa		-0.0294*** (-6.2911)	
sa		2.3299*** (7.5111)	
fcycle × kz			-0.0529*** (-13.4618)
kz			2.9333*** (12.9707)
size	-0.0468 (-0.3758)	-0.2196* (-1.6837)	-0.0966 (-0.7753)
lev	-0.0413*** (-6.8985)	-0.0446*** (-7.4278)	-0.0413*** (-6.8667)
roe	-0.0935*** (-7.4224)	-0.0890*** (-7.0752)	-0.0926*** (-7.4779)
tangibility	-0.0675*** (-9.6268)	-0.0683*** (-9.7483)	-0.0678*** (-9.7155)
tobinq	0.4522*** (8.2808)	0.4303*** (7.8861)	0.4286*** (7.9606)
fcff	3.7732*** (15.0201)	3.7405*** (15.0129)	3.5355*** (14.2824)
uni	-0.0337 (-0.2210)	-0.0221 (-0.1457)	-0.0154 (-0.1022)
top1	-0.0056 (-0.5815)	0.0028 (0.2889)	-0.0036 (-0.3714)
turnover	-1.5220*** (-6.7155)	-1.5755*** (-7.0237)	-1.5424*** (-6.9085)

续表

因变量	(1) *fa*	(2) *fa*	(3) *fa*
Constant	4.8877 (1.6269)	7.3056** (2.3828)	4.1798 (1.4048)
企业固定效应	是	是	是
季节固定效应	是	是	是
行业固定效应	是	是	是
观测量	116446	116446	116446
企业个数	3786	3786	3786
adj. R^2	0.5843	0.5865	0.5902

注：***、**和*分别表示在1%、5%和10%置信水平下显著，使用聚类到企业层面的稳健标准误，括号内为 t 统计量。

6.4.1.3　替换核心解释变量测度方法

本章核心解释变量金融周期在文献中存在多种测度方式，本节使用范小云等（2017）提出的主成分分析法测度中国金融周期指数（ *fcycle_pca* ）并对模型进行重新估计，表6-10中汇报了替换金融周期变量测度方式后的双向固定效应模型估计结果。列（1）结果表明在不引入企业和宏观层面控制变量时主成分分析法测度的金融周期（ *fcycle_pca* ）系数为 0.0614。列（2）结果表明加入控制变量后 *fcycle_pca* 系数变为 0.0477，均在 1%置信水平下显著，说明替换金融周期测度方式后企业金融化水平仍与金融周期指标呈同向变动关系。列（3）中 *fcycle_pca* 回归系数为 0.0667，交乘项 *fcycle_pca* × *sa* 系数为−0.0293，均在 1%置信水平下显著，说明较高的融资约束会抑制金融周期对企业金融化的驱动效应，融资约束较弱企业的金融化水平对金融周期波动更敏感。列（4）中结果表明将融资约束代理变量从 *sa* 替换为 *kz* 后不改变列（3）中结论。

以上实证分析表明，当使用主成分分析法对金融周期进行测度时，企业金融化程度与金融周期呈同向变动，且低融资约束企业金融化水平对金融周期波动更敏感，表明中国企业金融化的主导动机是利润追逐。以上结论支持了前文的研究结论，这说明替换核心解释变量的测度方式不改变本章研究结论。

表 6-10　替换核心解释变量测度方法识别企业金融化主导动机

因变量	（1） fa	（2） fa	（3） fa	（4） fa
fcycle_pca	0.0614*** （28.4909）	0.0477*** （21.2144）	0.0667*** （19.1159）	0.0752*** （22.5552）
fcycle_pca × sa			−0.0293*** （−6.8785）	
sa			2.1006*** （7.3970）	
fcycle_pca × kz				−0.0505*** （−14.1342）
kz				2.6444*** （13.2496）
size		−0.2851** （−2.3339）	−0.3790*** （−2.9028）	−0.3322*** （−2.7221）
lev		−0.0388*** （−6.6563）	−0.0426*** （−7.1252）	−0.0378*** （−6.4801）
roe		−0.0737*** （−5.8635）	−0.0728*** （−5.7763）	−0.0742*** （−5.9895）
tangibility		−0.0645*** （−9.4526）	−0.0665*** （−9.5659）	−0.0648*** （−9.5236）
tobinq		0.4110*** （7.7784）	0.4000*** （7.3989）	0.3898*** （7.4974）
fcff		3.3780*** （13.8534）	3.5461*** （14.3396）	3.1369*** （13.0440）
uni		−0.0845 （−0.5741）	−0.0318 （−0.2107）	−0.0666 （−0.4587）
top1		−0.0042 （−0.4436）	0.0027 （0.2790）	−0.0025 （−0.2642）
turnover		−1.4527*** （−6.5768）	−1.4889*** （−6.7017）	−1.4678*** （−6.7491）
gdp		−0.1874*** （−17.4697）	−0.1841*** （−16.8684）	−0.1897*** （−17.6290）

续表

因变量	（1） *fa*	（2） *fa*	（3） *fa*	（4） *fa*
Constant	1.1253 （0.9173）	12.7132*** （4.3188）	13.2039*** （4.2634）	12.0972*** （4.1463）
企业固定效应	是	是	是	是
季节固定效应	是	是	是	是
行业固定效应	是	是	是	是
观测量	116446	116446	116446	116446
企业个数	3786	3786	3786	3786
adj. R²	0.5694	0.5894	0.5915	0.5959

注：***、**和*分别表示在1%、5%和10%置信水平下显著，使用聚类到企业层面的稳健标准误，括号内为 *t* 统计量。

6.4.1.4 替换被解释变量测度方法

现有文献中对于企业金融化水平测度方式仍存在分歧，本章参考张成思和郑宁（2020）与黄贤环等（2019）的研究测度金融化水平，将因变量 *fa* 分别替换为 *fa2* 和 *fa3* 进行回归，探究本章结论关于核心解释变量测度方法的稳健性，具体测度方法可见 3.1.3 节。

表6-11 中汇报了替换被解释变量测度方法后的估计结果。将 *fa2* 作为被解释变量，金融周期项（*fcycle*）系数在不引入控制变量时为 0.0662，引入控制变量后变为 0.0518，均在 1% 置信水平下显著为正，表明繁荣的金融周期对实体企业金融化具有显著促进作用，二者呈同向变动关系。列（3）中结果表示加入融资约束变量后 *fcycle* 系数为 0.0716，显著为正，交乘项 *fcycle × sa* 系数为 -0.0317，显著为负，说明较强的融资约束会降低金融周期对企业金融化的驱动作用，融资约束较弱的企业金融化水平对金融周期波动更敏感。列（4）中结果表明将融资约束代理变量从 *sa* 替换为 *kz* 后不改变列（3）中所得结论。将被解释变量替换为 *fa3* 后的估计结果与替换为 *fa2* 时相似，实证结果同样表明企业金融化与金融周期同向变动，且融资约束较弱的企业对金融周期波动更敏感。

以上结论表明，在替换企业金融化测度方法后，企业金融化程度与金融周期呈同向变动关系，且融资约束较低的企业对金融周期波动更敏感，表明中国实体企业金融化的主导动机是利润追逐。以上实证分析结果与前文的研究结论保持一致，说明被解释变量的不同测度方式不改变本章研究结论。

表 6-11　替换被解释变量测度方法识别企业金融化主导动机

因变量	（1）fa2	（2）fa2	（3）fa2	（4）fa2
fcycle	0.0662 *** (28.0106)	0.0518 *** (20.7324)	0.0716 *** (18.8737)	0.0803 *** (22.0676)
fcycle × sa			−0.0317 *** (−6.8690)	
sa			2.2693 *** (7.4711)	
fcycle × kz				−0.0521 *** (−13.5166)
kz				2.8263 *** (12.7811)
size		−0.3873 *** (−3.1231)	−0.5256 *** (−4.0842)	−0.4372 *** (−3.5266)
lev		−0.0372 *** (−6.3892)	−0.0410 *** (−7.0173)	−0.0365 *** (−6.2562)
roe		−0.0707 *** (−5.6297)	−0.0670 *** (−5.3515)	−0.0708 *** (−5.7208)
tangibility		−0.0647 *** (−9.4907)	−0.0659 *** (−9.6701)	−0.0649 *** (−9.5603)
tobinq		0.3823 *** (7.2623)	0.3607 *** (6.8647)	0.3606 *** (6.9548)
fcff		3.3617 *** (13.7754)	3.3322 *** (13.7754)	3.1343 *** (13.0120)
uni		−0.0883 (−0.5995)	−0.0739 (−0.5051)	−0.0710 (−0.4885)
top1		−0.0029 (−0.3088)	0.0051 (0.5362)	−0.0010 (−0.1082)
turnover		−1.4235 *** (−6.4450)	−1.4778 *** (−6.7601)	−1.4427 *** (−6.6324)

续表

因变量	(1) fa2	(2) fa2	(3) fa2	(4) fa2
gdp		−0.1967*** (−18.4190)	−0.1945*** (−18.1057)	−0.1990*** (−18.5755)
Constant	0.7941 (0.6407)	14.6827*** (4.9411)	16.3160*** (5.4222)	14.0252*** (4.7658)
企业固定效应	是	是	是	是
季节固定效应	是	是	是	是
行业固定效应	是	是	是	是
观测量	116446	116446	116446	116446
企业个数	3786	3786	3786	3786
adj. R^2	0.5668	0.5869	0.5890	0.5928
fcycle	0.0836*** (26.0939)	0.0737*** (22.2356)	0.1118*** (21.4407)	0.1046*** (23.0491)
fcycle × sa			−0.0605*** (−9.8808)	
sa			4.0696*** (10.0143)	
fcycle × kz				−0.0569*** (−11.7015)
kz				3.5115*** (12.5373)
size		−1.1093*** (−6.2547)	−1.3304*** (−7.2137)	−1.1809*** (−6.6431)
lev		−0.0356*** (−4.1344)	−0.0428*** (−4.9731)	−0.0391*** (−4.4864)
roe		−0.1235*** (−7.4012)	−0.1170*** (−7.0159)	−0.1155*** (−7.0133)
tangibility		−0.1178*** (−12.4027)	−0.1204*** (−12.6884)	−0.1184*** (−12.4989)
tobinq		0.4452*** (6.7779)	0.4045*** (6.1797)	0.4066*** (6.2817)

因变量	(1) fa2	(2) fa2	(3) fa2	(4) fa2
fcff		7.4668*** (21.4475)	7.4105*** (21.4519)	7.1569*** (20.7416)
uni		-0.1533 (-0.7671)	-0.1242 (-0.6286)	-0.1304 (-0.6586)
top1		-0.0226* (-1.7596)	-0.0085 (-0.6636)	-0.0196 (-1.5289)
turnover		-2.2500*** (-7.2501)	-2.3467*** (-7.6675)	-2.2686*** (-7.3680)
gdp		-0.1857*** (-13.6185)	-0.1849*** (-13.5810)	-0.1874*** (-13.7156)
Constant	1.6336 (0.7923)	33.2823*** (7.5195)	35.6072*** (7.9288)	32.9582*** (7.5088)
企业固定效应	是	是	是	是
季节固定效应	是	是	是	是
行业固定效应	是	是	是	是
观测量	116446	116446	116446	116446
企业个数	3786	3786	3786	3786
adj. R^2	0.6582	0.6800	0.6834	0.6834

注: ***、**和*分别表示在1%、5%和10%置信水平下显著,使用聚类到企业层面的稳健标准误,括号内为 t 统计量。

6.4.1.5 剔除样本期内的特殊阶段

本章样本数据观测期为2007—2020年,时间跨度较长,观测期内发生的极端经济事件可能对实证结果造成影响。本章通过剔除2008年国际金融危机(2007—2009年)和2020年新冠肺炎疫情(2020年)共计四年观测值对模型(6.17)和模型(6.18)重新进行估计,试图消除观测期内极端经济事件对研究结论的影响。

表6-12中汇报了剔除样本期内的特殊阶段后的估计结果,列(1)和列(2)结果显示在不引入企业和宏观层面控制变量,以及融资约束变量时金融周期项(fcycle)系数为0.0556,引入控制变量后 fcycle 系数变为

0.0528，均在 1% 置信水平下显著为正，表明繁荣的金融周期对实体企业金融化具有显著促进作用，二者呈同向变动关系。列（3）结果显示在引入融资约束变量后，$fcycle$ 回归系数为 0.0687，在 1% 置信水平下显著为正，交乘项 $fcycle \times sa$ 系数为 −0.0257，在 1% 置信水平下显著为负，说明较强的融资约束会降低金融周期对企业金融化的驱动效应，弱融资约束企业对金融周期波动更敏感。列（4）中结果表明将融资约束代理变量从 sa 替换为 kz 后不改变列（3）中得到的结论。

在剔除样本期内特殊阶段后，双向固定效应估计结果表明企业金融化程度与金融周期呈同向变动关系，且融资约束较低的企业金融化水平对金融周期波动更敏感，表明中国企业金融化的主导动机是利润追逐。以上结论不改变前文对研究假设的判断，说明样本期内包含的特殊阶段不改变本章研究结论。

表 6-12　剔除样本期内特殊阶段识别企业金融化主导动机

因变量	（1） fa	（2） fa	（3） fa	（4） fa
$fcycle$	0.0556 *** (24.4946)	0.0528 *** (20.1991)	0.0687 *** (18.1267)	0.0751 *** (20.2317)
$fcycle \times sa$			−0.0257 *** (−5.8030)	
sa			1.5528 *** (5.0820)	
$fcycle \times kz$				−0.0410 *** (−10.4802)
kz				2.1392 *** (9.8029)
$size$		−0.5137 *** (−2.9485)	−0.5886 *** (−3.3627)	−0.5598 *** (−3.2296)
lev		−0.0246 *** (−3.8815)	−0.0281 *** (−4.4335)	−0.0248 *** (−3.8678)
roe		−0.0567 *** (−4.6936)	−0.0538 *** (−4.4540)	−0.0583 *** (−4.9155)
$tangibility$		−0.0503 *** (−7.2104)	−0.0519 *** (−7.4343)	−0.0504 *** (−7.2744)

续表

因变量	（1） fa	（2） fa	（3） fa	（4） fa
tobinq		0.3684*** （7.0072）	0.3576*** （6.8914）	0.3534*** （6.8008）
fcff		2.9940*** （12.8688）	2.9620*** （12.8272）	2.8273*** （12.3662）
uni		0.0052 （0.0336）	0.0193 （0.1256）	0.0110 （0.0717）
top1		0.0036 （0.3555）	0.0097 （0.9479）	0.0052 （0.5090）
turnover		−1.0948*** （−4.6530）	−1.1182*** （−4.7862）	−1.1213*** （−4.8185）
gdp		−0.3225*** （−8.3601）	−0.3306*** （−8.2031）	−0.3257*** （−8.4828）
Constant	0.4524 （0.1975）	16.5623*** （3.6757）	17.3256*** （3.8758）	16.1659*** （3.6323）
企业固定效应	是	是	是	是
季节固定效应	是	是	是	是
行业固定效应	是	是	是	是
观测量	88518	88518	88518	88518
企业个数	3388	3388	3388	3388
adj. R^2	0.6135	0.6265	0.6278	0.6302

注：***、**和*分别表示在1%、5%和10%置信水平下显著，使用聚类到企业层面的稳健标准误，括号内为 t 统计量。

6.4.2 内生性分析

6.4.2.1 构建动态面板模型

企业金融投资在时间维度上具有连续性，当期投资行为可能受到上一期影响。为缓解模型设定偏误可能产生的内生性问题，本节参考刘贯春等（2020）基于 EPU 对企业金融化形成机理开展研究时的做法，将企业金融化水平滞后一期作为解释变量引入方程，根据托宾 Q 动态投资模型建立如下动态面板回归方程：

$$fa_{i,\,t} = \delta fa_{i,\,t-1} + \alpha fcycle_t + \rho Contral_{i,\,t} + \mu_i + Industry_{i,\,t}$$
$$+ Quarter_t + c + \varepsilon_{i,\,t} \tag{6.19}$$

为进一步检验中国企业金融化的主导动机，设定引入融资约束作为调节变量后的动态面板回归方程如下：

$$fa_{i,\,t} = \delta fa_{i,\,t-1} + \alpha fcycle_t + \beta fcycle_t \times sa_{i,\,t} + \gamma sa_{i,\,t} + \rho Contral_{i,\,t}$$
$$+ \mu_i + Industry_{i,\,t} + Quarter_t + c + \varepsilon_{i,\,t}$$
$$\tag{6.20}$$

其中，各变量含义与式（6.18）一致。

表 6-13 中首先汇报了普通最小二乘法（OLS）对模型（6.19）和模型（6.20）的参数估计结果，四组回归的滞后一期企业金融化水平（$L1.fa$）回归系数分别为 0.8218、0.8138、0.8126 和 0.8101，均在 1% 置信水平下显著，表明实体企业上一期金融化水平对当期具有显著正向影响，企业金融资产投资行为具有持续性。列（1）结果显示在未引入企业和宏观层面控制变量时，金融周期（$fcycle$）回归系数为 0.0148，在 1% 置信水平下显著，表明在考虑到金融投资行为的连续性后金融周期高涨仍对实体企业金融化水平具有显著促进作用。列（2）中引入企业和宏观层面控制变量后的 $fcycle$ 回归系数为 0.0143，在 1% 置信水平下显著，仍然表明实体企业金融化水平与金融周期具有显著同向变动关系；进一步将融资约束作为调节变量引入方程后。列（3）结果显示 $fcycle$ 和交乘项 $fcycle \times sa$ 的回归系数分别为 0.0197 和 -0.0083，均在 1% 置信水平下显著，这表明企业金融化水平与金融周期呈同向变动，但较高融资约束对金融周期的驱动效应具有显著抑制作用，低融资约束企业金融化水平对金融周期波动更敏感，这说明中国企业金融化的主导动机是利润追逐而不是预防性储蓄。列（4）中将融资约束代理变量从 sa 替换为 kz 之后重新对模型（6.20）进行估计，结果表明 $fcycle$ 和交乘项 $fcycle \times kz$ 的回归系数分别为 0.0224 和 -0.0144，均在 1% 置信水平下显著，表明中国企业金融化以利润追逐为主导动机，与列（3）中所得结论一致。表 6-13 中四组回归的调整后可决系数（adj R^2）均在 0.85 以上，较静态面板模型有明显提升，这表明本章引入的自变量能解释 85% 以上的因变量变动，引入金融化水平滞后项能提升模型的解释能力，构建动态面板模型具有合理性。

Roodman（2009）指出将被解释变量滞后项引入方程可能导致 OLS 估计结果有偏和不一致，所以本节在汇报 OLS 估计结果的基础上，参考现有研究（刘贯春等，2020）将企业金融化水平和交乘项的滞后项作为 GMM 型工具变量，将行业哑变量和季节哑变量设定为外生变量，其余变量均视为内生变量，并使用聚类到企业层面的稳健标准误，采用 Arellano 和 Bond 提出的（1998）两阶段系统广义矩估计方法（GMM）对动态面板模型（6.19）和模型（6.20）进行估计。

表 6-13 中四组两阶段系统 GMM 回归的滞后一期企业金融化水平（$L1.fa$）系数分别为 0.9086、0.7138、0.6116 和 0.6642，均在 1% 置信水平下显著，表明企业金融资产投资行为具有显著持续性。列（1）结果显示在未引入企业和宏观层面控制变量时使用 GMM 对模型（6.19）进行估计的金融周期（$fcycle$）系数为 0.013，在 1% 置信水平下显著，表明在考虑到金融化水平的连续性后金融周期高涨仍对企业金融化水平具有显著促进作用。列（2）中引入企业和宏观层面控制变量后的 $fcycle$ 回归系数为 0.0228，在 5% 置信水平下显著，仍然表明企业金融化水平与金融周期具有显著同向变动关系。列（3）将融资约束作为调节变量引入方程并进行 GMM 估计，结果显示 $fcycle$ 和交乘项 $fcycle \times sa$ 的回归系数分别为 0.0837 和 -0.0828，均在 5% 置信水平下显著，表明实体企业金融化水平与金融周期呈同向变动，但低融资约束企业金融化水平对金融周期波动更敏感，说明企业金融化的主导动机是利润追逐而不是预防性储蓄。列（4）中将融资约束代理变量从 sa 替换为 kz 之后使用 GMM 方法重新对模型（6.20）进行估计，结果表明 $fcycle$ 和交乘项 $fcycle \times kz$ 的回归系数分别为 0.1298 和 -0.0956，均在 5% 置信水平下显著，同样指出中国企业金融化以利润追逐为主导动机，与列（3）中所得结论一致。使用 GMM 方法要求差分方程误差项存在一阶自相关而不存在二阶自相关，同时所选取工具变量联合有效，所以本节汇报一阶至二阶扰动项差分自相关的 P 值 [AR（1）和 AR（2）] 和 Hansen 过度识别约束检验的 P 值（Hansen）。检验结果显示表 6-13 四组 GMM 回归的 AR（1）均小于 0.1，AR（2）均大于 0.1，且 Hansen 检验 P 值均大于 0.1，表明本节使用两阶段系统 GMM 所得系数估计结果有效。

以上通过建立动态面板模型所得实证结果指出，企业金融化水平受到金融周期高涨的显著促进作用，二者呈同向变动关系，低融资约束企业的金融化水平对金融周期波动更敏感，说明中国企业金融化主导动机是利润追逐而不是预防性储蓄，均与前文结论保持一致，这表明通过将企业金融资产投资的持续性纳入研究框架缓解内生性问题不改变本章研究结论。

表 6-13 构建动态面板模型识别企业金融化主导动机

因变量	(1) fa	(2) fa	(3) fa	(4) fa
使用 OLS 方法进行估计				
L1. fa	0.8218 *** (122.2949)	0.8138 *** (118.7210)	0.8126 *** (117.6695)	0.8101 *** (117.2612)
fcycle	0.0148 *** (23.2615)	0.0143 *** (19.5751)	0.0197 *** (16.0378)	0.0224 *** (20.5958)
fcycle × sa			−0.0083 *** (−6.2974)	
sa			0.5751 *** (7.2199)	
fcycle × kz				−0.0144 *** (−13.5334)
kz				0.7510 *** (12.2889)
size		−0.0281 (−0.9547)	−0.0616 ** (−1.9961)	−0.0418 (−1.3939)
lev		−0.0131 *** (−8.4687)	−0.0142 *** (−9.0267)	−0.0127 *** (−7.9732)
roe		−0.0416 *** (−7.9549)	−0.0411 *** (−7.8602)	−0.0427 *** (−8.1567)
tangibility		−0.0171 *** (−9.7703)	−0.0175 *** (−9.9868)	−0.0173 *** (−9.8869)
tobinq		0.1006 *** (7.2838)	0.0959 *** (6.9254)	0.0978 *** (7.0627)
fcff		1.0358 *** (9.0269)	1.0560 *** (9.1836)	1.0086 *** (8.7868)
uni		−0.0040 (−0.1002)	−0.0007 (−0.0168)	0.0001 (0.0021)
top1		−0.0020 (−0.8783)	0.0002 (0.0683)	−0.0015 (−0.6690)

续表

因变量	（1） *fa*	（2） *fa*	（3） *fa*	（4） *fa*
turnover		−0.1766** （−2.5506）	−0.1929*** （−2.8011）	−0.1865*** （−2.7046）
gdp		−0.0094** （−2.5281）	−0.0092** （−2.4617）	−0.0108*** （−2.8959）
Constant	0.1477 （0.6263）	1.8703** （2.5651）	2.2518*** （3.0328）	1.7021** （2.3194）
企业固定效应	是	是	是	是
季节固定效应	是	是	是	是
行业固定效应	是	是	是	是
观测量	109159	109159	109159	109159
企业个数	3439	3439	3439	3439
adj. R^2	0.8536	0.8546	0.8547	0.8550
使用两阶段系统 GMM 方法进行估计				
L1.*fa*	0.9086*** （35.1207）	0.7138*** （17.6906）	0.6116*** （10.0850）	0.6642*** （11.2019）
fcycle	0.0130*** （7.3906）	0.0228** （2.1365）	0.0837** （2.1421）	0.1298** （2.1883）
fcycle × sa			−0.0828** （−2.0182）	
sa			5.1940** （2.2081）	
fcycle × kz				−0.0956** （−2.4533）
kz				6.2595** （2.3917）
size		−0.4589 （−0.3795）	−0.2131 （−0.1522）	−2.0729 （−0.7110）
lev		0.1021 （0.6405）	−0.2216* （−1.6996）	0.0345 （0.6958）
roe		0.7084** （2.2871）	0.1426 （0.8630）	−0.2668 （−1.4224）

续表

因变量	（1） fa	（2） fa	（3） fa	（4） fa
tangibility		−0.2121 （−0.6789）	−0.0660 （−0.4003）	−0.4584* （−1.8005）
tobinq		1.0954** （2.3219）	0.6518 （1.4841）	0.0216 （0.0424）
fcff		−6.3223*** （−2.8972）	−0.9937 （−0.7460）	−4.6799 （−1.0773）
uni		−7.6837 （−1.3343）	−13.3384 （−0.9912）	−20.4747** （−2.2457）
top1		0.0046 （0.0396）	−0.0056 （−0.0309）	0.3012 （0.5530）
turnover		2.0715 （0.3408）	6.1789** （2.3494）	9.1207 （0.8423）
gdp		−0.1472 （−1.1469）	−0.2711* （−1.8777）	−0.1149 （−1.2778）
Constant	−1.8449*** （−3.3383）	10.6100 （0.3669）	14.7165 （0.4021）	42.3852 （0.5503）
企业固定效应	是	是	是	是
季节固定效应	是	是	是	是
行业固定效应	是	是	是	是
观测量	109159	109159	109159	109159
企业个数	3439	3439	3439	3439
AR（1）	0.0000	0.0000	0.0000	0.0000
AR（2）	0.2910	0.1470	0.1325	0.9109
Hansen test	0.1129	0.6425	0.2137	0.9978

注：***、**和*分别表示在1%、5%和10%置信水平下显著，使用聚类到企业层面的稳健标准误，括号内为 t 统计量。

6.4.2.2　考虑被解释变量截尾分布

如表6-2所示，本章被解释变量的取值范围为 0~41.6095，均值为 3.757，且存在大量的观测值为 0，具有明显非对称性，所以中国实体企业金融化变量的分布可能存在截尾现象。本章使用固定效应 Tobit 模型考虑因变量观测值截尾对估计结果的影响，具体模型设置如下：

$$\begin{cases} fa_{i,\,t}^{*} = \alpha fcycle_t + \rho Contral_{i,\,t} + \mu_i + Industry_{i,\,t} + Quarter_t + c + \varepsilon_{i,\,t} \\ fa_{i,\,t} = \max\{0, fa_{i,\,t}^{*}\} \end{cases}$$

$$(6.21)$$

引入融资约束变量作为调节效应后，模型则变为：

$$\begin{cases} fa_{i,\,t}^{*} = \alpha fcycle_t + \beta fcycle_t \times sa_{i,\,t} + \gamma sa_{i,\,t} + \rho Contral_{i,\,t} + \mu_i + Industry_{i,\,t} \\ \quad + Quarter_t + c + \varepsilon_{i,\,t} \\ fa_{i,\,t} = \max\{0, fa_{i,\,t}^{*}\} \end{cases}$$

$$(6.22)$$

其中，$fa_{i,\,t}^{*}$ 为企业期望持有金融资产的真实值，$fa_{i,\,t}$ 为企业持有金融资产在资产负债表中的观测值，其余设置与模型（6.17）和模型（6.18）相同。本章使用 Honoré（1992）提出的固定效应 Tobit 模型估计方法对模型进行半参数估计，从而解决传统估计方法在固定效应 Tobit 模型中估计量有偏和不一致的问题。

表6-14 中汇报了使用 Tobit 模型的参数估计结果。列（1）和列（2）结果显示在不引入企业和宏观层面控制变量以及融资约束变量时，金融周期项（fcycle）系数为 0.021，引入控制变量后 fcycle 系数变为 0.0131，均在1% 置信水平下显著为正，说明繁荣的金融周期对企业金融化具有显著促进作用，二者呈同向变动关系。列（3）结果显示在引入融资约束变量后，fcycle 系数为 0.0191 且显著为正，交乘项 fcycle × sa 系数为 −0.0103 且显著为负，说明较强的融资约束会降低金融周期对企业金融化水平的驱动作用，融资约束较弱的企业对金融周期波动更敏感。列（4）中结果表明将融资约束代理变量从 sa 替换为 kz 后不改变列（3）中得到的结论。

在考虑被解释变量可能存在的截尾分布后，Tobit 模型的估计结果表明企业金融化水平与金融周期呈同向变动关系，且融资约束较低的企业对金融周期波动更敏感，说明中国企业金融化的主导动机是利润追逐。以上结论支持了前文对研究假设的判断，说明被解释变量可能存在的截尾分布不改变本章结论。

表 6-14　考虑因变量截尾分布识别企业金融化主导动机

因变量	(1) fa	(2) fa	(3) fa	(4) fa
fcycle	0.0210*** (132.8336)	0.0131*** (74.3982)	0.0191*** (70.9052)	0.0173*** (73.0964)
fcycle × sa			-0.0103*** (-33.4241)	
sa			0.8299*** (43.3164)	
fcycle × kz				-0.0077*** (-28.0583)
kz				0.4805*** (27.9204)
size		0.2946*** (48.9944)	0.2364*** (38.5226)	0.2855*** (47.6887)
lev		-0.0023*** (-7.9397)	-0.0034*** (-11.5559)	-0.0029*** (-9.5788)
roe		-0.0219*** (-20.6358)	-0.0204*** (-19.4406)	-0.0206*** (-19.2750)
tangibility		-0.0046*** (-12.6589)	-0.0046*** (-12.6984)	-0.0047*** (-12.8915)
tobinq		0.1320*** (40.6934)	0.1255*** (38.9961)	0.1266*** (39.0366)
fcff		0.6202*** (25.8696)	0.6151*** (25.9116)	0.5856*** (24.4657)
uni		-0.0270*** (-2.5908)	-0.0274*** (-2.6531)	-0.0268*** (-2.5838)
top1		-0.0087*** (-18.4893)	-0.0061*** (-13.1404)	-0.0083*** (-17.7659)
turnover		-0.0514*** (-3.0272)	-0.0614*** (-3.6596)	-0.0511*** (-3.0216)
gdp		-0.0332*** (-29.6021)	-0.0303*** (-27.1425)	-0.0336*** (-30.0124)

因变量	(1) *fa*	(2) *fa*	(3) *fa*	(4) *fa*
Constant	−0.6816*** (−8.2485)	−6.0197*** (−38.8556)	−5.2715*** (−33.7546)	−6.0813*** (−39.3938)
企业固定效应	是	是	是	是
季节固定效应	是	是	是	是
行业固定效应	是	是	是	是
观测量	116446	116446	116446	116446
企业个数	3786	3786	3786	3786
Log likelihood	−86317.454	−82242.285	−81269.446	−81818.815

注：***、**和*分别表示在1%、5%和10%置信水平下显著，使用聚类到企业层面的稳健标准误，括号内为 t 统计量。由于 Tobit 模型的 R^2 无意义，此处汇报了估计的 *Log likelihood* 值。

6.4.2.3 替换工具变量

前文使用美国金融周期作为中国金融周期的工具变量进行 2SLS 估计，一定程度上缓解了模型中可能存在的内生性问题，但工具变量的选取具有一定主观性，本节参考彭俞超等（2018a）的研究构建多国 EPU 指数作为中国 EPU 工具变量的方法，构建并使用经济合作与发展组织（OECD）整体的金融周期作为中国金融周期工具变量重新进行 2SLS 估计，以消除工具变量选择可能对研究结果的影响。

表 6-15 中汇报了使用 OECD 金融周期作为工具变量的 2SLS 参数估计结果，列（1）和列（2）中显示金融周期（*fcycle*）的回归系数 0.045 和 0.0527，且在 1% 置信水平下显著，表明不论是否引入企业和宏观层面控制变量，金融周期指标上升对企业金融化水平均具有显著促进作用，二者呈同向变动关系。列（3）中引入融资约束哑变量 *sa* 作为调节变量，估计结果表明 *fcycle* 和交乘项 *fcycle* × *sa* 的回归系数分别为 0.0841 和 −0.0545，均在 1% 置信水平下显著，这表明融资约束较低的企业金融化水平对金融周期波动更敏感，说明中国企业金融化的主导动机是利润追逐而不是预防性储蓄。列（4）中使用 *kz* 作为融资约束代理变量，估计结果表明 *fcycle* 和交乘项 *fcycle* × *kz* 的回归系数分别为 0.1337 和 −0.1261，表明企业金融资产投资以利润追逐作为主导动机，与列（3）中结论一致。表 6-15 中汇报的三组工具变量检验统计量说明 OECD 金融周期是中国金融周期的有效工具变量。实证结

果分析再次指出中国企业金融化水平与金融周期呈同向变动，且企业金融化主导动机是利润追逐，这说明工具变量的选取不会改变本章研究结论。

表 6-15 替换工具变量识别企业金融化主导动机

因变量	（1） fa	（2） fa	（3） fa	（4） fa
fcycle	0.0450*** （4.6198）	0.0527*** （8.1078）	0.0841*** （10.0219）	0.1337*** （11.5942）
fcycle × sa			−0.0545*** （−3.8038）	
sa			3.4359*** （4.5513）	
fcycle × kz				−0.1261*** （−8.7942）
kz				8.1389*** （8.8340）
size		−0.3481** （−2.5091）	−0.4750*** （−3.3887）	−0.5097*** （−3.6523）
lev		−0.0374*** （−6.2773）	−0.0442*** （−6.9701）	−0.0375*** （−6.2314）
roe		−0.0735*** （−5.8029）	−0.0686*** （−5.4378）	−0.0696*** （−5.5437）
tangibility		−0.0657*** （−9.3647）	−0.0684*** （−9.6539）	−0.0664*** （−9.4075）
tobinq		0.3894*** （7.2625）	0.3492*** （6.5470）	0.3225*** （6.1284）
fcff		3.5583*** （14.2500）	3.5281*** （14.2796）	2.8819*** （11.2398）
uni		−0.0472 （−0.3104）	−0.0240 （−0.1593）	0.0051 （0.0333）
top1		−0.0037 （−0.3695）	0.0064 （0.6470）	0.0027 （0.2644）
turnover		−1.4102*** （−6.3041）	−1.4853*** （−6.7207）	−1.4651*** （−6.6745）

续表

因变量	（1） fa	（2） fa	（3） fa	（4） fa
gdp		-0.1970^{***} (-9.1903)	-0.2076^{***} (-8.6803)	-0.1999^{***} (-9.2840)
Constant	1.3501 (1.0048)	13.5523^{***} (4.3181)	14.4924^{***} (4.5211)	12.0786^{***} (3.8884)
企业固定效应	是	是	是	是
季节固定效应	是	是	是	是
行业固定效应	是	是	是	是
观测量	116446	116446	116446	116446
企业个数	3786	3786	3786	3786
adj. R^2	0.5301	0.5772	0.5794	0.5791
Kleibergen−Paap	0.0000	0.0000	0.0000	0.0000
Cragg−Donald	5249.16	19851.95	4365.00	2208.82
Anderson−Rubin	0.0000	0.0000	0.0000	0.0000

注：***、**和*分别表示在1%、5%和10%置信水平下显著，使用聚类到企业层面的稳健标准误，括号内为 t 统计量。

6.4.2.4 对解释变量进行滞后处理

自变量和因变量间可能存在的反向因果关系是内生性问题的来源之一，本节对所有解释变量分别进行滞后一阶和两阶处理，通过在时序层面强化解释变量和被解释变量之间的因果关系缓解反向因果问题。

表6-16汇报了对核心解释变量进行滞后处理的固定效应模型估计结果。对解释变量进行滞后一阶处理后，列（1）中对模型（6.17）的估计结果显示不引入企业和宏观层面控制变量时滞后一期的金融周期项（L1. fcycle）回归系数为0.0693。列（2）结果显示引入控制变量后 L1. fcycle 回归系数为0.0548，二者均在1%置信水平下显著，表明繁荣的金融周期对企业金融化具有显著的促进作用。列（3）中对模型（6.18）的估计结果显示 L1. fcycle 回归系数为0.0679，滞后一期的交乘项（L1. fcycle × L1. sa）系数为-0.0184，均在1%置信水平下显著，这表明较强的融资约束会降低金融周期波动对企业金融化的驱动效应，融资约束较弱的企业对金融周期波动更敏感。列（4）结果显示将融资约束代理变量从 sa 替换为 kz 后不改

变列（3）中结论。对解释变量进行滞后两阶处理后的四组回归中 *fcycle* 系数分别为 0.0716、0.0618、0.0824 和 0.0939，均显著为正。列（3）和列（4）中交乘项系数分别为 −0.0333 和 −0.0595，均显著为负，得到的估计结果与滞后一阶时相似，此处不再赘述。

对解释变量进行滞后处理后的估计结果表明企业金融化程度与金融周期呈同向变动关系，繁荣的金融周期对实体企业金融化具有显著促进作用，且融资约束较弱的企业金融化程度对金融周期波动更敏感，说明中国企业金融化的主导动机是利润追逐。以上结论均与前文保持一致，表明通过滞后核心解释变量缓解内生性问题不改变本章结论。

表 6-16　对解释变量进行滞后处理识别企业金融化主导动机

因变量	(1) fa	(2) fa	(3) fa	(4) fa
解释变量滞后一期				
L1. fcycle	0.0693 *** (27.8018)	0.0577 *** (21.7568)	0.0690 *** (20.5312)	0.0710 *** (22.6011)
L1. fcycle × L1. sa			−0.0183 *** (−5.9421)	
L1. sa			1.2829 *** (6.4827)	
L1. fcycle × L1. kz				−0.0241 *** (−12.4838)
L1. kz				0.8637 *** (8.8336)
L1. size		−0.2625 ** (−2.0836)	−0.3602 *** (−2.7040)	−0.3034 ** (−2.3641)
L1. lev		−0.0374 *** (−6.2051)	−0.0380 *** (−6.2001)	−0.0301 *** (−4.8543)
L1. roe		−0.0687 *** (−5.2874)	−0.0660 *** (−5.0134)	−0.0734 *** (−5.6375)
L1. tangibility		−0.0598 *** (−8.6155)	−0.0594 *** (−8.3322)	−0.0579 *** (−8.1554)
L1. tobinq		0.3321 *** (6.4104)	0.3062 *** (5.8617)	0.3284 *** (6.3355)

续表

因变量	（1） fa	（2） fa	（3） fa	（4） fa
L1. fcff		3. 3239 *** （12. 2792）	3. 0671 *** （10. 2225）	3. 0195 *** （10. 0790）
L1. uni		0. 0037 （0. 0238）	0. 0302 （0. 1886）	0. 0236 （0. 1476）
L1. top1		−0. 0066 （−0. 6666）	−0. 0022 （−0. 2215）	−0. 0073 （−0. 7425）
L1. turnover		−1. 3120 *** （−5. 9372）	−1. 3301 *** （−5. 9032）	−1. 3168 *** （−5. 8548）
L1. gdp		−0. 1522 *** （−15. 3827）	−0. 1508 *** （−15. 2985）	−0. 1550 *** （−16. 0473）
Constant	0. 5752 （0. 4338）	12. 4936 *** （4. 0020）	13. 9327 *** （4. 2600）	12. 6292 *** （3. 9379）
企业固定效应	是	是	是	是
季节固定效应	是	是	是	是
行业固定效应	是	是	是	是
观测量	109159	109159	109159	109159
企业个数	3439	3439	3439	3439
adj. R^2	0. 5764	0. 5915	0. 5936	0. 5981
解释变量滞后两期				
L2. fcycle	0. 0716 *** （28. 0239）	0. 0618 *** （22. 6466）	0. 0824 *** （19. 3624）	0. 0939 *** （23. 2684）
L2. fcycle × L2. sa			−0. 0333 *** （−6. 5871）	
L2. sa			2. 2625 *** （7. 1075）	
L2. fcycle × L2. kz				−0. 0595 *** （−14. 1984）
L2. kz				3. 1235 *** （13. 2565）
L2. size		−0. 1686 （−1. 3654）	−0. 2961 ** （−2. 3114）	−0. 2191 * （−1. 7775）

因变量	（1） fa	（2） fa	（3） fa	（4） fa
L2. lev		−0.0384*** （−6.3984）	−0.0422*** （−6.9979）	−0.0374*** （−6.2189）
L2. roe		−0.0713*** （−5.4374）	−0.0670*** （−5.1212）	−0.0680*** （−5.2632）
L2. tangibility		−0.0543*** （−7.9283）	−0.0556*** （−8.0932）	−0.0545*** （−8.0089）
L2. tobinq		0.2859*** （5.6518）	0.2651*** （5.2199）	0.2617*** （5.2466）
L2. fcff		3.6120*** （13.9509）	3.5821*** （13.9490）	3.3906*** （13.3225）
L2. uni		0.0470 （0.2960）	0.0627 （0.3974）	0.0587 （0.3728）
L2. top1		−0.0087 （−0.8734）	−0.0012 （−0.1226）	−0.0071 （−0.7088）
L2. turnover		−1.1578*** （−5.3794）	−1.2109*** （−5.6792）	−1.1940*** （−5.6383）
L2. gdp		−0.1208*** （−13.0512）	−0.1187*** （−12.6486）	−0.1230*** （−13.2547）
Constant	0.7282 （0.5511）	9.8982*** （3.1903）	11.3136*** （3.6112）	9.1742*** （2.9969）
企业固定效应	是	是	是	是
季节固定效应	是	是	是	是
行业固定效应	是	是	是	是
观测量	106177	106177	106177	106177
企业个数	3435	3435	3435	3435
adj. R^2	0.5815	0.5943	0.5964	0.6012

注：＊＊＊、＊＊和＊分别表示在1%、5%和10%置信水平下显著，使用聚类到企业层面的稳健标准误，括号内为 t 统计量。

6.4.2.5 根据融资约束强弱进行分组回归

前文通过引入融资约束哑变量与金融周期的交乘项判断融资约束强弱

对金融周期驱动企业金融化水平的调节效应，该方法可以从交乘项回归系数清晰观察到调节效应的正负性和显著性，是现有文献中常用的方法。但如此设定模型中一个隐含的假设是不同融资约束的企业受到其他控制变量的同质性影响，这可能会导致模型错误设定从而造成内生性问题。本节通过融资约束强弱对样本进行分组回归，将其他解释变量对不同融资约束企业具有的异质性影响纳入考量范围缓解上述问题。为识别中国企业金融化主导动机，本节采用连玉君等（2010）提出的方法对核心解释变量回归系数差异进行显著性检验，使用 Bootstrap 法重抽样 100 次计算差异显著性的经验 P 值。

表 6-17 中列（1）和列（2）对融资约束较弱和较强的企业使用 OLS 方法进行分组回归，结果显示金融周期（$fcycle$）回归系数分别为 0.0617 和 0.0418，均在 1% 置信水平下为正，表明金融周期高涨对融资约束较强和较弱的企业金融化水平均具有显著促进作用。$fcycle$ 回归系数组间差异为 -0.0199（强融资约束减弱融资约束，下同），显著性检验的经验 P 值小于 0.01，表明该差异在 1% 置信水平下显著，说明融资约束较弱企业的金融化水平对金融周期波动更加敏感。表 6-17 中列（3）和列（4）使用美国金融周期作为工具变量对模型（6.18）进行 2SLS 估计，结果显示融资约束较弱和较强企业组别的 $fcycle$ 回归系数分别为 0.0762 和 0.0288，均在 1% 置信水平下为正，表明金融周期高涨对融资约束较强和较弱企业的金融化水平均具有显著促进作用。$fcycle$ 回归系数组间差异为 -0.0474，经验 P 值小于 0.01，表明该差异在 1% 置信水平下显著，说明融资约束较弱的企业金融化水平对金融周期波动更加敏感。

以上实证分析指出，中国企业金融化水平与金融周期呈同向变动关系，且融资约束较弱企业的金融化水平受到金融周期波动的驱动效应显著更强，表明中国企业金融化主导动机是利润追逐而不是预防性储蓄，通过分组回归将其他解释变量的异质性影响纳入研究框架不改变本章研究结论。

表 6-17　通过分组回归识别企业金融化主导动机

因变量 估计方法 样本组别	(1) fa OLS 弱融资约束	(2) fa OLS 强融资约束	(3) fa 2SLS 弱融资约束	(4) fa 2SLS 强融资约束
$fcycle$	0.0617 [***] （15.8060）	0.0418 [***] （12.0975）	0.0762 [***] （12.2888）	0.0288 [***] （4.1351）

续表

因变量 估计方法 样本组别	（1） fa OLS 弱融资约束	（2） fa OLS 强融资约束	（3） fa 2SLS 弱融资约束	（4） fa 2SLS 强融资约束
size	0.0422 (0.2876)	-0.7954 *** (-4.0228)	-0.1296 (-0.8250)	-0.6616 *** (-3.2328)
lev	-0.0261 *** (-4.2815)	-0.0593 *** (-6.3071)	-0.0273 *** (-4.3829)	-0.0623 *** (-6.6020)
roe	-0.0332 ** (-2.3853)	-0.0943 *** (-5.5338)	-0.0301 ** (-2.1384)	-0.0948 *** (-5.5296)
tangibility	-0.0420 *** (-5.0855)	-0.0800 *** (-8.2630)	-0.0426 *** (-5.1170)	-0.0817 *** (-8.3292)
tobinq	0.4261 *** (8.8556)	0.1617 * (1.8469)	0.4445 *** (9.1375)	0.1407 * (1.6461)
fcff	2.4239 *** (9.7580)	4.1147 *** (9.1623)	2.3965 *** (9.5995)	4.2511 *** (9.6022)
uni	-0.3181 * (-1.9088)	0.1164 (0.4870)	-0.2997 * (-1.8050)	0.1090 (0.4545)
top1	0.0105 (1.0138)	0.0017 (0.1372)	0.0202 * (1.7855)	-0.0013 (-0.1028)
turnover	-0.9846 *** (-4.3792)	-1.6443 *** (-5.4975)	-1.0410 *** (-4.6579)	-1.6440 *** (-5.5102)
gdp	-0.2582 *** (-16.6579)	-0.1489 *** (-10.4567)	-0.2349 *** (-15.1621)	-0.1848 *** (-6.8508)
Constant	-0.0628 (-0.0187)	26.8776 *** (5.6313)	2.4384 (0.7079)	25.2370 *** (5.2706)
企业固定效应	是	是	是	是
季节固定效应	是	是	是	是
行业固定效应	是	是	是	是
观测量	58235	58211	58235	58211
企业个数	3272	1939	3272	1939
adj. R^2	0.5981	0.6659	0.5904	0.6590
Kleibergen-Paap	—	—	0.0000	0.0000

因变量 估计方法 样本组别	（1） *fa* OLS 弱融资约束	（2） *fa* OLS 强融资约束	（3） *fa* 2SLS 弱融资约束	（4） *fa* 2SLS 强融资约束
Cragg-Donald	—	—	27352.73	18165.68
Anderson-Rubin	—	—	0.0000	0.0000
核心解释变量回归系数差异				
变量	系数差异	经验 *P* 值	系数差异	经验 *P* 值
fcycle	-0.0199 ***	0.0000	-0.0474 **	0.0000

注：（1）＊＊＊、＊＊和＊分别表示在1%、5%和10%置信水平下显著，使用聚类到企业层面的稳健标准误，括号内为 *t* 统计量。

（2）系数差异为强融资约束组减弱融资约束组，经验 *P* 值由 Bootstrap 法重抽样 100 次计算。

6.4.2.6　考虑外生政策冲击和自然实验

企业金融资产投资动机可能受到外生政策冲击和其他自然实验的显著影响，现有模型的自变量中不包括外生政策冲击和其他自然实验的代理变量，可能造成回归模型的遗漏变量问题，从而导致模型存在内生性。为缓解上述内生性问题，本节基于3.2.1节的分析，参照4.4.2.5节生成 *supervision*、*reform*、*crisis*、*covid* 四个哑变量，分别代表 2012 年 12 月《上市公司募集资金管理和使用的监管要求》发布、2015 年 11 月首次提出供给侧结构性改革、2008 年国际金融危机爆发、2020 年初新冠肺炎疫情暴发，具体哑变量生成方式和定义可见 4.4.2.5 节。通过将上述哑变量引入回归方程，本节实现了对样本期内重要外生政策冲击和自然实验的控制，从而缓解了可能由遗漏变量带来的潜在内生性问题。

表 6-18 汇报了控制样本期内重要外生政策冲击和自然实验后的固定效应估计结果，列（1）和列（2）结果显示在不引入企业和宏观层面控制变量以及融资约束变量时金融周期项（*fcycle*）系数为 0.0490，引入控制变量后 *fcycle* 系数变为 0.0544，均在 1% 置信水平下显著为正，表明繁荣的金融周期对实体企业金融化具有显著促进作用，二者呈同向变动关系。列（3）结果显示在引入融资约束变量后，*fcycle* 回归系数为 0.0756，在 1% 置信水平下显著为正，交乘项 *fcycle* × *sa* 系数为 -0.0347，在 1% 置信水平下显著为负，说明较强的融资约束会降低金融周期对企业金融化的驱动效应，弱融资约束企业对金融周期波动更敏感。列（4）中结果表明将融资约束代理变

量从 sa 替换为 kz 后不改变列（3）中得到的结论。

在将样本期内重要的外生政策冲击和自然实验控制之后，双向固定效应估计结果表明企业金融化程度与金融周期呈同向变动关系，且融资约束较低的企业金融化水平对金融周期波动更敏感，表明中国企业金融化的主导动机是利润追逐。以上结论不改变前文对研究假设的判断，这说明样本期内的外生政策冲击和自然实验不改变本章研究结论。

表6-18　考虑外生政策冲击和自然实验识别企业金融化主导动机

因变量	(1) fa	(2) fa	(3) fa	(4) fa
$fcycle$	0.0490*** (18.5145)	0.0544*** (18.7739)	0.0756*** (17.9733)	0.0838*** (20.7688)
$fcycle \times sa$			-0.0347*** (-7.5091)	
sa			2.3038*** (7.3545)	
$fcycle \times kz$				-0.0542*** (-13.7835)
kz				2.9798*** (13.1715)
$size$		-0.4877*** (-3.1739)	-0.6073*** (-3.9575)	-0.5375*** (-3.5259)
lev		-0.0365*** (-6.0374)	-0.0407*** (-6.7287)	-0.0362*** (-5.9763)
roe		-0.0692*** (-5.4591)	-0.0655*** (-5.1922)	-0.0687*** (-5.5047)
$tangibility$		-0.0660*** (-9.6096)	-0.0678*** (-9.8598)	-0.0664*** (-9.7122)
$tobinq$		0.3340*** (6.1104)	0.3082*** (5.6954)	0.3085*** (5.7225)
$fcff$		3.5013*** (13.9099)	3.4636*** (13.8745)	3.2593*** (13.1412)
uni		-0.0475 (-0.3126)	-0.0296 (-0.1963)	-0.0285 (-0.1900)

因变量	(1)	(2)	(3)	(4)
	fa	*fa*	*fa*	*fa*
*top*1		−0.0022	0.0059	−0.0001
		(−0.2244)	(0.6075)	(−0.0103)
turnover		−1.3712***	−1.4182***	−1.3877***
		(−6.1014)	(−6.3785)	(−6.2729)
gdp		−0.0637***	−0.0553***	−0.0574***
		(−5.5983)	(−4.7846)	(−5.0618)
supervision	0.9208***	0.7554***	0.8234***	0.7947***
	(10.4345)	(7.9871)	(8.5473)	(8.4081)
reform	−0.1669*	−0.2406**	−0.2232**	−0.2492**
	(−1.6461)	(−2.2417)	(−2.0905)	(−2.3398)
crisis	−0.3206***	−0.2379*	−0.1664	−0.2208*
	(−2.6982)	(−1.9293)	(−1.3148)	(−1.7963)
covid	2.0019***	1.4160***	1.5253***	1.5241***
	(20.3024)	(10.7723)	(11.4838)	(11.5066)
Constant	1.1248	15.2362***	16.3381***	14.4293***
	(0.8583)	(4.2391)	(4.5911)	(4.0635)
企业固定效应	是	是	是	是
季节固定效应	是	是	是	是
行业固定效应	是	是	是	是
观测量	116446	116446	116446	116446
企业个数	3786	3786	3786	3786
adj. R^2	0.5775	0.5908	0.5930	0.5969

注：***、**和*分别表示在1%、5%和10%置信水平下显著，使用聚类到企业层面的稳健标准误，括号内为 *t* 统计量。

6.5 企业金融化主导动机的异质性分析

在对本章三个核心假设进行实证检验之后，本节根据所有制、地域和行业集中度差异对样本企业进行分组回归，对各类企业的金融化主导动机进行检验，并采用连玉君等（2010）提出的方法对组间回归系数差异进行显著性检验，使用 Bootstrap 法重抽样 100 次计算差异显著性的经验 *P*

值，探究中国企业金融化主导动机的所有制、地域和行业异质性特征。

6.5.1　主导动机的所有制差异

企业的所有制差异可能对其投资金融资产的主导动机产生影响，本节根据实际控制人属性将样本企业分为国有企业和非国有企业进行分组回归，根据表6-4提出的识别路径探究不同所有制企业金融化主导动机的差异，具体分组方式见4.2.2节。

表6-19汇报了根据企业所有制进行分组的固定效应分组回归结果。列（1）和列（2）分别汇报了模型（6.17）的国有企业和非国有企业组别分组回归结果，其中金融周期（$fcycle$）系数分别为0.0335和0.0675，均在1%置信水平下显著，这表明金融周期高涨对国有企业和非国有企业的金融化水平均具有显著促进作用，二者呈同向变动关系。$fcycle$系数组间差异为0.034（非国有企业减国有企业，下同），Bootstrap方法计算的经验P值小于0.01，表明在不引入融资约束时金融周期对非国有企业金融化水平的驱动效应更强。列（3）和列（4）中列示引入融资约束变量作为调节效应的模型（6.18）分组回归结果。其中列（3）结果显示国有企业组别$fcycle$回归系数为0.0402，在1%置信水平下显著，交乘项$fcycle \times sa$回归系数为-0.0079，在统计学意义上不显著，说明国有企业金融化水平与金融周期波动呈同向变动关系，但融资约束对上述驱动作用的调节效应在统计学意义上不显著，表明国有企业投资金融资产的利润追逐动机并不显著。列（4）结果显示非国有企业组别$fcycle$回归系数为0.0779，$fcycle \times sa$回归系数为-0.0224，均在1%置信水平下显著，这表明非国有企业金融化水平与金融周期波动呈同向变动关系，且根据表6-4提出的识别路径，非国有企业金融化的主导动机是利润追逐而非预防性储蓄。

以上实证分析结论表明，金融周期高涨对国有企业和非国有企业的金融化水平均具有显著促进作用，且非国有企业金融化水平受到金融周期波动的驱动效应更强；非国有企业金融化的主导动机为利润追逐，但国有企业投资金融资产的利润追逐动机不显著。造成以上差异的原因在于：第一，国有企业享有预算软约束，导致融资约束变化对企业经营造成的影响不强；第二，部分国有企业市场化水平低，逐利动机不足，业绩压力较小，通过投资金融资产获取收益的利润追逐动机较弱。

表 6-19　企业金融化主导动机的所有制差异

因变量 是否引入融资约束 样本组别	（1） fa 否 国有企业	（2） fa 否 非国有企业	（3） fa 是 国有企业	（4） fa 是 非国有企业
fcycle	0.0335 *** （10.0184）	0.0675 *** （17.5897）	0.0402 *** （5.3729）	0.0779 *** （16.9323）
fcycle × sa			−0.0079 （−0.9674）	−0.0224 *** （−3.5389）
sa			0.7701 * （1.6822）	1.6245 *** （3.4970）
size	−0.3815 *** （−2.6077）	−0.3232 （−1.5854）	−0.4485 *** （−2.9158）	−0.4136 * （−1.9526）
lev	−0.0457 *** （−5.4404）	−0.0393 *** （−4.7535）	−0.0461 *** （−5.4649）	−0.0415 *** （−5.0410）
roe	−0.0897 *** （−4.9794）	−0.0600 *** （−3.6173）	−0.0886 *** （−4.9193）	−0.0586 *** （−3.5406）
tangibility	−0.0657 *** （−6.7402）	−0.0749 *** （−7.4199）	−0.0656 *** （−6.7141）	−0.0759 *** （−7.5601）
tobinq	0.2746 *** （2.7797）	0.4464 *** （7.4557）	0.2647 *** （2.6484）	0.4314 *** （7.1941）
fcff	2.8510 *** （7.0338）	3.5582 *** （11.9457）	2.8397 *** （7.0326）	3.5714 *** （12.0227）
uni	0.0416 （0.1675）	−0.1231 （−0.6939）	0.0346 （0.1391）	−0.1105 （−0.6264）
top1	−0.0015 （−0.1256）	0.0141 （0.9020）	0.0001 （0.0055）	0.0191 （1.2167）
turnover	−1.0588 *** （−3.9555）	−1.6588 *** （−4.7853）	−1.0766 *** （−4.0446）	−1.6687 *** （−4.8311）
gdp	−0.0993 *** （−6.2529）	−0.2657 *** （−18.4163）	−0.0937 *** （−5.8715）	−0.2663 *** （−18.2720）
Constant	16.7310 *** （4.4637）	9.4772 * （1.9501）	17.6099 *** （4.5336）	10.7196 ** （2.1548）
企业固定效应	是	是	是	是

续表

因变量 是否引入融资约束 样本组别	(1) fa 否 国有企业	(2) fa 否 非国有企业	(3) fa 是 国有企业	(4) fa 是 非国有企业
季节固定效应	是	是	是	是
行业固定效应	是	是	是	是
观测量	46304	70142	46304	70142
企业个数	1199	2903	1199	2903
$adj.\ R^2$	0.6872	0.5686	0.6875	0.5694
核心解释变量回归系数差异				
变量	系数差异	经验 P 值	系数差异	经验 P 值
$fcycle$	0.0340***	0.0000	0.0377***	0.0000
$fcycle \times sa$	未引入	未引入	−0.0145**	0.0040

注：（1）***、**和*分别表示在1%、5%和10%置信水平下显著，使用聚类到企业层面的稳健标准误，括号内为 t 统计量。

（2）系数差异为非国有企业减国有企业，经验 P 值由 Bootstrap 法重抽样 100 次计算。

6.5.2　主导动机的地域差异

企业所处的不同地域可能对其金融化主导动机存在显著影响，本节根据企业总部所在地将样本企业分为东部企业和非东部企业进行分组回归，根据表6-4中的主导动机识别路径探究不同地域实体企业金融化主导动机的差异，具体分组方式见4.2.2节。

表6-20报告了根据企业所处地域进行分组的固定效应分组回归结果。列（1）和列（2）分别汇报了东部和非东部组别在未引入融资约束时的模型（6.17）分组回归结果，其中金融周期（$fcycle$）系数分别为0.065和0.0341，均在1%置信水平下显著为正，表明金融周期高涨对东部企业和非东部企业的金融化水平均具有显著促进作用，二者呈同向变动关系。$fcycle$回归系数组间差异为−0.0309（非东部企业减东部企业，下同），经验 P 值小于0.01，表明在不引入融资约束变量时金融周期波动对东部地区企业金融化水平的驱动效应显著更强。列（3）和列（4）中列示了引入融资约束变量作为调节效应的模型（6.18）分组回归结果，其中东部企业和非东部企业组别金融周期项回归系数分别为0.0805和0.0557，交乘项 $fcycle \times sa$

回归系数分别为-0.029 和-0.0288，均在 1% 置信水平下显著，表明较高融资约束对东部企业和非东部企业金融化水平受到金融周期波动的驱动效应均具有抑制作用，且该调节效应在 1% 置信水平下显著存在。根据表 6-4 中识别路径，以上结果指出，东部企业和非东部企业金融化主导动机均为利润追逐而非预防性储蓄。$fcycle \times sa$ 组间系数差异为 0.0002，经验 P 值为0.0900，这表明东部企业金融化的利润追逐动机在 10% 的置信水平下显著强于非东部企业。

以上实证分析表明，东部企业和非东部企业的金融化水平均受到金融周期繁荣的显著促进作用，且东部地区企业金融化水平受到金融周期驱动效应更强；东部企业和非东部企业金融化主导动机均为利润追逐，且东部地区企业投资金融资产体现出更强的利润追逐动机。造成以上情况的原因在于：第一，东部地区的金融基础设施完备，投资渠道丰富，东部地区企业平均持有的金融资产多于非东部地区企业（东部地区和非东部地区金融资产占比分别为 4.3249% 和 2.6792%，详见表 3-6），所以金融化水平受到金融周期波动的影响更强；第二，东部地区企业财务状况普遍较好，出于利润追逐动机进行金融资产投资的能力更强；第三，东部地区企业盈利能力较强，受到业绩压力更大，出于利润追逐动机投资金融资产的同群效应更显著。

表 6-20 企业金融化主导动机的地域差异

因变量 是否引入融资约束 样本组别	（1） fa 否 东部企业	（2） fa 否 非东部企业	（3） fa 是 东部企业	（4） fa 是 非东部企业
$fcycle$	0.0650*** (18.1955)	0.0341*** (10.7333)	0.0805*** (16.6441)	0.0557*** (8.9808)
$fcycle \times sa$			-0.0290*** (-4.7277)	-0.0288*** (-4.0285)
sa			2.4241*** (5.7031)	1.3284*** (3.0539)
$size$	-0.5453*** (-3.1172)	-0.0848 (-0.4973)	-0.7095*** (-3.8693)	-0.1084 (-0.6172)
lev	-0.0435*** (-5.3473)	-0.0298*** (-3.8143)	-0.0474*** (-5.8155)	-0.0323*** (-4.1411)
roe	-0.0677*** (-4.2647)	-0.0735*** (-3.7584)	-0.0647*** (-4.0871)	-0.0709*** (-3.6223)

续表

因变量 是否引入融资约束 样本组别	(1) fa 否 东部企业	(2) fa 否 非东部企业	(3) fa 是 东部企业	(4) fa 是 非东部企业
tangibility	-0.0669^{***} (-7.0849)	-0.0629^{***} (-6.1457)	-0.0678^{***} (-7.2139)	-0.0642^{***} (-6.2595)
tobinq	0.4843^{***} (7.3084)	0.2190^{**} (2.4090)	0.4653^{***} (7.0488)	0.2016^{**} (2.2132)
fcff	3.7179^{***} (12.2946)	3.1241^{***} (7.3722)	3.6987^{***} (12.3233)	3.0820^{***} (7.3123)
uni	0.1350 (0.6923)	-0.4585^{**} (-2.0833)	0.1558 (0.8034)	-0.4505^{**} (-2.0540)
top1	-0.0008 (-0.0603)	-0.0004 (-0.0291)	0.0091 (0.6907)	0.0024 (0.1761)
turnover	-1.4751^{***} (-5.1567)	-1.2981^{***} (-3.8166)	-1.4976^{***} (-5.2855)	-1.3572^{***} (-4.0208)
gdp	-0.2265^{***} (-16.3643)	-0.1337^{***} (-8.0315)	-0.2229^{***} (-15.9372)	-0.1402^{***} (-8.4112)
Constant	19.9984^{***} (4.6973)	5.4770 (1.3591)	22.2267^{***} (5.1420)	5.0947 (1.2452)
企业固定效应	是	是	是	是
季节固定效应	是	是	是	是
行业固定效应	是	是	是	是
观测量	76265	40181	76265	40181
企业个数	2677	1109	2677	1109
adj. R^2	0.5942	0.5696	0.5961	0.5714
核心解释变量回归系数差异				
变量	系数差异	经验 P 值	系数差异	经验 P 值
fcycle	-0.0309^{***}	0.0000	-0.0248^{***}	0.0000
fcycle $\times$ sa	未引入	未引入	0.0002^{*}	0.0900

注：（1）***、** 和 * 分别表示在1%、5%和10%置信水平下显著，使用聚类到企业层面的稳健标准误，括号内为 t 统计量。

（2）系数差异为非东部企业减东部企业，经验 P 值由 Bootstrap 法重抽样 100 次计算。

6.5.3 主导动机的行业差异

企业所属不同行业可能对其金融化主导动机存在潜在影响，本节从行业集中度视角出发，根据企业所属行业的集中度指数（HHI）将样本企业分为高、低集中度行业两个组别并进行分组回归，根据表6-4中的金融化主导动机识别路径研究行业集中度对企业金融化主导动机的影响，具体分组方式见4.2.2节。

表6-21汇报了根据企业所属行业集中度高低进行分组的固定效应模型分组回归结果。列（1）和列（2）分别汇报了高、低集中度行业组别在未引入融资约束时的模型（6.17）分组回归结果，其中金融周期（$fcycle$）系数分别为0.052和0.0532，均在1%置信水平下显著为正，这表明金融周期高涨对处于高、低集中度行业企业的金融化水平均具有显著促进作用，二者呈同向变动关系。金融周期系数的组间差异为0.0012（低集中度行业减高集中度行业，下同），经验P值为0.05，表明在不引入融资约束变量时低集中度行业企业的金融化水平对金融周期波动更敏感。列（3）和列（4）中列示引入融资约束变量作为调节效应的模型（6.18）分组回归结果，其中高、低集中度行业组别$fcycle$回归系数分别为0.069和0.0754，金融周期和融资约束交乘项$fcycle \times sa$回归系数分别为-0.0263和-0.0368，均在1%置信水平下显著，表明高融资约束对属于高、低集中度行业的企业金融化水平受到金融周期波动的影响均具有抑制作用，且该调节作用在1%置信水平下显著存在。根据表6-4中的识别路径，以上实证结果表明，处于高、低集中度行业企业的金融化主导动机均为利润追逐，而非预防性储蓄。交乘项组间回归系数差异为-0.0105，经验P值为0.03，表明低集中度行业企业投资金融资产的利润追逐动机在5%的置信水平下强于高集中度行业的企业。

以上实证分析表明，高、低集中度行业的企业金融化水平均受到金融周期繁荣的显著促进作用，且低集中度行业的企业金融化水平受到金融周期波动的驱动效应显著更强；不同行业的企业金融化主导动机均为利润追逐，且低集中度行业企业投资金融资产体现出更强利润追逐动机。造成以上差异的原因在于：低集中度行业的壁垒较低，导致企业主营业务竞争激烈，盈利能力较弱，通过金融资产投资获取收益进而改善企业经营业绩的动机更强。

表6-21　企业金融化主导动机的行业差异

因变量 是否引入融资约束 样本组别	（1） *fa* 否 高集中度行业	（2） *fa* 否 低集中度行业	（3） *fa* 是 高集中度行业	（4） *fa* 是 低集中度行业
fcycle	0.0520*** (14.9276)	0.0532*** (14.8348)	0.0690*** (12.3818)	0.0754*** (14.5143)
fcycle × *sa*			-0.0263*** (-3.9922)	-0.0368*** (-5.7740)
sa			2.1167*** (5.0588)	2.2440*** (5.2506)
size	-0.3482* (-1.7896)	-0.5233*** (-3.4211)	-0.4922** (-2.5104)	-0.6285*** (-3.8781)
lev	-0.0470*** (-5.4363)	-0.0207*** (-3.4211)	-0.0494*** (-5.7002)	-0.0251*** (-4.1328)
*roe*1	-0.0989*** (-5.9103)	-0.0515*** (-3.3054)	-0.0954*** (-5.7190)	-0.0476*** (-3.0543)
tangibility	-0.0608*** (-6.7244)	-0.0679*** (-6.7407)	-0.0614*** (-6.8228)	-0.0696*** (-6.9051)
tobinq	0.4836*** (5.4766)	0.3111*** (5.5158)	0.4606*** (5.2411)	0.2867*** (5.0700)
fcff	3.5068*** (10.2373)	3.0653*** (9.5632)	3.4679*** (10.2333)	3.0438*** (9.5985)
uni	0.1226 (0.5466)	-0.2416 (-1.2860)	0.1324 (0.5952)	-0.2331 (-1.2443)
*top*1	0.0075 (0.5641)	-0.0242* (-1.8754)	0.0153 (1.1698)	-0.0176 (-1.3392)
turnover	-0.8689*** (-3.6802)	-1.8352*** (-5.8802)	-0.8751*** (-3.7479)	-1.9297*** (-6.2343)
gdp	-0.1602*** (-10.6492)	-0.2085*** (-13.5505)	-0.1539*** (-10.2355)	-0.2113*** (-13.7167)
Constant	12.6544*** (2.8443)	16.2041*** (4.6557)	14.5143*** (3.2649)	17.2260*** (4.7849)
企业固定效应	是	是	是	是

续表

因变量 是否引入融资约束 样本组别	(1) fa 否 高集中度行业	(2) fa 否 低集中度行业	(3) fa 是 高集中度行业	(4) fa 是 低集中度行业
季节固定效应	是	是	是	是
行业固定效应	是	是	是	是
观测量	56644	59802	56644	59802
企业个数	2346	2675	2346	2675
$adj. R^2$	0.6456	0.6157	0.6472	0.6179
核心解释变量回归系数差异				
变量	系数差异	经验 P 值	系数差异	经验 P 值
$fcycle$	0.0012^*	0.0500	0.0064^{**}	0.0400
$fcycle \times sa$	未引入	未引入	-0.0105^{**}	0.0300

注：(1) ***、**和*分别表示在1%、5%和10%置信水平下显著，使用聚类到企业层面的稳健标准误，括号内为 t 统计量。

(2) 系数差异为低集中度行业企业减高集中度行业企业，经验 P 值由 Bootstrap 法重抽样 100 次计算。

参考文献

[1] 白雪莲, 贺萌, 张俊瑞. 企业金融化与债务融资成本——来自中国 A 股上市公司的证据 [J]. 金融论坛, 2021, 26 (7): 39-49.

[2] 步晓宁, 赵丽华, 刘磊. 产业政策与企业资产金融化 [J]. 财经研究, 2020, 46 (11): 78-92.

[3] 蔡海静, 谢乔昕, 章慧敏. 权变抑或逐利: 环境规制视角下实体企业金融化的制度逻辑 [J]. 会计研究, 2021 (4): 78-88.

[4] 蔡明荣, 任世驰. 企业金融化: 一项研究综述 [J]. 财经科学, 2014 (7): 41-51.

[5] 蔡艳萍, 江春云. 货币政策异质性对高新技术企业金融化的影响 [J]. 湖南大学学报 (社会科学版), 2021, 35 (2): 96-103.

[6] 曹丰, 谷孝颖. 非国有股东治理能够抑制国有企业金融化吗? [J]. 经济管理, 2021, 43 (1): 54-71.

[7] 曹越, 刘泽惠, 白玉. "一带一路" 倡议实施与企业金融化决策 [J]. 财经理论与实践, 2021, 42 (1): 70-78.

[8] 常筍依, 周媛媛, 朱喜安. 实体企业 CEO 金融背景与资产金融化关系的实证检验 [J]. 统计与决策, 2022, 38 (6): 164-168.

[9] 陈创练, 戴明晓. 货币政策、杠杆周期与房地产市场价格波动 [J]. 经济研究, 2018, 53 (9): 52-67.

[10] 陈春华, 曹伟, 曹雅楠, 等. 数字金融发展与企业 "脱虚向实" [J]. 财经研究, 2021, 47 (9): 78-92.

[11] 陈海东, 许桂华, 吴志军. 实体企业金融化对股市稳定性的影响效应与传导路径分析 [J]. 江西社会科学, 2021, 41 (9): 82-93.

[12] 陈磊. 企业景气状况与宏观经济运行 [J]. 管理世界, 2004 (3): 14-24.

[13] 陈享光, 黄泽清. 金融化、虚拟经济与实体经济的发展——兼论 "脱实向虚" 问题 [J]. 中国人民大学学报, 2020, 34 (5): 53-65.

[14] 陈彦斌, 刘哲希. 推动资产价格上涨能够 "稳增长" 吗? ——基于含有市场预期内生变化的 DSGE 模型 [J]. 经济研究, 2017, 52 (7): 49-64.

[15] 陈雨露, 马勇, 阮卓阳. 金融周期和金融波动如何影响经济增长与金融稳定? [J]. 金融研究, 2016 (2): 1-22.

[16] 成思危. 虚拟经济探微 [J]. 管理评论, 2005 (1): 3-8.

[17] 代彬, 王敬远. 国际化董事会与企业金融化: "生搬硬套" 还是 "灵活处置" [J]. 金融经济学研究, 2021, 36 (3): 124-141.

[18] 戴静, 刘贯春, 许传华, 等. 金融部门人力资本配置与实体企业金融资产投资 [J]. 财贸经济, 2020, 41 (4): 35-49.

[19] 戴鹏毅, 杨胜刚, 袁礼. 资本市场开放与企业全要素生产率 [J]. 世界经济, 2021, 44 (8): 154-178.

[20] 戴赜, 彭俞超, 马思超. 从微观视角理解经济 "脱实向虚" ——企业金融化相关研究述评 [J]. 外国经济与管理, 2018, 40 (11): 31-43.

[21] 邓超, 彭斌. 实体企业金融化行为与信息披露质量关系的研究 [J]. 财经理论与实践, 2021, 42 (3): 110-117.

[22] 邓超, 夏文珂, 陈升萌. 非金融企业金融化: "股价稳定器" 还是 "崩盘助推器" [J]. 金融经济学研究, 2019, 34 (3): 120-136.

[23] 邓超, 张梅, 唐莹. 中国非金融企业金融化的影响因素分析 [J]. 财经理论与实践, 2017, 38 (2): 2-8.

[24] 邓创, 席旭文. 中美货币政策外溢效应的时变特征研究 [J]. 国际金融研究, 2013 (9): 10-20.

[25] 邓创, 徐曼. 中美金融周期波动的溢出效应与传导机制研究 [J]. 当代财经, 2019 (10): 58-70.

[26] 狄灵瑜, 步丹璐. 非国有股东参股与国有企业金融化——基于混合所有制改革的制度背景 [J]. 山西财经大学学报, 2021, 43 (3): 96-111.

[27] 杜勇, 邓旭. 中国式融资融券与企业金融化——基于分批扩容的准自然实验 [J]. 财贸经济, 2020, 41 (2): 69-83.

[28] 杜勇, 刘婷婷. 企业金融化的同群效应: 基于连锁董事网络的研究 [J]. 财经科学, 2021 (4): 11-27.

[29] 杜勇, 眭鑫. 控股股东股权质押与实体企业金融化——基于 "掏空" 与控制权转移的视角 [J]. 会计研究, 2021 (2): 102-119.

[30] 杜勇, 王婷. 非 CEO 高管独立性与实体企业金融化 [J]. 上海财经大学学报, 2022, 24 (3): 45-60+122.

[31] 杜勇, 谢瑾, 陈建英. CEO 金融背景与实体企业金融化 [J]. 中国工业经济, 2019 (5): 136-154.

[32] 范小云, 袁梦怡, 肖立晟. 理解中国的金融周期: 理论、测算与分析 [J]. 国际金融研究, 2017 (1): 28-38.

[33] 冯明. 经济政策不确定性、企业金融化与公司价值 [J]. 贵州财经大学学报, 2022 (2): 48-59.

[34] 傅代国, 杨昌安. 货币政策对异质性企业 "脱实向虚" 的影响 [J]. 华南师范大学学报 (社会科学版), 2019 (6): 90-101.